EN ALGÉRIE

ALGER
ORAN
TLEMCEN

PAR

G. DE LOMBAY

OUVRAGE ORNÉ DE DESSINS D'EYNARD

PARIS
ERNEST LEROUX, ÉDITEUR
28, RUE BONAPARTE, 28
—
1893

EN ALGÉRIE
———

ALGER, ORAN, TLEMCEN

DROITS DE REPRODUCTION ET DE TRADUCTION RÉSERVÉS

EN ALGÉRIE

ALGER
ORAN
TLEMCEN

PAR

G. DE LOMBAY

OUVRAGE ORNÉ DE DESSINS D'EYNARD

PARIS
ERNEST LEROUX, ÉDITEUR
28, RUE BONAPARTE, 28

1893

EN ALGÉRIE

ALGER, ORAN, TLEMCEN

CHAPITRE Ier

D'EUROPE EN AFRIQUE

Vous avez entendu dire : « Lyon est une ville triste, Lyon est une ville morte. » Eh bien, Lyon n'est ni triste, ni mort ; c'est une ville d'aspect sévère, c'est vrai, mais ses environs sont accidentés et pittoresques et la nature l'entoure d'un cadre si grandiose qu'elle en paraît elle-même moins grande. La circulation n'y est pas très animée hors des heures où le personnel des ateliers et des manufactures se répand dans les rues ; les voitures y sont rares excepté celles des tramways. Elle est renfermée dans un triangle d'où, à vrai dire, elle déborde, qui est formé par la montagne de la Croix-Rousse, les eaux bleues du Rhône et les tourbillons boueux et jaunes de la Saône. Là sont les plus jolis magasins et les monuments, entre autres, devant la préfecture, une fontaine qui représente probablement ou, du moins, rappelle allégoriquement la Saône : une femme conduisant un quadrige de chevaux marins. L'effet n'est pas heureux et d'ailleurs cela prête à la rivière de la Saône une impétuosité, une fougue qu'elle est loin de posséder. Jules César, dans ses Commentaires, l'a mieux caractérisée en l'appelant une rivière lente et paresseuse et, à Lyon même, *flumen Arar*, malgré ses tourbillons produits par les crues d'automne, coule moins rapidement que le Rhône. Divin Jules, tu avais raison ! Mais ce quadrige, dont deux chevaux se cabrent pendant que les deux autres, exténués, galopent ventre à terre, est une imposture.

« Sur le pont d'Avignon tout le monde passe. » Comme tout le monde, j'y ai passé et j'ai traversé le pont de fer à deux culées plantées dans la première branche du Rhône, puis l'île qu'il entoure de ses deux bras et enfin le second pont de bois qui rattache l'île à la rive opposée du fleuve. Y passer n'est donc pas une petite affaire, surtout par le furieux mistral qu'il faisait ; malgré le proverbe, bon nombre de vieillards et d'enfants ne trouveraient pas la besogne facile et s'arrêteraient en route avant d'avoir pu mener l'entreprise à bonne fin. Quant au vieux pont de St-Bénezech, dont on aperçoit les ruines en amont, il est complétement infranchissable ; il s'arrête au milieu du fleuve et n'atteint même pas l'île ; le gouffre tourbillonnant du Rhône, dont la rapidité est extrême à Avignon, s'ouvre entre la berge et sa quatrième arche ; les autres arches ont été détruites et il n'en reste plus aucun vestige si ce n'est dans le second lit du fleuve, au delà de l'île. Sur ce vieux pont d'Avignon, personne ne passe plus ; mais tout le monde « y passerait » en essayant de s'en servir pour mettre le pied sur la berge de l'autre côté. Bien malin, en effet, serait celui qui, sans « y passer », tenterait de traverser le Rhône sur cet ancien pont.

A côté du vieux pont, un nautonnier dirige sa barque sans autre secours que celui de son gouvernail ; mais c'est un gouvernail spécial : une longue poutre qui trempe dans l'eau à cinq mètres derrière la barque et la pousse en ligne droite d'une rive à l'autre par le seul effet de la violence du courant. Le passeur n'emploie ni gaffes ni rames et le ressort de ce levier flexible suffit à faire voguer la passerelle avec une grande célérité. Elle est d'ailleurs maintenue par un cable attaché à sa proue et fixé à une poulie qui glisse le long d'un fil de fer tendu au-dessus du fleuve entre deux poteaux plantés sur les deux rives ; autrement, passerelle, nautonnier et passagers seraient emportés par le courant qui, la barque étant attachée au contraire et faisant face de sa proue aux flots tumultueux du Rhône, presse sur le gouvernail et donne ainsi l'impulsion nécessaire.

La ville d'Avignon est encore entourée de ses anciennes murailles crénelées, garnies de tours et de portes fortifiées ; elles ont été restaurées mais non remises à neuf ; il y a des endroits où elles sont cachées par des maisons et des constructions parasitaires, d'autres où elles sont délabrées tout-à-fait. De même qu'à l'ancien palais des papes, transformé en caserne, on y a travaillé sans finir complétement l'ouvrage et c'est encore ainsi que se soutient l'ancien pont de St-Bénezech qui a tout aussi bien l'air d'un pont inachevé que d'une ruine. Pourquoi ce pont de pierre s'arrête-t-il au milieu du Rhône, pourquoi les murailles d'Avignon ne sont-elles pas neuves et entières partout, pourquoi tous ses anciens monuments ne sont-ils qu'imparfaitement réparés ? C'est là une question qu'involontairement on se pose et qu'à tout instant l'on se répète jusqu'à ce qu'arrivé devant la Mairie et le Théâtre, on découvre enfin quelque chose de neuf : le monument commémoratif de l'annexion du Comtat-Venaisin à la France, inauguré en 1891. Il est d'un style réaliste, essentiellement moderne ; c'est de l'art un peu brutal, incohérent et sans retenue ; cela parle et cela frappe mais c'est de second ou de troisième ordre ; à côté, l'Hôtel-de-Ville et son campanile d'une architecture si pleine de gaieté et de caractère. Là, au moins, il y a de l'originalité, de l'idée, de l'esprit même et de la grâce et non pas seulement une simple copie de ce qui existe, avec grossissement et mise à nu.

Passant devant la caserne du château des papes, on monte au rocher d'Avignon du haut duquel on a une fort belle vue sur la ville, le Rhône et la vallée ; au sommet il y a un étang et des oies qui sont les gardiennes de ce Capitole gaulois.

Avant d'entreprendre la traversée, deux souvenirs antiques du Midi de la France méritent une visite ; ce sont les Arènes romaines et le théâtre d'Arles. Les arènes sont encore en assez bon état, grâce à de nombreuses restaurations et, quoiqu'il y manque un étage entier, on s'en sert quelquefois pour des courses de taureaux ; elles ne renferment, dans ces occasions, qu'un public de six à huit mille personnes, lors des plus nombreuses affluences, tandis que, dans l'antiquité, le monument pouvait contenir plus de vingt-cinq mille spectateurs. L'arène ovale mesure soixante-dix mètres de long sur quarante de large et comme les constructions occupent trente-cinq mètres de largeur tout autour, cela donne au monument une longueur totale de cent quarante mètres sur cent dix.

C'est en déblayant le théâtre romain, situé à peu de distance des arènes, qu'on a découvert la Vénus d'Arles.

*
* *

Quelque route que l'on choisisse, un voyage en Algérie comporte toujours une courte traversée pendant laquelle une chose est à redouter : le mal de mer.

Les uns y échappent complètement, d'autres y sont sujets accidentellement ; d'autres enfin payent leur tribut chaque fois qu'ils s'embarquent sur mer, sur un lac ou même sur un fleuve ou un canal.

Une curieuse particularité s'observe : il y a, parmi les voyageurs d'un paquebot, plus de personnes qui souffrent du mal de mer pendant la bonne saison et quand la mer est calme qu'en d'autres circonstances. Ceci se remarque surtout pendant les courtes traversées de la Méditerranée ; car il est aisé de prévoir le temps qu'il y fera et, par conséquent, la mauvaise saison et les orages commencés ou en perspective retiennent sur le rivage ceux qui craignent les effets du tangage et du roulis. Dans de pareils cas, ce ne sont guère que les marins éprouvés qui se confient à la turbulence des flots ; de là, le petit nombre de passagers qui souffrent. Ceux qui, du reste, en sont incommodés, ne sont plus en état de paraître ni sur le pont ni dans les salons et ils attendent patiemment, dans leur cabine, la fin de leurs déboires.

Le mal de mer n'est pas une maladie, malgré certaines locutions des langues étrangères, malgré l'allemand, en particulier, qui lui donne expressément ce nom. C'est un mal qui n'a rien d'infectieux ou de contagieux, quoiqu'il soit fort désagréable de se trouver au milieu de ceux qui le ressentent ; c'est, de plus, un mal qui résiste à la médication et contre lequel la thérapeutique demeure impuissante ; de même que le rhume de cerveau, qui est cependant une indisposition passagère présentant des caractères maladifs, le mal de mer ne peut être combattu par des remèdes efficaces qui soient du domaine médical. Pas plus qu'on ne peut dire qu'un homme perclus de fatigue est malade ou qu'une personne endormie à l'aide du chloroforme souffre d'une indisposition, on ne peut prétendre que les effets du mouvement imprimé par les flots à un navire soient une maladie. L'homme en proie au mal de mer est bien plutôt à comparer à celui qui endure les souffrances de la soif ; tant que l'eau lui manque et qu'il est hors de son pouvoir de rafraîchir son gosier desséché, il est torturé par l'envie de se désaltérer ; mais aussitôt qu'il a étanché sa soif, ses forces lui reviennent et son mal s'évanouit. Il n'était pas malade et, si la fatigue et la privation d'eau ont affecté son organisme pour longtemps, il y aura là un affaiblissement peut-être morbide, consécutif à ses souffrances, mais qui ne doit pas être confondu avec le mal qui l'aura causé. Ainsi, le passager qui a été incommodé pendant une traversée cesse de souffrir dès qu'il met pied à terre ; et si, parfois, il a été si cruellement atteint qu'il soit obligé de s'aliter en arrivant et qu'il ne parvienne pour ainsi dire pas à reprendre possession de ses organes ébranlés, de son estomac affolé, il n'en résulte pas que le mal de mer provienne d'une infection, d'une intoxication ou de l'intrusion dans le corps humain d'organismes microscopiques. La mer et l'agitation des flots sont la cause directe d'effets pareils à ceux qui sont les prodromes ou la concomitance de certaines maladies et ces suites disparaissent plus ou moins rapidement. Pendant qu'il est ainsi affaibli, l'organisme est plus accessible à la contagion de certaines maladies qui n'ont, avec le mal de mer, d'autre rapport que la facilité avec laquelle elles affectent les êtres humains débilités par des causes diverses. C'est dire qu'elles ne doivent pas être confondues avec la débilité elle-même ou avec son origine.

Le mal de mer se manifeste par un malaise général, par l'abattement physique et moral, le mal de tête, les sueurs froides, la perte d'appétit et les vomissements. Qu'on y joigne les éblouissements, les syncopes et la pâleur du visage et des lèvres; mais c'est surtout par le dégoût pour la nourriture et par le rejet de la bile et des aliments qu'il se caractérise.

Le mouvement des embarcations, bercées par le tangage et le roulis, paraît en être, parmi toutes celles qui tiennent à la mer, la cause principale; l'escarpolette, les montagnes russes, le chemin de fer, les chevaux de bois tournant en cercle à la foire, et le chameau, ce vaisseau du désert, produisent sur certains individus, des effets analogues. L'odeur saline y entre aussi pour quelque chose, car beaucoup de personnes sujettes au mal de mer éprouvent leurs premières nausées dans le port, lorsque le navire, à l'ancre sur une nappe d'eau tranquille, ne remue pas du tout ; d'autres fois, il suffit que le vaisseau soit en marche entre les deux rives d'un fleuve ou d'un détroit dont la surface est calme. Les émanations du navire, la graisse de la machine, la fumée de la cuisine et des foyers des chaudières génératrices n'y sont pas non plus étrangères. Les vaisseaux qui accomplissent de longues traversées rapportent avec eux des pays exotiques et tropicaux des senteurs qui ont rarement pour conséquence d'exciter l'appétit ou d'ouvrir les poumons des nouveaux passagers. En mettant le pied sur le pont de ces navires, on dirait qu'il s'y est accroché quelque chose des effluves lourdes et malsaines qu'on respire dans les ports des tropiques, asiles de la fièvre jaune ; en descendant dans l'entrepont et dans les cabines, les odeurs fades qui imprègnent cette atmosphère jadis surchauffée, émanent davantage des tapis et des cloisons de bois. Ce sont là de premières répugnances à vaincre et elles prédisposent mal.

Les paquebots, d'habitude, transportent des ménageries destinées à leur approvisionnement : des poulets, des oies, des canards, des moutons, des bœufs, des dindons, des cailles ; d'autres bêtes y ont, pour ainsi dire, élu domicile, protégées par l'affection des hommes de l'équipage : ce sont des singes, des perroquets, des perruches ; tout ce monde animal qui, au bout de quelques jours, égaye et anime le tillac, exerce une fâcheuse influence sur l'odorat des nouveau-venus. Les narines délicates se ferment, les gosiers se resserrent et l'appétit est tout au moins compromis, laissant ainsi aux bêtes de boucherie et à la volaille du bord une chance de salut de plus.

Entre le midi de la France et l'Algérie, la distance n'est pas telle que de grands approvisionnements soient nécessaires et, pour une traversée de vingt-quatre heures ou de deux jours tout au plus, le nombre d'animaux vivants embarqués n'est pas tellement considérable ; cependant, comme la plupart des paquebots employés sur les lignes algériennes effectuent des traversées plus longues, une partie de ces inconvénients subsiste.

Au moment où l'on s'embarque, fût-ce pour un voyage d'agrément en compagnie de parents, de protecteurs ou d'amis, on n'est pas sans éprouver un serrement de cœur qui est comme le malaise précurseur du mal de mer. Les longs adieux que soi-même on répète cent fois avant la dernière poignée de main ou la dernière embrassade, les séparations déchirantes auxquelles on assiste, les pleurs et les sanglots de ceux qui ne se reverront peut-être jamais, tout cela, joint à l'appréhension de dangers qui ne sont pas tout-à-fait imaginaires, enlève leur cuirasse aux cœurs les plus intrépides. Viennent les premières ondulations du roulis, les trépidations de la coque frémissante, les bonds plus allongés mais moins pernicieux du tangage, les coups de mer et les vagues dont la crête d'écume jaillit sur le pont, alors la gêne physique s'accroît du sentiment de l'impuissance à résister à la fureur des éléments, si elle se déchaînait. L'air de la mer, si sain cependant quand, exempt de tout malaise, on le respire à pleins poumons, remplit les narines et la gorge d'une odeur saline et, inconsciemment, l'organisme éprouve une sorte d'asphyxie ; instinctivement, il présente des phénomènes pareils à ceux des êtres qui se noient et se cramponnent à la vie en refoulant le liquide qui obstrue leurs voies respiratoires ; car le danger présent, qu'une imagination impressionnable exagère, n'est pas un péril de mort quelconque ; c'est celui d'une asphyxie par immersion ou submersion, rapide pour ceux qui, sans autre moyen de sauvetage, ignorent la natation, plus lente pour ceux qui réussissent à se maintenir sur l'eau en nageant ou à l'aide d'appareils.

L'imagination et la crainte qui, en tout temps, est une source de malaise et de gêne, produisent, par conséquent, des effets spéciaux en raison de ce que l'élément liquide est surtout à redouter et des mouvements ondulatoires, tour à tour saccadés ou harmoniquement consécutifs, qui bercent et secouent, remuant et agitant la bile, les viscères et les entrailles.

Le sang-froid, l'habitude, le mépris du danger et la faculté qui s'acquiert par l'expérience d'en discerner l'imminence ou l'éloignement entrent pour une bonne part dans l'exemption de ceux qui restent indemnes. A celui qui, par une heureuse disposition naturelle, échappe au mal de mer, s'applique bien la poétique expression d'Horace : *illi robur et aes triplex circa pectus;* car le trouble de l'esprit et la frayeur sont capables d'amener des défaillances chez des hommes qui, s'ils étaient en pleine possession d'eux-mêmes, résisteraient au dérangement physique causé par les soubresauts d'une embarcation.

De vieux loups de mer y succombent quelquefois lorsqu'ils recommencent à naviguer après s'être tenus éloignés de l'élément liquide pendant un certain temps. Pour eux, c'est une habitude perdue, celle de la mer et de ses secousses, qui demande à être reprise ; et quelques jours suffisent à les remettre en possession d'une faculté acquise par une longue pratique de l'inconstance des flots. Parmi les hommes d'un équipage, les mousses, moins rompus aux intempéries, y sont plus sujets que les matelots, que les quartier-maîtres et que les officiers, pour lesquels il est essentiel d'être toujours prêts à la manœuvre et de se trouver d'autant moins affaiblis qu'elle exige un plus grand déploiement d'énergie et de force; les mécaniciens et les chauffeurs y sont le plus exposés à cause de l'atmosphère lourde et moins pure au milieu de laquelle ils vivent dans les parties basses du navire.

Presque tous les animaux souffrent du mal de mer comme les hommes : les bœufs, les moutons, les chevaux en sont atteints ; les chiens lui payent leur tribut et peut-être même aussi les chats, qui ont cependant la réputation d'y résister mieux. Pendant les longues traversées, les perruches, les singes, ceux surtout de cette espèce si amusante que l'on nomme ouistitis, périssent. Mais ces pauvres petits êtres, ornés, comme les écureuils, d'une queue en panache, succombent encore plutôt au froid qu'au mal de mer, parce qu'on les ramène des pays équatoriaux vers les climats tempérés du Nord.

Les femmes, par un effet, sans doute, de leur

complexion plus délicate, souffrent du mal de mer
en plus grand nombre que les hommes ; elles en
sont aussi incommodées plus longtemps avant de
s'accoutumer à l'existence du bord ; leur malaise
dure parfois pendant toute une traversée; l'affaiblissement et la maigreur, conséquences du défaut
d'alimentation, les nausées même, réminiscences
de l'affreux roulis qui les a si longtemps torturées,
se perpétuent, dans certains cas, pendant plusieurs semaines après l'arrivée. Beaucoup d'entre
elles, en proie au malaise dès leur entrée dans le
navire, cessent bientôt de lutter et s'abandonnent,
étendues sur un lit au fond de leur cabine, au
roulis et au tangage ; inconscientes, elles passent
les journées et les nuits dans l'assoupissement et
dans les cauchemars, entourées des soins de ceux
qui leur portent intérêt, objet de toute la sollicitude des médecins des paquebots qui ne manquent
pas de leur donner le conseil de monter sur le
pont et de s'y reposer dans un hamac ou sur une
chaise longue. Rarement elles suivent ce conseil,
à cause de la pudeur qui les retient d'exposer leur
malaise en public. Cependant le grand air et la
promenade, lorsqu'elle est possible, combattent
efficacement le mal de mer ; s'abandonner au
mouvement du vaisseau, c'est renoncer à surmon-
ter le mal lorsqu'une fois on y a succombé, car sa

cause principale réside précisément dans cette succession de secousses régulières dont il importe de distraire l'attention autant qu'il est utile de les interrompre par le mouvement de la marche.

Le hamac, que l'on recommande souvent, a du bon parce que, ne faisant pas corps avec le vaisseau, il participe moins au balancement du tangage et du roulis ; on peut ajouter en sa faveur qu'il est facile de le changer de place et de l'accrocher différemment, de manière à le tendre en travers du navire quand il tangue et dans le sens de la longueur quand il roule, afin de diminuer le plus possible la sensation du bercement des vagues. Il offre, sans doute, des avantages appréciables, mais la position horizontale qu'on y prend est la moins favorable à combattre le mal de mer ; on y résiste mieux debout ou assis, le buste légèrement incliné en arrière. L'essentiel, du reste, est de maintenir, dans une position verticale, son centre de gravité aussi immobile que possible et de neutraliser par un mouvement de balancier agissant en sens inverse, le jeu de bascule du vaisseau ; car sur un plancher mobile, l'immobilité ne peut être obtenue que par une flexion du corps correspondant à l'abaissement et au soulèvement oblique du parquet. Si l'on est assis, au moment où le navire s'incline, on se contente de plier les reins en sens contraire, de manière à se maintenir d'aplomb et à ne pas glisser de son siège ; est-on debout, alors c'est à l'aide des muscles de la cheville et du pied que la flexion s'opère ; les jambes, le tronc et la tête remuent le moins possible et c'est le pied qui suit les ondulations de la surface sur laquelle il est posé ; par l'habitude, on atteint le même résultat en marchant et l'on se promène, tantôt gravissant, tantôt descendant selon que le plan du tillac présente une pente à monter ou une déclivité. Comme c'est le haut du corps seul auquel il importe de conserver sa position verticale, l'articulation du genou peut prêter un utile concours et, alternativement, l'une des jambes se raidit et s'allonge, tandis que l'autre se raccourcit en se pliant ; cette manière de marcher se recommande surtout lorsque, pendant le roulis, on se promène de la poupe à la proue.

Le centre de gravité du navire ou plutôt le point du vaisseau qui remue le moins doit aussi être recherché ; ordinairement c'est le grand mât, et les dames qui ont l'expérience des voyages choisissent souvent cette place pour y installer leur fauteuil. Dans les cabines, un lit, dans le sens de la longueur, est préférable aux couchettes transversales parceque le tangage, auquel on est plus exposé dans un lit tourné de la proue à la poupe, est moins redoutable que le roulis qui lui-même remue le navire en soulevant successivement les bastingages de babord et de tribord. Cependant les couchettes longitudinales du second étage ne sont pas dignes de préférence parceque, si le roulis devenait très fort, il serait dangereux d'en être précipité et de choir de si haut sur le fond de la cabine.

Les enfants qui jouent avec insouciance sur le tillac échappent d'autant plus communément au mal de mer qu'ils sont plus petits ; portés dans les bras d'une bonne, les mêmes bébés en sont atteints presqu'aussitôt. C'est qu'en effet, livrés à eux-mêmes et les pieds sur le pont, ils ont en leur faveur la petitesse de leur taille ; plus haut on les tient, plus sont sensibles, pour eux, les pernicieuses oscillations. Ce sont celles du bout des mâts qui, par leur étendue, l'emportent sur toutes les autres et il est évident qu'un homme juché là-haut éprouverait, jusqu'au fond de ses entrailles, des perturbations bien plus graves que les passagers assis dans les fauteuils ou accoudés aux bastingages.

Quel que soit son tempérament, l'homme est exposé à souffrir du mal de mer et il n'y a, sous ce rapport, aucune distinction à établir entre les gras et les maigres, les bilieux, les sanguins, les lymphatiques et les nerveux. La mer, d'ailleurs, semble bouleverser tous les tempéraments ; tel qui, à terre, présente les caractères d'un tempérament sanguin, devient, à bord, bilieux ou lymphatique : ses joues pleines et roses, son cou légèrement violacé ont pâli, ses traits se sont enfoncés et toute sa figure a jauni ; il est méconnaissable ; tel autre, d'une complexion bilieuse, soulagé après avoir payé à plusieurs reprises son tribut à la mer, se ragaillardit, malgré les nouveaux assauts auxquels il succombe encore ; son teint s'anime, son visage se remplit et il est transfiguré. De même qu'il est des marins qui ne se sentent vivre que lorsqu'ils ont sous les pieds le pont mouvant d'un navire, il est aussi des passagers auxquels la mer est propice et pour lesquels une traversée, accompagnée ou non de mal de mer, vaut un bain de Jouvence.

Parmi les remèdes proposés, il en est un qui, par sa barbarie et sa grossièreté, ne convient guère qu'à des mousses en apprentissage ; il consiste à boire de l'eau de mer. Dira-t-on qu'il renferme quelque chose d'homéopathique et qu'il réussit parfois chez ceux qui ont quelque disposition pour le métier de marin ? C'est possible. Toutefois, ceux qui voudront en user feront bien de remplacer l'eau de mer par quelque bouillabaisse spéciale ou par du thé de la Chine fortement salé.

Sur les côtes de France, les parages où les navires sont le plus fréquemment secoués s'appellent le golfe de Gascogne dans l'Océan et le golfe du Lion dans la Méditerranée. Dans la mauvaise saison, le golfe du Lion, presque continuellement agité, est toujours à redouter pour le passage en Algérie, à moins qu'on aille s'embarquer à Port-Vendres, ce qui est pratique, ou que l'on traverse l'Espagne pour prendre la mer à Carthagène et gagner de là Oran, ce qui l'est beaucoup moins, attendu que de ce côté aucun service postal n'est organisé. Le mal de mer est donc à craindre, autant que dans la mer Egée, autant que dans la mer Noire, ce Pont-Euxin fatal aux trirèmes antiques.

Un navire chargé à demi seulement, comme le sont ordinairement les paquebots rapides, se trouve dans les meilleures conditions de vitesse et de sécurité. C'est le chargement qui convient le mieux aux passagers ; il est vrai que, le poids du vaisseau étant moindre, il oscille peut-être davantage mais son roulis est aussi plus régulier et plus doux tandis que les secousses d'un navire très plein, brusques et saccadées, font beaucoup plus de mal ; ce ne serait que sur une mer à peu près calme et unie comme un miroir qu'un navire fortement chargé l'emporterait sur l'autre toujours plus prompt à suivre les ondulations de la houle ; mais qu'il survienne un peu d'agitation, et la coque bourrée de marchandises prendra aussitôt des allures heurtées et entre-choquées ; que la mer devienne mauvaise, et cette masse pesante, toujours en danger d'être submergée, aura peine à tenir tête à l'orage tandis qu'un paquebot suffisamment lesté, mais sans surcroît de cargaison, glisse, fuit, louvoie et risque moins, en somme.

On ne doit pas non plus perdre de vue qu'en mer tout est une question de dimensions. Sous ce rapport, les navires à vapeur qui semblent le mieux appropriés à la navigation de la Méditerranée sont ceux qui sont construits et proportionnés sur une base de quatre-vingts à quatre-vingt-dix mètres de longueur. Ils correspondent le mieux à l'ampleur ordinaire des lames méditerranéennes, moins larges que les vagues de l'Océan. Cependant beaucoup de paquebots employés entre la France et l'Algérie mesurent plus de cent mètres de long; quelques-uns atteignent cent vingt mètres et même davantage. Ils s'adaptent sans doute moins bien que les vaisseaux un peu moins grands aux conditions naturelles, au mécanisme de la mer, tantôt calme, tantôt agitée, toujours remuante. Toutefois, il est bon d'ajouter qu'en présence des éléments en furie, le plus grand des vaisseaux paraît encore petit.

Au gouvernail, un bon timonier, une main preste, un poignet solide et ferme, un œil qui voie non seulement la vague qui se lève mais toutes les pièces du navire, un sens spécial qui compte et pèse les mouvements des hommes du bord et des passagers, une parfaite connaissance du vaisseau et de sa cargaison, de la quille au bout des mâts, une sorte d'identification entre l'homme de la barre et l'embarcation qu'il dirige ; toutes ces qualités réunies sont une garantie de sécurité pour les passagers en même temps qu'un bon préservatif contre le mal de mer qui, dans des conditions d'ailleurs égales, exerce plus de ravages sur un navire mal dirigé.

*
* *

Je ne suis pas, en descendant à Alger, tombé par terre en mettant le pied sur le sol de l'Afrique, comme l'histoire rapporte qu'il en arriva à Scipion l'accident ; mais, en entrant dans le port, j'ai levé les yeux vers le zénith et j'y ai aperçu deux nuages blancs en forme de deux immenses queues de chacal relevées en panache. Cela n'est pas, sans doute, un pronostic de conquête comme celui que le général romain tira de sa chute mais, en fait de présages africains, c'en est un, pour sûr, et je n'en augurai que du bien. Ces deux panaches blancs striés et immobiles sur l'azur de la voûte céleste devaient avoir été formés par les perturbations atmosphériques qui avaient agité la mer pendant la traversée.

Dans le golfe du Lion, les flots tumultueux produisaient en s'entre-choquant un bruit de canon ou de tonnerre lointain qui rappelait aussi, mais à une puissance centuplée, le crépitement de la neige fraîchement tombée qu'on écrase sous les pieds par une froide matinée d'hiver. Jusqu'en vue des Baléares qui, de loin, apparurent semblables à des Pyramides qui se découpent en triangle sur le sable du désert d'Egypte, les vagues et la houle, quoiqu'assez différentes d'aspect et de composition, avaient une ampleur presqu'égale à celles de l'Atlantique ; mais on reconnaissait encore à un simple coup d'œil qu'on était dans la Méditerranée ; l'aspect du golfe du Lion était écumant et bosselé plutôt que sillonné de vagues. Après les Baléares, au contraire, la houle avait l'apparence des larges sillons de l'Atlantique et l'on se serait cru facilement transporté sur le grand Océan. Bonne traversée, en somme, mais rendue un peu plus longue par l'agitation de la mer.

CHAPITRE II

ALGER

Si Marseille est située sur les bords d'une baie qui regarde vers l'Occident, la ville d'Alger qui lui fait face presqu'en droite ligne du Nord au Sud, sur le rivage opposé de la Méditerranée, est assise le long d'un golfe tourné vers l'Orient, ou plutôt vers le Nord, l'axe de la baie entre la pointe d'Alger et le cap Matifou étant dirigé à peu près exactement vers le Septentrion ; mais la ville proprement dite est étagée sur celui des promontoires de ce golfe qui est exposé à l'Est ; de sorte qu'en rapprochant par l'imagination les deux cités l'une de l'autre, au delà de la mer, de manière à ce que le bras méridional de la baie de Marseille se continue par le bras occidental du golfe d'Alger, on obtiendrait, par une succession ininterrompue de maisons, de rues et de boulevards, contournant deux échancrures dessinées et remplies par les eaux bleues de la Méditerranée, une figure qui serait la symétrique d'un S, ou qui correspondrait, si l'on veut, à un S aperçu dans une glace. C'est l'impression ressentie après une traversée rapide qui vous transporte d'un bond, d'Europe en Afrique, par dessus la plaine liquide.

Il en est une autre qu'on éprouve en vue du port et qui, celle-là, est tout à fait géométrique : la colline où s'entassent les unes sur les autres les maisons blanches d'Alger ressemble à un triangle appuyé sur son hypoténuse ; l'un des côtés, le plus court, s'élève presque perpendiculairement vers le sommet et l'autre va rejoindre la base à l'extrémité du cap, vers lequel il s'incline doucement. Tout est blanc dans l'espace décrit par les trois côtés de cette figure ; car, des maisons d'Alger, on n'aperçoit que les façades ; les toits sont parfois recouverts de tuiles rouges mais la plupart des habitations sont surmontées d'une terrasse pavée de carreaux rouges, dérobés aux regards.

Alger occupe le promontoire occidental de son golfe et se continue des deux côtés le long de la mer : vers le Sud, en suivant une ligne courbe que décrit la sinuosité du golfe ; vers l'Ouest en s'étendant le long du rivage pour aboutir, après avoir traversé le faubourg de Bab-el-Oued, à la localité qui porte le nom de S¹-Eugène. Sur la colline située derrière ce village s'élève une église ornée de minarets qui lui donnent l'air d'une mosquée. C'est Notre-Dame d'Afrique que l'on aperçoit de la pleine mer longtemps avant d'arriver en rade, comme à Alexandrie on distingue du large les tours du château du Mecx, avant d'atteindre les passes.

Par ses rues principales, bordées de portiques et d'arcades soutenues par de massifs piliers, Alger rappelle quelques-unes des villes Italiennes, Milan et Bologne surtout, pendant que, étant étagée sur un coteau d'une pente raide, elle offre, dans ses petites rues, étroites, tortueuses et montantes, plus de ressemblance avec Gênes. C'est le côté oriental, musulman et mauresque qui a le dessous dans sa lutte contre l'élément européen qui envahit tout, l'architecture, la distribution topographique et la population. La France s'est établie ici par des constructions solides et lourdes qui présentent quelque analogie avec celles des anciennes colonies portugaises, à l'époque de la splendeur de l'empire colonial lusitanien. Cela est pesant et durable mais moins élégant et moins aérien que les vieilles constructions mauresques, excepté celles qui, ayant un but stratégique, étaient elles-mêmes fort solides.

Pour le costume, la remarque est la même ; on rencontre fort peu de chees splendidement drapés dans leurs amples burnous d'une blancheur éclatante et, de temps en temps seulement, on croise quelques mahométanes qui, selon la mode du Moghreb, portent, outre leurs voiles et leurs manteaux blancs, des pantalons bouffants d'une dimension énorme qui donnent à leurs jambes la forme et l'apparence de deux gros potirons à côtes, d'où sortent deux pieds tout petits.

Il faut parcourir le dédale des rues montueuses d'Alger ; c'est ce qui a le plus de caractère : on monte, on tourne, on descend, on suit des crochets, on passe sous des voûtes, on gravit des escaliers dans ces ruelles, propres cependant, mais pleines d'odeurs âcres et nauséabondes ; il y a place pour deux, pour trois de front, tout au plus ; on y rencontre des ânes quelquefois ; des chevaux jamais.

Ces pentes, tantôt droites, tantôt sinueuses, tantôt montantes, tantôt transversales, s'appellent rue Charles-Quint, rue Salluste, rue de la Girafe, rue du Palmier, rue des Janissaires, de noms qui, par la réalité ou par l'histoire, se rattachent à l'Afrique ou au monde musulman.

Elles sont habitées par des artisans, cordonniers, menuisiers, fabricants de babouches, rôtisseurs, légumiers, marchands de fruits qui, par leurs mœurs, leur costume et leur langue ont des rapports étroits ou plus ou moins éloignés avec la race arabe. Il y a aussi des bains maures, réservés, comme les Hammams du Caire, aux hommes et aux femmes pendant des heures distinctes de la journée ; des mosquées où les Musulmans vont dire leurs prières et d'autres monuments, tout pareils, ornés de minarets et de coupoles surmontés d'une croix, qui sont des églises catholiques. Près de la Casba, ou citadelle, l'un de ces temples paraît avoir changé plusieurs fois de destination, tout en restant consacré à l'un ou l'autre des deux cultes. Il est orné, dans sa partie inférieure, de colonnes torses byzantines.

Alger est, en somme, une cité beaucoup plus française qu'arabe ; elle le doit à ses larges rues bordées d'arcades sous lesquelles on retrouve, de chaque côté, le bazar oriental, métamorphosé et agrémenté de vitrines alternant avec des échoppes tenues par de riches Moghrébins, marchands de tabac, d'antiquités ou d'étoffes brodées. Dans les quartiers plus reculés, au contraire, on constate qu'il y existe encore une vraie ville arabe, une population arabe nombreuse, tenant moins de place que l'autre, mais plus dense. Pour y arriver, il faut quitter les rues principales et les voies ordinaires de communication, habitées par des Français presqu'exclusivement. Dans les grandes artères, les Arabes qu'on rencontre sont le plus souvent des hommes du peuple ou des campagnards venus en ville au marché, tandis que, si l'on s'élève vers le haut de la colline, on retrouve une ville orientale ayant conservé toute son originalité. Ces anciens quartiers, d'un passé séculaire, sont évidemment destinés à disparaître à mesure qu'Alger s'aère et s'embellit dans le goût européen.

Sous les arcades des rues principales, les rôtisseurs de marrons font griller sur leurs réchauds des patates douces. Adossés aux piliers, des Arabes assis ont devant eux un petit étalage de cornets de papier blanc remplis d'un fruit d'Octobre qu'en grec on appelle la « coumare » et qui ressemble à la fraise, dont il a la couleur ; il mûrit comme elle en passant du vert au rouge mais il est tout-à-fait sphérique. On serait disposé à admettre que c'est ce fruit qu'Hercule, vainqueur d'Atlas, tient dans sa main, si les fruits d'or du jardin des Hespérides pouvaient ne pas être des oranges.

Quantité d'omnibus, mais pas un seul tramway ! De jolis équipages de maître et de louage à la disposition des riches étrangers qui viennent ici passer l'hiver. Ces belles voitures se donnent rendez-vous l'après-midi sur les circuits de la route de Mustapha qui serpente sur les hauteurs étagées en amphithéâtre autour de la baie. Cela forme un corso semblable à ceux de la rivière de Gênes ; mais, en ville, on ne voit que diligences qui arrivent de tous les côtés de la campagne, mêlées aux omnibus qui desservent, les uns à la suite des autres, tous les faubourgs. En dehors des diligences colorées et remplies d'indigènes en burnous blanc entassés jusque sur l'impériale, des omnibus rouges, jaunes et verts, dont l'attelage galope en agitant des colliers de sonnettes, des camions et des chariots lourdement chargés, on rencontre de temps en temps un joli cheval arabe, à la longue crinière, monté par un militaire, ou des chevaux plus solides mais moins élégants qui, eux aussi, appartiennent presque toujours à des officiers ; puis, des ânes et quelques chameaux, ceux-ci en fort petit nombre et comme dépaysés, si loin du désert. Attelés côte à côte aux voitures publiques, les mules et les petits chevaux arabes dévorent l'espace en soulevant des tourbillons de poussière grise qui paraissent sortir du sol sous leurs sabots et se répandent dans l'air en même temps que le bruit argentin du tintillement de leurs clochettes.

On chante dans les rues, on y joue de la trompette ; des sociétés chorales et orphéoniques les parcourent en donnant des concerts. L'Arabe chante, le colon chante ; tous les Algériens chantent, en chœur.

Le militaire abonde : caserne par-ci, caserne par-là ; beaucoup de petites casernes éparpillées un peu partout ; en effet, sur ce terrain accidenté, coupé de ravins et de collines, il est rare de trouver des emplacements assez vastes pour y construire des monuments spacieux. L'uniforme des soldats est une des marques les plus typiques de l'Orient. La coiffure habituelle est le fez rouge ou le turban ; avec cela, des guêtres blanches, un veston court et les culottes bouffantes des zouaves. Dans son habillement, l'armée est beaucoup plus africaine et musulmane que les civils ; c'est même, sous ce rapport, l'armée la plus africaine et la plus musulmane qui existe car les soldats égyptiens et turcs ressemblent beaucoup plus à ceux d'Europe.

Du côté de l'intérieur, la place est garnie d'une enceinte fortifiée que ces troupes contribueraient au besoin à défendre.[1] Elle n'enserre, à l'exclusion des faubourgs immensément étendus et composés de villages, de maisons de campagne et de

---

1. Une loi récente a autorisé la ville d'Alger à se démanteler et à raser partiellement ces fortifications.

UNE RUE D'ALGER

quartiers industriels, que la vieille ville qui s'avance sur son promontoire recouvert d'habitations dans le sein de la Méditerranée, comme le soc d'une charrue prête à fendre les flots. Dans la direction de la mer, quelques batteries seules, comme à Marseille, protègent la ville. Elles sont établies au pied du phare et sur quelques points de la côte, de manière à causer beaucoup de tort aux navires assiégeants pendant un bombardement. On a bien raison d'en craindre un pour Alger car sa situation l'expose de toutes parts aux coups dirigés de la mer qui ne tarderaient pas à en faire un monceau de ruines. La ville souffrirait beaucoup sans pouvoir être enlevée et le débarquement est une entreprise encore plus difficile de nos jours que du temps de Charles-Quint. Grâce à la longue portée des canons et quoiqu'il n'y ait pas ici d'îles dans le golfe comme à Marseille, où elles serviraient de base à la défense, les cuirassés d'une flotte ennemie seraient exposés à être foudroyés de terre s'ils n'avaient pas pris leurs précautions en occupant d'avance les points de la côte qui les menacent. Ils se trouveraient eux-mêmes dans une position très périlleuse sans autre perspective que de causer du dommage aux habitants.

Quant au port qui est vaste et d'un accès facile

il renferme habituellement une douzaine de grands navires à vapeur qui s'y trouvent fort à leur aise à côté de plus petites embarcations : sur le quai, la gare du chemin de fer, la douane et quelques entrepôts ; plus haut, au-dessus du quai, mais ayant vue sur la mer, le boulevard de la République, l'Hôtel de ville et les plus beaux cafés et restaurants d'Alger. L'ancien port situé derrière le phare et les anciennes fortifications qu'il domine n'est qu'une crique où s'abritent deux ou trois torpilleurs. Ces ports sont protégés par des môles composés de blocs de pierre artificielle.

Des pêcheurs et des barques de plaisance stationnent le long des quais, mais il n'y a pas, dans les abords des bassins, autant d'animation et d'activité que l'importance de la ville le ferait supposer. Le mouvement commercial n'est pas en corrélation avec l'étendue et la population d'Alger qui est bien la capitale de la colonie, mais ne dessert qu'une partie de son territoire, tributaire des autres ports, nombreux et considérables, de la côte algérienne.

* * *

Rien ne rappelle l'aridité ordinaire du Nord de l'Afrique ; la végétation est luxuriante et les essences aussi nombreuses que variées. On rencontre beaucoup d'arbres et d'espèces des tropiques. D'autres paraissent appartenir spécialement à cette région de l'Afrique. En troisième lieu, il y a des essences qui se distinguent par quelques caractères secondaires de l'espèce dont elles font partie et qui, par une ressemblance constante, tendent à former des variétés, presque des catégories nouvelles.

Le jardin public qui est situé à la porte de Bab-el-Oued, avant de sortir des murs, est remarquable par la variété de la végétation qu'il renferme. On y trouve des pins, de taille et de genres divers, des dattiers, des palmiers de toutes sortes, des tamarisques excessivement vieux, des eucalyptus, plus jeunes mais dont le tronc atteint déjà une belle grosseur, des larix, en massif et en pépinières, des acacias, des araucarias, pins des Andes Chiliennes, une grande quantité de ficus, parmi lesquels le ficus pandanus, des figuiers, du lierre en bordure et grimpant sur les troncs rugueux des dattiers, des géraniums, des bananiers, des bambous en touffes épaisses, des arbres parasols, des platanes et des cyprès ; en outre, des vernis du Japon, des orangers, des citronniers et de la clématite, sans compter une infinité d'autres essences, de fleurs et d'arbustes.

L'eucalyptus est l'arbre qu'on rencontre le plus communément et qui convient le mieux, selon toute apparence, au climat et au sol. Aussi bien en taillis qu'en futaie, il justifie l'origine de son nom : quand il est jeune, le rideau de son feuillage est aussi propice à la cachette que l'est son tronc lorqu'il est vieux et que sa cime se perd dans la nue. Derrière ses branches à longues feuilles minces, on est aussi bien placé pour voir que pour ne pas être vu et l'abri de son tronc épais protège aussi sûrement contre les traits que contre les regards.

Parmi les arbres qui peuplent les forêts des régions tempérées, les plus rares sont, sans contredit, les peupliers, les trembles et même les chênes. Sur les berges des routes on trouve du houx à feuille très petite qui porte des glands comme le chêne et non cette jolie grappe de baies rouges qui est le fruit du houx dans les bois du Nord. Les peupliers d'Italie très répandus en Algérie comme les trembles qui ont donné leur nom à une localité de la province d'Oran, sont presque entièrement proscrits des environs d'Alger. Aux puits nommés Birmandreïs, il y a, plantés au fond de la vallée, quelques peupliers et, plus loin, quelques peupliers d'Italie dans le ravin dit de la Femme sauvage. C'est un joli vallon boisé et frais. Quant aux trembles, on en découvre quelques spécimens à Télemly, à l'extrémité d'un ravin, à mi-côte des collines qui contournent le golfe.

L'orme et le tilleul sont représentés le long des rues plantées. On voit aussi en abondance des frênes, des oliviers, des néfliers du Japon et des grenadiers couverts de fruits comme les orangers. Le long des chemins et dans les bruyères, où résonne le cri métallique et strident des grives invisibles, il y a des cactus, des agaves et des aloès.

Le *Schinus* a droit à une mention spéciale parmi les arbres d'agrément qui peuplent les jardins et les promenades ; il mérite d'être cité pour la beauté de son feuillage et aussi parce que, venant bien partout, sauf sur les rochers réservés aux pins et à l'eucalyptus, il est cultivé avec prédilection et par conséquent très-commun. Originaire de l'Amérique du Sud il rappelle aux gens du Nord le saule pleureur dont il a la structure et les branches retombantes en cascades de feuilles d'un vert clair. Par son tronc qui est brun et son écorce fendillée et coupée d'une multitude de rainures, il ressemble à une essence des forêts des Ardennes que l'on appelle le bois de poule ; mais le feuillage est entièrement différent.

Une ancienne connaissance, qui d'ailleurs n'est

étrangère à aucun de ceux qui ont habité la Provence ou l'Egypte se retrouve à Alger. Le Sirocco qui s'annonçait depuis une couple de jours s'est déchaîné pendant la nuit, envahissant l'atmosphère de tourbillons d'une poussière extrêmement ténue qui pénètre dans les appartements et recouvre les meubles d'une mince couche grise. En cette saison, la chaleur qu'il produit n'est pourtant pas accablante et, sauf un peu de lourdeur dans la tête et de fatigue dans les jambes, elle passerait inaperçue.

C'est bien le même vent que celui que les indigènes nomment le Khamsîn en Egypte parcequ'au commencement du printemps il se met à souffler pendant une période de cinquante jours. Il amène du Sud une quantité de poussière embrasée qui se confond, dans l'air, avec les rayons ardents du soleil. La baie d'Alger est obscurcie par ces nuées de sable qui ne rencontrent pas sur la côte d'Afrique leur adversaire accoutumé de la Provence; là, les courants d'air du Nord et de l'Ouest entrent en lutte avec le Sirocco qu'ils refoulent et, dans ces guerres aériennes, le dernier mot appartient presque toujours au formidable Mistral.

La tempête s'annonçait par une large raie noire qui tranchait le ciel en deux parts dans la direction du Sud-Est; au-dessus de cette bande d'ombre horizontale, plus obscure que la nuit, se dressaient plusieurs pointes aigües semblables aux chevrons d'une couronne ou aux tentacules d'une gigantesque pieuvre de l'air ; c'est ce monstre atmosphérique qui a secoué au-dessus d'Alger une pluie de sable fin qui retombe lentement, soutenue qu'elle est dans les régions supérieures par les bouffées d'air chaud qu'il a semées sur son parcours. Le Sirocco amoncelle des nuages qui obscurcissent presqu'entièrement le ciel.

Fils tous deux du Simoun dont ils dérivent, le Khamsin et le Sirocco le continuent différemment. En Egypte, le vent du Sud embrase et brûle ; il dessèche et consume comme le souffle d'une fournaise ardente ; il rougit l'air qu'il remplit de flammes et de sable, mais il demeure aride et sec jusqu'au bout. Le Sirocco noircit et obscurcit davantage ; il chasse devant lui les nuages et la pluie. Sa poussière est plutôt celle de la cendre que l'haleine du feu.

**

Sortant d'Alger par la porte des fortifications du côté d'el Biar, on ne tarde pas à dominer à gauche, vers le Sud, tout le fond du golfe et le faubourg de Mustapha, à droite, la vallée à laquelle on donne son nom arabe de Oued et la côte occidentale. Par là, le tableau s'étend jusqu'à la basilique de Notre-Dame d'Afrique et à la mer, sur la surface bleue de laquelle sont posés quelques papillons blancs, une demi-douzaine de barques de pêcheurs.

On a vue sur la pleine mer, à droite, et sur les eaux plus calmes du golfe, à gauche, mais Alger reste invisible.

Adossé à un coteau d'herbe verte parsemée en automne des rondelles blanches des pâquerettes et de la pluie d'or des pissenlits, on a devant soi un rideau d'oliviers et de cyprès, au delà duquel s'ouvre le Oued, dont les versants sont recouverts par les champs cultivés, les villas et les plantations d'arbres d'agrément : des acacias, des néfliers du Japon, des orangers et encore des cyprès montant en flèche dans les airs.

Plus haut, la route, suivant l'arête qui sépare le Oued du pourtour du golfe, mène à un tertre d'où l'on voit, par dessus les hauteurs qui entourent la baie et le champ des manœuvres, jusqu'aux grandes chaînes de montagnes de l'intérieur qui limitent, en même temps que l'horizon, un territoire à peu près plat qui se nomme la Mitidja et dont les ondulations fertiles sont recouvertes par les villages des colons.

Outre le jardin public de Bab-el-Oued, Alger possède un remarquable jardin botanique ou d'acclimatation, situé sur le pourtour du golfe, au delà de la plaine des manœuvres et occupant une superficie très-étendue ; l'entrée en est ombragée par deux magnifiques platanes. Le parc de Bab-el-Oued donne une idée peut-être plus juste de la flore et de la végétation de l'Algérie, mais le *Jardin d'essai* est beaucoup plus vaste et beaucoup plus varié ; les arbres et les plantes qu'il renferme sont rassemblés de toutes les parties du monde ; les uns y prospèrent et se développent aussi splendidement que sous leur climat originaire, les autres y végètent et semblent par leur aspect maladif, regretter leur ciel et leur sol natal. Ces derniers, cependant, arbres, fleurs ou arbustes, sont en plus petit nombre et pourront mieux s'acclimater avec le temps ; tel qu'il est, le jardin d'essai est déjà une cause d'étonnement et d'admiration par la grande quantité d'espèces des régions les plus diverses qui y croissent les unes à côté des autres. Sans essayer d'entrer dans les détails, quelques noms, les plus usuels, suffisent à marquer l'extension du domaine de ce parc, africain par son emplacement, mais universel par la variété des essences qui le peuplent. Les noyers d'Amérique, aux noix rondes et aux feuilles dentelées, semblables à celles des vernis du Japon, les magnolias, les palmiers-bambous, les youcas, dont les branches portent à leur extrémité des feuilles pareilles à des touffes de roseaux et les latanias, feuillus d'éventails divisés en une infinité de pointes, y croissent en massifs ou y composent des allées ombragées, de même que les platanes, les dattiers et les bambous qui appartiennent à la végétation commune des environs d'Alger. Les glaïeuls y fleurissent, ainsi que les roses, aux approches de l'hiver ; et les pépinières de jeunes dattiers ressemblent à des plantations de langues-de-chien, cette mauvaise herbe qui, comme le chiendent, étouffe parfois le gazon des pelouses. Le chorisia, ou *paó de bandeira* du Brésil, se maintient dans sa section, dressant dans les airs son tronc épineux et droit ; et la colonne grise du palmier géant des Indes lui fait pendant un peu plus loin ; l'arbre et sa couronne de palmes ne sont pas comparables, en beauté, aux spécimens de palmiers géants si nombreux à Rio-de-Janeiro et ceux qui ornent le jardin de l'Esbékieh, au Caire, sont aussi, quoique plus jeunes, beaucoup plus beaux et mieux portants.

Malgré cette réserve, on peut dire que le climat d'Alger est aussi favorable et à un égal degré salutaire aux trois grandes catégories d'arbres qui composent la flore arborescente du globe : les pins, arbres verts du Nord, qui ignorent les saisons et conservent leur feuillage toute l'année parce que, sous leur ciel, les étés sont trop courts et trop froids pour causer une accélération suffisamment considérable dans la circulation de la sève ; les palmiers, les latanias, les ficus, arbres des régions tropicales, où, la chaleur persistant jusque pendant l'hiver, les changements de saisons ne comportent pas non plus, mais pour un motif inverse, le renouvellement total et annuel du feuillage ; et enfin, les essences des régions tempérées, comme les platanes, les vernis du Japon, la vigne et les figuiers, qui perdent toutes leurs feuilles chaque année et passent l'hiver dans un engourdissement de la vie pareil à la mort. Sur ces dernières espèces, toutefois, l'influence de la saison du repos est moins sensible que dans les régions tempérées proprement dites et les platanes, par exemple, conservent leur feuillage plus longtemps que dans le Nord, alors que, par suite d'un effet dû aux mêmes causes, le bourgeonnement du printemps commence un mois plus tôt.

Sous ce rapport, il y a parmi les espèces d'arbres originaires du Nord de l'Afrique ou qui y sont répandues avec le plus de profusion, de singulières divergences. Ainsi le sycomore, dont le feuillage, complétement différent de celui des ficus, des lauriers et des rhododendrons, ressemble plutôt à la frondaison des essences qui subissent une mue annuelle, ne perd jamais la totalité de ses feuilles qui tombent lentement, une à une, tandis que, parmi les lébeks, qui ont un feuillage rappelant celui des acacias, les uns, et c'est la majorité, muent totalement à côté de leurs congénères qui restent verts toute l'année.

Ce sont non-seulement les divers genres, mais encore les individus des mêmes espèces qui supportent différemment les effets de ce climat intermédiaire qui convient à de nombreuses catégories d'arbres à feuillage persistant des régions boréales ou des pays des tropiques, en même temps qu'à la flore de la zône tempérée, dont la torpeur des hivers endort la végétation.

CHAPITRE III

ALGER ET SES ENVIRONS

En novembre 1892 une députation de Touaregs revêtue d'un caractère officiel fut reçue par le Gouverneur Général de l'Algérie. On assurait que cette ambassade venue du désert à Alger par Biskra et Constantine avait une mission commerciale.

Les Touaregs (Targui au singulier et Touareg au pluriel) sont les gardiens et les guides du Sahara. Ils escortent les caravanes et perçoivent, pour le service qu'ils leur rendent, un droit de passage ou un tribut. Ils sont armés de la lance et portent un voile noir qui cache entièrement les traits de leur visage. La coutume de se voiler leur est spéciale car, chez les Bédouins, où les femmes sont voilées comme chez les musulmans en général, les hommes ne cachent pas leur visage; toutefois les Bédouins eux-mêmes, habitants du désert comme les Touaregs, sont, beaucoup plus que les autres musulmans, jaloux de dissimuler leurs traits sous un pan de leur burnous.

Ces Touaregs, reçus officiellement et accompagnés partout par des officiers, sortaient en voiture armés de leur lance, espèce de javelot long et léger comme la sagaie. Leurs burnous étaient bariolés de bleu et de blanc, de noir et de rouge. La manière dont ils se coiffent accumulant sur la tête, pour se garantir des rayons du soleil, des morceaux d'étoffe qu'ils enroulent, leur donne l'air de porter une tiare. Quelquefois, imitant les chevaliers du moyen-âge qui relevaient la visière de leur casque, ils abaissent leur voile noir jusque sous les yeux, continuant à cacher le bas de la figure ; on voit alors les yeux et le front ; ils ont le teint clair mais bruni par l'ardeur du soleil comme les Arabes.

Leur chef avait pour coiffure un immense turban cylindrique en forme de tiare enveloppé par sa base dans le voile noir qui cachait sa figure ; on eût dit d'une tour qu'il portait sur ses épaules. De là vient peut-être leur nom de Touaregs, tiré du latin : *turrim gerere*, porter une tour. On peut aussi le déduire de *turres agere,* conduire des tours, parce que les palanquins dans lesquels sont renfermées les femmes et qu'ils transportent à dos de chameaux à travers le désert ressemblent à des tours ambulantes. Enfin le grec fournit une excellente explication du nom des Touaregs par les mots θύρα et ἔχω, avoir ou garder la porte, car ce sont eux qui, connaissant à fond tous les sentiers du désert par lesquels ils guident les caravanes, ouvrent et ferment à leur gré les portes du Sahara.

A quel motif obéissent les Touaregs lorsqu'ils jettent sur leur face ce voile de couleur sombre au travers duquel ils regardent sans être vus ? Est-ce à un sentiment pareil à celui des anciens chevaliers ? Mais ceux-ci ne s'armaient que pour combattre et la visière de leur casque garantissait leurs joues et leurs yeux contre les traits et les coups de lance des ennemis tandis que le voile des Touaregs ne les protège ni contre les balles des fusils ni contre les flèches ; est-ce plutôt à un sentiment analogue à celui qui, chez les Musulmans, oblige les femmes à cacher leur visage à l'homme et cette coutume, imposée par la jalousie des hommes autant que par la réserve et la pudeur des femmes, s'est-elle étendue, chez eux, par une sorte de contagion, au sexe masculin ; ou bien n'est-il pas plus exact de l'attribuer à la nécessité de garantir les yeux contre la réverbération des rayons solaires, la figure contre les insolations et les paupières contre l'ophthalmie ? Cette dernière raison est la plus puissante sans doute mais il y a aussi, dans cette habitude, quelque chose des souvenirs du moyen-âge, où, sous l'armure portée à la guerre, en voyage ou dans certaines solennités, le chevalier disparaissait, ne laissant subsister de lui que le héros anonyme d'actions impersonnelles.

Les Touaregs venus à Alger, diplomates puisqu'on assurait qu'ils étaient chargés de négocier et de conclure une convention commerciale, avaient pour épée la lance et pour uniforme le burnous. Dans un corps diplomatique au complet, ils eussent fait pendant, par l'originalité de leur costume, aux mandarins en robe bleue qui représentent la Chine. Pour drogman ou interprète, ils avaient un Kabyle qui portait le costume des Arabes.

Les localités voisines d'Alger comme el Biar, Châteauneuf, Bouzaréah, la colonne Voirol et Birmandreïs font partie d'un massif montagneux, composé de collines s'élevant directement de la côte et séparé de la grande chaîne intérieure par une plaine. Toutes ces hauteurs, dont les principales atteignent tout au plus trois cents mètres d'élévation, sont massées sur une presqu'île comprise entre deux sinuosités du rivage méditerranéen : le golfe d'Alger, du côté de l'Est, et, vers le couchant, un autre enfoncement des terres, plus large mais de moindre profondeur. Cette petite péninsule montueuse forme un massif orographique borné au Sud par la Mitidja et de tous les autres côtés par la mer. Malgré leur peu d'élévation, ces hauteurs n'en sont pas moins considérables, car elles partent du bord de la mer qui baigne leurs racines ; il ne leur manque, pour devenir de véritables montagnes, que le piédestal des plateaux qui, généralement, se superposent en gradins vers l'intérieur des continents.

Cette presqu'île est coupée d'une quantité de gorges et de ravins, tous cultivés et plantés de vignobles ; rarement la terre, trop peu abondante, reste inculte ; rarement les roches apparaissent sous la terre végétale. Comparé à la plaine ce massif l'emporte, sinon par la fertilité, au moins par l'étendue plus grande de la superficie cultivable ; ces coteaux qui s'élèvent, puis s'abaissent pour remonter et redescendre encore, tiennent sur la surface du globe moins de place qu'ils n'en occuperaient si, détachés des collines qu'ils revêtent de leur verdure, puis mis de niveau et juxtaposés, ils composaient une plaine. Dans les montagnes, il n'y a souvent que d'étroits filons de terre que l'on cultive au fond des vallées, mais cette péninsule africaine est recouverte presqu'entièrement de champs et de vignes, de la base au sommet des hauteurs.

Sahel, tel est le nom que l'on donne à la plus grande partie sinon à la totalité des environs d'Alger. Ce terme arabe dont la signification éveille l'idée de facilité est, en effet, fréquemment usité en Algérie pour désigner les environs des villes. On l'applique aussi à de vastes contrées de l'intérieur, à la chaîne saharienne, dont les chemins moins abrupts étaient plus faciles à parcourir pour les caravanes que les routes des montagnes plus voisines de la côte. Tout ce qui est aisé, facile est sahel et cette facilité, mise en rapport avec l'idée de communication ou d'échange, peut provenir soit de la configuration du sol, soit de la sécurité plus grande qui règne aux abords des cités, soit encore de l'existence ou du bon entretien des routes. Toutes les anciennes villes algériennes, situées pour la plupart sur la limite ou au centre de vastes plaines, avaient leur Sahel. Par lui-même, ce mot ne désigne donc pas nécessairement une plaine plutôt qu'une région montagneuse mais, par sa signification, il s'applique bien mieux à un terrain plat ou ondulé qu'à un sol coupé de ravins et d'escarpements.

A Alger, le Sahel proprement dit, que certains auteurs ont à tort essayé de délimiter d'une

manière trop précise, s'étend depuis el Biar dans
la direction de Staouéli, Sidi Féredj, el Koléah,
Déli-Brahim, el Achour, Draria. Cette plaine
ondulée et fertile est plus commode à parcourir
que les montagnes à cause de la fatigue moins
grande que l'on éprouve à marcher sur un terrain
plat que lorsque l'on gravit des pentes raides. Un
sol pareil est aussi plus propice aux voyages des
caravanes que le désert, torride et habité seulement
par des nomades hostiles. Le Sahel, dans lequel
on comprend quelquefois par extension tous les
environs d'Alger, est borné au Nord par les
hauteurs de la presqu'île et au Sud par la plaine
de la Mitidja vers laquelle il descend en pente
douce.

De tous côtés, en s'éloignant d'Alger, on gravit
les hauteurs qui l'environnent ; les collines qui
l'entourent s'élèvent de plus en plus vers l'intérieur de façon que celles qui sont plus éloignées
dominent les plus rapprochées de la ville. Au delà
de cette première chaîne de collines, le niveau du
continent s'abaisse vers le Sud pour former cette
vaste plaine qui atteint le pied des ramifications
des montagnes de l'intérieur et qu'on nomme,
dans sa partie la plus rapprochée, le Sahel, borné
au Sud par la Mitidja. Au Nord, le pic de l'Observatoire et les hauteurs voisines de St-Eugène et

de la pointe Pescade qui sont ravinées et escarpées ne portent pas elles-mêmes le nom de Sahel qui ne leur conviendrait pas. A Alger on ne leur donne jamais ce nom.

De deux côtés seulement, les routes qui s'éloignent d'Alger par le rivage de la mer, en suivant le pourtour du golfe et, à l'Ouest, dans la direction de la pointe Pescade, conservent un niveau égal; les autres chemins s'élèvent d'abord au sommet des collines pour redescendre ensuite dans la direction de la plaine. Ces chaussées formées de pierres concassées se dirigent vers les localités de la Mitidja et notamment vers Blida qui en est la ville la plus importante, à une douzaine de lieues d'Alger.

La route de Blida est bordée de trembles comme celle du Pirée à Athènes. Leur feuillage est de la même couleur que la poussière blanche provenant, en Algérie comme en Attique, de la pulvérisation des cailloux de la chaussée. Chose curieuse, les Grecs modernes appellent le tremble *kerkis*, du nom que les Latins donnaient au chêne, *quercus*, tandis que de même que les anciens, ils nomment le chêne *drus*, d'où l'on a dérivé druide. C'est un exemple de confusion dans les appellations qui remonte peut-être à une haute antiquité.

Les environs d'Alger sont très giboyeux. A tout

instant, en ville, on rencontre des Arabes de la campagne, vêtus de leur burnous rustique, qui tiennent à la main des lapins ou des lièvres qu'ils cherchent à vendre en les colportant. Le lapin est d'un gris foncé presque noir, pareil au pelage du petit chacal. Le gibier ne peut pas demeurer longtemps à l'étalage des marchands de comestibles. Aussitôt tué, il faut qu'il soit écorché ou plumé, vidé, cuit et mangé ; au lieu de s'améliorer dans les caves et dans les garde-manger, il se gâterait. Les alouettes et les perdreaux sont aussi abondants que les lapins et les lièvres.

Les espèces de gros gibier les plus répandues en Algérie sont le sanglier, la gazelle et l'antilope. On raconte que, dans certaines régions de l'intérieur, le gibier abonde tellement que, lorsqu'il grêle, les animaux épouvantés, fuyant la campagne pour se réfugier dans les bois, on y ramasse une quantité de lièvres et de perdrix étourdis ou assommés par les grêlons.

Parmi les fruits, le plus commun de tous est le raisin. En plaine et sur les coteaux des montagnes, la meilleure place est réservée aux vignobles. C'est la vigne qui est la richesse de la contrée comme elle est celle de l'Algérie entière.

L'oranger, très abondant, ne vient qu'après la vigne ; c'est lui qui occupe le second rang. D'ordinaire il est surchargé de fruits que l'on commence à consommer en Octobre ; il en fournit tout l'hiver et jusqu'au printemps. Avec l'oranger, les mandariniers peuplent les vergers des colons et les jardins des villas ; les grenades, ces fruits savoureux remplis de grains pareils à des rubis, sont moins communes.

Les figuiers, fort nombreux, fournissent des récoltes abondantes. Les figues sèches du pays se consomment à Alger de même que les dattes ; mais à l'inverse du figuier, le dattier est très rare, sans doute parceque, dans les environs d'Alger, il ne se trouve pas encore dans la zône qui lui est favorable, située plus au Sud ; on ne l'y cultive donc pour ainsi dire que comme un arbre d'agrément. Les dattiers d'Alger produisent, il est vrai, des fruits mangeables mais, à la côte, la datte ne se développe pas encore dans de bonnes conditions. C'est ce qui a fait naître la croyance que le voisinage de la mer serait nuisible au dattier, qui y reste improductif. Par lui-même l'air salin ne stérilise pas le dattier car il fournit d'excellentes dattes à Alexandrie et sur la côte égyptienne ; la différence qui, sous ce rapport, existe entre les dattiers de la côte algérienne et ceux du rivage méditerranéen du Delta n'est due qu'au climat ; en Egypte, le dattier croît partout dans la zône qui lui est propice, d'Alexandrie à Assouan et au delà vers le Sud. C'est pourquoi la datte se récolte partout. En Algérie, la zône du dattier ne commence qu'à l'intérieur du continent ; elle n'atteint pas la côte où le dattier croît comme arbre d'agrément sans être un arbre de rapport ; il est chez lui, différant en cela des palmiers qui végètent en Europe à l'état d'arbres exotiques, mais il ne se trouve pas dans toutes les conditions requises pour produire de bons fruits.

Quant au bananier, on essaye aussi de le cultiver à Alger, mais comme il lui faut, pour prospérer, un climat presque tropical, il ne rapporte guère. L'Algérie produit d'excellentes dattes mais le bananier exige plus de chaleur et ses fruits ne se développent pas encore là même où la datte réussit.

La nèfle du Japon, l'amande et la *coumare*, ce produit d'un poirier sauvage qui, coïncidence étonnante, boise les flancs de la colline du Bosphore où, d'après une légende grecque, reposeraient les cendres d'Hercule, en même temps que les pentes de l'Atlas, sont les trois derniers fruits de cette courte série, limitée aux arbres fruitiers d'un territoire très-restreint, à la vérité.

Que de montagnes, quel horizon l'on découvre des hauteurs voisines d'Alger! Sous ce rapport, la capitale de l'Algérie est admirablement située et les collines de cette presqu'île qui sépare les deux golfes méditerranéens sont un excellent observatoire.

Cette chaîne de montagnes qui limite l'horizon, c'est le continent africain lui-même, c'est le Nord de cette Afrique, de cet ancien pays d'Ophir, dont le nom aurait, suivant une opinion répandue, fourni l'origine du sien. Entre le Sinaï, à l'Est, cette borne sacrée de l'Egypte, et l'Atlas marocain, ce géant neigeux, à l'Ouest, s'étend le continent africain, montagneux et boisé ou aride et désert; d'Alger on en aperçoit la nervure la plus puissante; c'est l'arête sur laquelle il s'appuie jusqu'aux montagnes de l'Abyssinie et, plus vers le Sud, jusqu'aux sommets voisins des sources du Nil, jusqu'au Rouvenzori, auprès du lac Albert-Edouard, jusqu'au mont Kénia, proche de l'Equateur, et jusqu'au Kilimandjaro, ce colosse le plus élevé de toute l'Afrique.

L'homme ne se contente pas de connaître les choses et la nature. Aux choses et à la nature, il donne des noms. Les noms qui existent, il cherche à les comprendre et à les interpréter.

L'Afrique est-elle l'ancien pays d'Ophir des

Phéniciens ou Puns, fondateurs de Carthage, ou n'est-elle pas plutôt la contrée des *affres*, des terreurs et des légendes effrayantes ? L'arabe vient au secours du français pour cette interprétation ; *cheitan*, le diable arabe, a un sosie, aussi affreux que lui, qui est nommé *afrît*, le démon africain. Ne dit-on pas affreux comme un nègre et noir comme un diable ? La vraie étymologie doit être celle-là.

A cette chaîne de montagnes qui va du Maroc à la Tunisie et rattache l'Atlas, à l'Occident, à l'Aurès, à l'Orient, on a aussi donné des noms, des dénominations génériques ou spéciales. D'Alger on en embrasse l'étendue presqu'entière ; au delà de la plaine fertile, large de cinq à six lieues, qui atteint leurs premiers contreforts, se dressent, dans une teinte grise, bleue ou verdâtre, suivant l'état du ciel, les sommets dont les plus élevés atteignent une hauteur de deux mille mètres. Parfois, quand le temps est assez clair, on peut discerner la verdure des arbres qui boisent quelques-uns d'entre eux jusqu'à la cime.

Du côté de l'Est, le plus remarquable est le Djurjura ou grande Kabylie, dont la silhouette caractéristique s'estompe avec netteté ; à l'Ouest, sur la frontière de la province d'Oran, l'Ouarensenis arrondit avec moins de décision une masse plus lourde. Entre ces deux points court la chaîne de montagnes qui se dédouble en deux lignes parallèles, formant entre elles, à l'intérieur, la région des hauts plateaux.

Le *Tell* est le nom que l'on donne à ce massif et, il faut bien le dire, c'est une de ces dénominations comme *bir*, puits et *oued*, vallée dont on a un peu abusé en Algérie ; *tell* est un mot arabe qui signifie tout simplement colline, élévation, plateau. Ce n'est donc pas un nom propre car il ne suffit pas, pour désigner une chaîne de montagnes, de lui donner le nom qui dans une autre langue signifie précisément élévation, hauteur. *Tell* est d'ailleurs fréquemment employé pour dénommer des éminences fort peu importantes : *tell-el-kébir*, ou la grande colline, est le nom de l'endroit où fut gagnée la bataille qui livra l'Egypte aux Anglais en 1882 et on l'appelle ainsi non pas parceque la colline est haute mais parcequ'elle y forme un plateau étendu.

Tell n'est donc qu'un mot d'une langue étrangère dont la signification est connue. Que je demande à un Arabe, en lui indiquant les chaînes de l'intérieur : quelles sont ces montagnes ? et qu'il me réponde *Tell*, cela peut, au premier abord, me sembler un nom propre ; mais si, plus tard, j'apprends quel est le sens du mot *Tell*, il devient évident que l'Arabe que j'ai interrogé en lui demandant : quelles sont ces montagnes ? m'a répondu : ce sont des hauteurs ; ce qui ne m'apprenait rien.

Au midi de la première des deux chaînes de montagnes comprises dans la dénomination générique de Tell commence la région des hauts plateaux, coupée de lacs marécageux ; elle s'étend jusqu'à la seconde chaîne, au delà de laquelle s'ouvre une nouvelle plaine traversée par une seconde ligne de lacs allant d'Orient en Occident.

En quelques mots et à grands traits, c'est là la description de la contrée algérienne, montagneuse, fertile, boisée et couverte de verdure. Et, à ce propos, Alger, Algérie, ne sont-ils pas eux aussi des noms arabes comme le Tell ?

Quelqu'étrange que cela semble, le nom de l'Algérie paraît provenir du mot arabe qui a la signification d'île : *el guéziré*. En arabe, Alger se dit *el Ghézaïr* et l'Algérie s'écrit et se prononce à peu près de la même façon ; qu'en français les appellations Alger et Algérie dérivent de l'arabe *el Ghézaïr*, cela est admissible et qu'à son tour *Ghézaïr* provienne de *guéziré*, île, cela paraît probable malgré le défaut d'objectivité d'une telle appellation appliquée à une région continentale. A une époque reculée dont, dans leur langue, les Arabes peuvent avoir gardé le souvenir, les deux chaînes de montagnes de l'intérieur ont peut-être été des îles tandis que le reste de la contrée et les hauts plateaux eux-mêmes étaient submergés par les eaux ; les lacs salés et les marais de l'intérieur seraient des vestiges de cette époque où l'Algérie était en partie insulaire et en partie sous-marine.

La péninsule d'Alger, séparée des montagnes intérieures par une plaine qui a dû rester submergée plus longtemps a probablement formé, elle aussi, une île, plus tard, et lorsque les hauts plateaux étaient déjà rattachés au continent. C'est pourquoi l'appellation d'île s'applique plus particulièrement à la capitale. On pourrait même dire que toute la contrée ne porte ce nom que parceque la ville principale en est située dans une péninsule qui était autrefois une île. Mais, que l'on admette cette dernière explication ou la précédente, l'origine du nom propre reste ce mot arabe de *ghéziré* qui veut dire une île.

Si, de la contrée, on passe à ses habitants, l'on constate que les plus anciens occupants connus portaient le nom de Maures. *Barbara lingua Mauros pro Medis appellantes*, dit Salluste, ce qui, à peu de chose près, signifie : dans la langue barbare, leur nom est Maures au lieu de Mèdes. Sans attacher trop d'importance à la légende qui rapporte qu'une expédition des Mèdes de la Perse aurait envahi le nord de l'Afrique, il est intéressant de constater que la plus ancienne appellation désignant les habitants de cette contrée était celle de Maures, qui n'est pas sans analogie avec le nom du Maroc dans la langue arabe. Les Arabes appellent l'empire marocain *Mourakich* ; la manière dont, dans certaines langues du Nord, on écrit et l'on prononce le mot de *marais* offre une grande ressemblance avec *mourakich* et par suite avec Maures ; non que les Maures fussent des habitants de régions marécageuses mais plutôt parcequ'étant le produit d'un croisement entre la race noire et la race aryenne, ils occupaient, entre le nègre et le blanc, une zône intermédiaire assez semblable, par une comparaison sous-entendue, à un marais situé entre deux montagnes. Malgré le grec et l'allemand qui, par une extension abusive, prennent le mot Maure dans le sens de noir et de nègre, pour les langues des pays plus voisins du Moghreb, Maure signifie originairement un métis.

La péninsule d'Alger, comprise entre le golfe d'Alger à l'Est et une autre baie, à l'Ouest, dans laquelle se trouve la petite presqu'île de Sidi Féredj, est rattachée au continent par un isthme large qui sépare les deux golfes. Ce n'est pas seulement un massif orographique distinct, dont d'ailleurs on ne peut embrasser toute l'étendue des environs immédiats de la ville ; c'est aussi au point de vue de la défense militaire, un ensemble dont on discerne le mieux la topographie du haut des crêtes de la Bouzaréah et du mamelon de l'Observatoire. De là, on plonge du regard dans les gorges et les ravins qui découpent la péninsule, on suit de l'œil une grande partie des côtes de la mer et l'on domine presque tous les points environnants.

Entre Alger et Gibraltar, cette presqu'île anglaise de l'Espagne, l'analogie résulte de cette situation presque insulaire mais ce qui est cause de la force de Gibraltar, dont le rocher se rattache à l'Espagne par un isthme étroit, est, stratégiquement, une faiblesse pour Alger qui est dans une péninsule réunie au continent africain par une large bande de terre. Cette péninsule formant un tout stratégique doit être défendue en bloc car l'ennemi qui y aurait pris pied se rendrait probablement maître de la ville au bout de fort peu de temps.

Les attaques dirigées contre Alger par les Européens l'ont été le plus souvent de front, c'est-à-dire par la côte orientale de la péninsule ; celles-là ont toujours échoué. La seule qui ait réussi est celle qui livra Alger à la France en 1830 et elle porta, à l'inverse des précédentes, sur la rive occidentale de la presqu'île, prenant ainsi Alger à revers.

Les trois expéditions espagnoles conduites contre Alger sous le règne de Charles-Quint eurent toutes pour but la côte orientale. La première, commandée par Diégo de Véra, aborda le 30 Septembre 1516 dans l'anse de Bab-el-Oued au Nord de la ville. Ce fut la moins considérable ; elle ne se composait que de 35 navires et son chef ne disposait que de trois mille hommes de débarquement avec lesquels il essaya vainement de s'emparer de la Casba ou citadelle. Repoussés, les Espagnols battirent en retraite à cause du mauvais état de la mer qui menaçait de faire périr leurs navires. Ils perdirent la moitié de leur flotte et laissèrent quinze cents prisonniers aux mains de Barberousse.

L'insuccès de la seconde expédition comme l'échec de la première fut aggravé par la fureur des éléments. Elle eut pour chef Hugo de Moncade, vice-roi de Sicile, qui, dans le cours de l'été de l'année 1519 [1], aborda dans le golfe d'Alger, au sud de la ville, avec quarante navires portant cinq mille hommes de troupes. Pas plus au midi qu'au nord, les Espagnols ne réussirent. Ils s'emparèrent, à la vérité, des hauteurs et s'établirent sur la colline de Koudiat-es-Saboun, d'où ils dominaient les fortifications et la Casba ; mais une

---

1. Histoire de l'Afrique septentrionale par E. Mercier.

sortie des Turcs conduite par Caïreddin Barberousse les repoussa jusqu'au rivage du golfe où le rembarquement n'eut lieu qu'avec beaucoup de peine. Vingt-six de leurs navires furent jetés à la côte par la tempête.

La troisième expédition espagnole, commandée en 1541 par Charles-Quint en personne fut, en plus grand, la répétition de celle dont Hugo de Moncade avait été le chef. Dans l'intervalle, les Espagnols avaient perdu l'îlot du Penon, où ils avaient une garnison lors des deux descentes précédentes et qui, de nos jours, rattaché à la ville par une jetée, fait partie intégrante de la côte et du port.

Les défenseurs d'Alger n'avaient à opposer aux forces imposantes de Charles-Quint que six ou sept mille hommes dont quinze cents janissaires et cinq à six mille Maures. Quant aux forces impériales elles se composaient de deux escadres ; en effet, dans le courant d'Octobre, Charles-Quint avait rallié à Majorque Don Ferdinand de Gonzague, amiral de l'escadre de Sicile et, en deux jours, il arriva en vue d'Alger où il rencontra Don Bernardin de Mendoza avec l'escadre d'Espagne.

Voici, du reste, d'après un historien espagnol, Don Antoine de Vera y Figueroa, le récit détaillé de cette expédition.

« Les Maures, au débarquement, firent résistance mais les Impériaux avec facilité la rendirent inutile.

« A peine l'Empereur avait-il atteint le rivage, débarqué le canon, les chevaux et l'infanterie, que l'eau tomba du ciel avec tant de violence qu'elle rendit cette flotte incapable d'agir. Un vent de traverse devint si furieux qu'il dispersa l'armée en brisant les vaisseaux, sans la pouvoir mettre en sûreté dans aucun port. Cette perte fut suivie de la consternation des soldats parcequ'il n'y a rien qui les rende plus superstitieux que les accidents soudains que produisent les éléments.

« Les Maures qui, avant cette journée, s'étaient pourvus de tout ce qui leur était nécessaire, s'encouragèrent par le secours qu'ils recevaient de la tourmente qui leur était un bon augure. Ils attaquèrent les impériaux qui les attendaient quoiqu'ils fussent dans la boue jusqu'aux genoux et plus embarrassés de leurs mousquets qu'ils n'en tiraient d'avantage. Ils tuèrent quelques-uns des soldats de l'Empereur et prirent incontinent la fuite voyant que la valeur des impériaux combattait contre la fortune.

« L'Empereur qui ne pouvait souffrir que les Allemands quittassent la partie, poussa vigoureusement son cheval et en poursuivant les ennemis

l'épée à la main, dit à ces troupes en leur langue :
« Tournez visage contre les infidèles et combattez
« à mon côté comme de véritables Allemands
« doivent faire pour la foi, pour votre Empereur
« et pour votre nation. »

« La tourmente redoublait à chaque moment, si bien que les plus expérimentés pilotes ne virent jamais le vent et l'eau combattre avec plus de fureur qu'ils firent alors. La plus grande partie des galères et des navires se brisa malheureusement à la vue de l'Empereur ; il demeura sans un baril de poudre et sans un quintal de biscuit, si bien que pour nourrir l'armée cette nuit-là et le jour suivant il fallut tuer quantité de chevaux qu'on distribua par les quartiers.

« Charles, dans cette funeste conjoncture, pourvut à toutes les nécessités. Enfin, après que l'Empereur eut cheminé par terre vingt lieues, il embarqua ses gens au cap Matifou, cédant à la fureur des éléments.

« Les Italiens s'embarquèrent les premiers, les Allemands après eux, les Espagnols à la fin et l'Empereur le dernier de tous. Il commanda, comme il n'y avait pas de quoi fournir à l'embarquement à cause de la perte des navires, de jeter à la mer toute sa cavalerie. Ce qui augmenta la douleur générale fut de voir nager ces beaux chevaux qui se présentaient aux navires pour leur demander secours.

« Charles-Quint s'était à peine embarqué qu'une seconde tourmente s'efforça d'engloutir ce que la première avait laissé. Le reste aborda par des routes différentes à Gênes et en Sicile et l'Empereur en Espagne. »

L'expédition avait perdu un grand nombre de ses navires, près de deux cents pièces d'artillerie et, d'après les chiffres des historiens musulmans, douze mille hommes noyés, massacrés ou prisonniers.

Ces leçons de l'histoire n'étaient pas oubliées lorsqu'en 1830 le Gouvernement de Charles X entreprit l'expédition d'Alger. Les tentatives des Espagnols au seizième siècle avaient démontré que l'attaque de front, c'est-à-dire par la côte orientale, était impraticable. D'ailleurs, depuis lors, au Sud et au Nord d'Alger, le rivage de la Méditerranée avait été si bien fortifié et recouvert de travaux de défense que le débarquement en était devenu une entreprise à peu près irréalisable. Cependant, dans la première moitié de ce siècle, le cap Matifou n'aurait pas encore pu fournir à la défense maritime un concours aussi efficace que celui qu'il pourrait lui prêter de nos jours, grâce à l'immense portée qu'ont acquise les pièces d'artillerie. Seule la partie de la côte située au Sud et au Nord d'Alger était recouverte de travaux de défense qui eussent été utiles ; comme de nos jours, ces fortifications protégeaient Alger contre une attaque de front venant de la mer, à la différence que les fortins de l'époque du Dey étaient situés plus bas le long du rivage tandis que les redoutes et les batteries actuelles, reportées en arrière sur les sommets ou sur les mamelons intermédiaires, dominent la mer de plus haut.

A ces différences près, l'état des choses était en 1830 ce qu'il est encore maintenant et l'expédition du Duc de Bourmont évita de se heurter de face à une résistance préparée de longue main. Ce fut donc de l'autre côté de la péninsule, et près de la petite presqu'île de Sidi Féredj, à quatre ou cinq lieues de la ville, que la flotte comprenant cent navires de guerre et 357 bateaux de commerce, chargés de 34 mille hommes de troupes, aborda le 14 Juin 1830.

Dans cette direction, l'attaque n'ayant pas été prévue, la défense n'était pas non plus organisée ; pourtant, les forces du Dey, évaluées à 60 mille hommes, se massèrent aussitôt à Staouéli, dans un camp fortifié, en face de l'armée française retranchée à Sidi Féredj ; le 19 Juin au matin, celle-ci fut attaquée par l'ennemi, le culbuta et s'empara de son camp.

Cette victoire livra Alger à la France ; le Duc de Bourmont ne fut plus arrêté dans sa marche que par le fort l'Empereur, entre la ville et el Biar, qui devint le centre de la résistance des partisans du Dey. Ce fort fut emporté le 4 Juillet et le lendemain Hussein Dey capitula.

L'escadre, commandée par l'amiral Duperré, n'avait concouru que par une simple diversion aux opérations militaires. Tandis que l'armée assiégeait le fort d'el Biar, elle avait bombardé les batteries de la rade et s'était emparée, la veille de la capitulation, de trois redoutes garnies de trente-trois bouches à feu.

Quels que soient les efforts tentés du côté de la mer, et il est à croire qu'ils demeureraient stériles puisqu'un débarquement ne pourrait guère plus en être la conséquence, si, de nos jours, une puissance quelconque essayait d'arracher l'Algérie à la France, le sort de sa capitale dépendrait, comme en 1830, d'une bataille à livrer dans la plaine ; toute victoire remportée par l'ennemi mettrait Alger dans l'impossibilité de continuer la résistance. Pour qu'il en fût autrement, il serait nécessaire qu'il y eût sur l'une des hauteurs qui dominent Alger une Casba moderne qui serait, pour l'artillerie actuelle et les armements dont on dispose aujourd'hui, ce qu'était la vieille Casba du temps des Turcs et des Maures ; du côté du golfe, le cap Matifou devrait lui-même devenir une sorte de citadelle maritime qui en interdirait l'entrée et, en troisième lieu, de nouveaux ouvrages de défense élevés du côté de l'Ouest mettraient la ville à l'abri d'une attaque refaite sur un plan pareil à celui qui fut suivi par l'expédition qui s'en empara. Ce qui manque à la capitale de l'Algérie, c'est d'être défendue conformément aux progrès accomplis par l'artillerie moderne ; une ville dominée comme elle l'est par des hauteurs avoisinantes n'est une place forte qu'à demi et c'est plutôt dans une bataille rangée qu'elle doit chercher son salut, parce qu'elle est dans des conditions d'infériorité par rapport à un siège.

*
* *

Depuis le commencement de Décembre les cataractes du ciel se sont ouvertes pour déverser leurs torrents d'eau sur le golfe d'Alger et sur les collines enveloppées de brouillard. Ces pluies d'automne qui se continuent en pluies d'hiver endommagent les routes ; de gros pans de terre s'en détachent et glissent dans les ravins. Sorti par une belle journée qui n'était qu'une éclaircie, je fus surpris par les ondées et, malgré mon parapluie, j'eus les vêtements trempés et les pieds recouverts par une boue grasse et adhérente. Excellent temps pour le gibier d'eau, pour les canards sauvages et les pluviers, et bientôt aussi pour les bécasses et les bécassines, pour tous les oiseaux de passage qui, de même que les grives et les merles, s'abattent sur la plaine humide de la Mitidja !

Le soleil d'Afrique qui rôtit les cervelles sous les crânes et dessèche la moelle dans les os, s'était éclipsé derrière des nuages qui imbibaient l'atmosphère d'effluves aqueuses et ruisselaient en cascades sur les rochers et le long des troncs d'arbre. Sur les hauteurs, un brouillard intense m'avait entouré, remplissant peu à peu les ravins de ses flots épais, émoussant les arêtes et les angles, jusqu'à ce que je ne visse plus devant moi que la profondeur insondable de cette grise matière molle et sous mes pieds la boue collante du chemin, là même où, quelques jours auparavant, par une ardente matinée, j'avais trouvé de la poussière brillante comme de la poudre de diamant et des cailloux pailletés d'or qui scintillaient au soleil.

Un serpent gisait étendu sur la route, la tête écrasée d'un coup de pioche ; les ouvriers qui l'avaient déniché en fouissant un champ s'étaient sauvés, chassés par la pluie ; la peau de ce reptile, long d'une aune, était rayée de jaune et de vert. Etait-ce, par hasard, un boa, terreur future de la contrée ? C'est ainsi qu'est zébrée la peau des grands boas qui, assure-t-on, dévorent un bœuf entier à l'un de leurs repas et n'en laissent que les cornes. Mais leurs petits, taillés dès leur naissance pour devenir des géants, doivent avoir la tête et le ventre plus gros. Si c'en était un, c'était le pygmée de la race.

*   *
*

L'arrivée de la Noël se signale, comme dans d'autres villes orientales, par des concerts d'orgues de Barbarie et de serinettes que l'on promène de porte en porte et de quartier en quartier. La population musulmane ne fête ni la Noël, ni le nouvel an. L'année musulmane ne tient aucun compte de la révolution de la terre autour du soleil ; elle n'est astronomique que par ses rapports avec la lune et se compose de douze mois lunaires parfaits ; les Mahométans célèbrent par conséquent le renouvellement de l'année chaque fois qu'ils ont accompli, d'après leur calendrier, douze révolutions lunaires. Quant à la naissance du Christ, qui est cependant l'un de leurs prophètes, connu dans la religion islamique sous le nom d'Isa, elle n'est pas rangée par eux parmi leurs fêtes religieuses.

Alger a pris, pour la circonstance, un aspect plus européen : la place du Gouvernement est recouverte par une foire de Noël et l'on y voit, à côté des boutiques de joujoux pour enfants, des diseuses de bonne-aventure, des charmeurs de serpents et des charlatans qui haranguent en italien une foule de bambins et de désœuvrés auxquels ils vendent des remèdes contre le mal de dents.

Malgré l'humidité de la saison hivernale, les environs d'Alger sont fréquentés par une foule d'étrangers ; le froid, d'ailleurs, les y poursuit avec un acharnement beaucoup moindre que la pluie. Les ondées torrentielles qui se succèdent à intervalles rapprochés sont accompagnées, durant tout l'hiver, d'orages, d'éclairs et des éclats du tonnerre. Ces grains qui tombent avec la violence des pluies tropicales agitent le golfe dont la rive blanchit d'écume.

CHAPITRE IV

ARCHITECTURE

Entre les maisons de campagne des environs d'Alger, quelques-unes se distinguent par le style de leur construction, spécial à cette partie du Nord de l'Afrique et que d'aucuns considèrent comme la plus belle expression de l'art architectural. Communément les habitations qui ne tombent pas dans la vulgarité très-répandue des formes européennes, ont pour caractère distinctif de grands murs blancs, épais et solides, percés d'un petit nombre d'ouvertures pour les fenêtres et pour les portes disposées irrégulièrement, des fenêtres cintrées, des toits en terrasse. Ce ne sont là que les traits principaux d'une originalité artistique qui se retrouve intacte dans de rares spécimens seulement d'architecture maure. Les villas du golfe d'Alger en fournissent quelques exemples d'une pureté remarquable.

L'ogive mauresque y prédomine, pointue par le haut, renflée sur les flancs et contournée par le bas, se distinguant à la fois de l'ogive gothique à arcs réguliers et de l'ogive tartare, dans laquelle le renflement des côtés disparaît pour donner naissance à une forme plus allongée rappelant davantage le profil d'un cône écroulé; puis la fenêtre moghrébine, composée de deux figures géométriques empiétant l'une sur l'autre : un cercle parfait, tranché dans sa partie inférieure par un rectangle, en sorte que le disque de l'œil-de-bœuf plonge dans le carré de la fenêtre comme le disque solaire trempe dans l'Océan au coucher du soleil; les coupoles, rondes ou à nervures, ornant, avec des clochetons, la terrasse du toit garnie de créneaux; exposées à l'Orient et au couchant, des vérandas protégées par des rideaux contre le vent et la poussière s'ouvrent entre de légères colonnes qui en supportent les voûtes. L'ogive arrondie des fenêtres, les meurtrières étroites qui percent çà et là les grands murs blancs sont garnies de grillages en fer, de moucharabiehs de bois sculpté ou bien encore de persiennes vertes. De sobres peintures ornent les angles des murailles.

Ce sont là, pour ne pas sortir de la pureté absolue du style, les caractères principaux et les éléments dominants d'une architecture accommodée aux nécessités du passé historique ainsi qu'aux exigences du climat. La hauteur et la solidité des murs, le petit nombre des ouvertures, les portes étroites et cachées répondaient au peu de sécurité des époques antérieures ; les terrasses et les vérandas sont des asiles où la fraîcheur persiste pendant les plus chaudes journées, où, du moins, on l'y retrouve le soir, après les chaleurs accablantes.

Ces éléments se combinent et se modifient de plusieurs façons sans cependant s'abatardir. La portion supérieure de la fenêtre moghrébine peut être ogivale au lieu d'être ronde ; parfois deux fenêtres sont placées l'une à côté de l'autre et n'en forment qu'une seule, séparée en deux par une mince colonnette ; la fenêtre ou la porte est protégée par un auvent de bois contre la pluie ou les rayons du soleil ; la terrasse du toit supporte un belvédère en forme de tour carrée, terminé lui-même par une terrasse plus petite ou par une coupole ronde ; la corniche des toits, formée de carreaux céramiques ou agrémentée de peintures vertes, est plantée de clochetons carrés, pyramidaux ou cylindriques finissant en boule ; que l'on y joigne la recherche de l'ovale dans les percées des murailles et dans les ornements des balustrades, les rosaces, le croissant, et, de l'ensemble, se dégage une architecture exprimée presque tout entière dans la maison d'habitation.

A l'inverse, en effet, de l'architecture arabe, l'art mauresque est condensé, en Algérie du moins, dans l'habitation à l'exclusion des monuments dans lesquels les influences byzantines, arabes, romanes, grecques ou gothiques prédominent. Au Caire, l'art arabe, suivant en cela les errements des anciens Egyptiens qui construisaient leurs demeures en terre et en briques à côté de leurs temples en pierre et de leurs Pyramides, a négligé les maisons, les palais même, pour se consacrer aux mosquées, aux tombeaux des imans et des Sultans mamelouks, dans lesquels il a trouvé sa plus noble expression. En Algérie, par contre, c'est l'habitation, dédaignée par les sujets des Pharaons et par leurs descendants, qui a conservé le monopole d'un art original et gracieux.

Fréquemment, il abatardit la pureté de ses formes en les mélangeant avec des éléments esthétiques d'une origine européenne : dans beaucoup de maisons de campagne, il se combine avec l'architecture des chalets suisses ou des châteaux brabançons ; les pignons, les toits en tuiles rouges, les charpentes en bois, les ogives gothiques lui donnent la réplique, d'une colline à l'autre ou s'enchevêtrent avec les terrasses, les meurtrières et les coupoles dans les mêmes constructions.

Cet art consiste, en somme, principalement dans le développement de son ogive arrondie, ce qui lui donne une jovialité un peu comique par opposition à l'ogive gothique qui est élancée et sévère. Toutes deux proviennent du plein cintre romain : l'ogive gothique en dérive parce qu'elle est formée de deux pleins cintres qui se coupent, ou bien, comme on le dit aussi, parce qu'elle est l'espace compris entre deux pleins cintres qui s'appuyent l'un sur l'autre ; l'ogive mauresque, au contraire, en découle parce qu'elle est un plein cintre surmonté d'une pointe arquée dans le sens opposé à celui de la voûte du cintre ; à cette conception primordiale on a ajouté un renflement des côtés ; puis la base a été arrondie de manière à faire ressembler l'ensemble à un cœur tourné la pointe en haut. Mais toujours la recherche de la rotondité persiste, imprimant à l'ogive mauresque ce rire d'ogre qui la caractérise.

Non seulement la logique du raisonnement, mais encore les vestiges archéologiques viennent à l'appui de cette filiation ; il y a des pleins cintres romans qui ont été corrigés, dans le haut, par l'adjonction d'une pointe arquée et paraissent avoir engendré ainsi la première idée de l'ogive.

Le croissant, qui est l'emblème de l'Islam, revêt, lui aussi, une forme spéciale au Moghreb, l'Occident des Orientaux. Ses deux pointes, suffisamment éloignées l'une de l'autre, d'ordinaire, se rapprochent tellement qu'elles sont prêtes à se réunir, de façon que ce croissant maure forme un cercle à peu près complet, dans lequel est inscrite une autre circonférence parfaite prenant naissance entre le faible espace laissé par l'écartement des deux pointes. Ce croissant ne ressemble plus à un quartier de la lune, ni à une tranche de melon, ni même à un crabe arrondissant ses deux pinces; il est plutôt pareil à cette pièce du harnachement d'un cheval que l'on nomme la croupière; si on le dessine, c'est comme une figure représentant deux sequins, l'un petit, l'autre grand, appliqués l'un sur l'autre de manière à ce que les deux circonférences se touchent en un point.

A Tlemcen, on trouve des exemples d'une figure emblématique qui, sans doute, n'est que l'exagération de ce croissant refermé; les deux circonférences y sont parfaites mais la plus petite se rapproche davantage par le haut de celle dans laquelle elle est inscrite, de manière que la bordure comprise entre les deux ronds ressemble à une couronne plus étroite en haut qu'en bas.

O Charles-Martel ! C'est toi qui, à Poitiers, as sauvé l'Europe des étreintes de ce croissant terrible ; ce croissant qui, peint dans sa forme naturelle sur les étendards du prophète, flottait en Perse, en Asie-Mineure et en Espagne. Plus tard, au seizième siècle, il tenta encore une fois de se refermer et d'enserrer l'Occident entre ses deux extrémités rejointes, lorsque, sous le règne de Soliman, l'oriflamme des Osmanlis flottait sur la Hongrie, pendant que le canon des Turcs ébranlait les remparts de Malte. Du Maroc au Turkestan et de l'Europe à la Chine, il étend sur l'ancien monde ses crocs puissants.

L'architecture contribue à mêler à ce qui reste de l'Orient en Algérie, une poésie souvent absente là où il est demeuré plus vivace. Dans la vallée du Nil, la poésie existe, représentée par les ruines ; elle vit dans les Pyramides beaucoup plus que dans la réalité moderne ; mais par l'uniformité de son paysage l'Egypte contraste avec la variété de l'Algérie, ses montagnes, ses bois et le développement plus imprévu de son art architectural. Alger se trouve, d'ailleurs, sous ce rapport, dans de bonnes conditions ; des carrières voisines lui fournissent des pierres comme à Paris, au Caire et, dans l'antiquité, à Athènes ; mais Athènes était plus privilégiée puisque c'était du marbre qu'elle tirait du Pentélique.

Quoique, dans sa forme moderne, il se limite à la maison d'habitation, l'art mauresque a laissé en Algérie des ruines remarquables et des monuments qui, datant d'une époque déjà ancienne, sont maintenus par des soins constants, en bon état.

Tlemcen, plus riche qu'Alger sous ce rapport, possède quelques spécimens fort originaux d'une architecture qui n'est pas encore elle-même de l'art mauresque mais renferme cet art en germe ; parfois aussi des productions architecturales et des conceptions dues au génie d'artistes des siècles passés y sont restées isolées, privées d'un développement ultérieur que leur cachet esthétique leur aurait mérité.

Tel est le cas pour l'ogive en arcade bouillonnée dont il est demeuré quelques rares exemples dans la nécropole de Tlemcen. L'arc ogival légèrement renflé par le bas, au moment où il va s'appuyer sur les pilastres, y est remplacé par une succession de demi cylindres qui forment voûte en se superposant les uns aux autres, la concavité tournée vers le creux de l'ogive. Il y en a quatre sur chacun des arcs et un neuvième demi cylindre occupe la place de la clef de voûte : quatre canons anciens coupés en deux dans le sens de la longueur fourniraient les matériaux des deux arcs de cette ogive et il ne manquerait, pour en compléter le sommet, qu'une neuvième moitié de canon reposant, de chaque côté, sur quatre demi tubes. C'est là seulement un point de comparaison car l'ogive, comme tout le monument auquel elle appartenait, est construite en briques plates et c'est un carreau de terre cuite qui sépare les unes des autres chacune de ses dentelures arrondies. Au demeurant, leur ouverture ne diffère guère du calibre des vieux canons de la Régence d'Alger.

Huit ogives de cette forme, décrivant un octogone, supportaient une coupole dans la nécropole de Tlemcen ; il en reste trois entières reposant sur leurs pilastres, à côté des fondations des piliers des autres ogives qui, de même que la coupole, se sont écroulées.

Ces coupoles, appelées *coubbés* en arabe, supportées par des piliers ou appuyées sur des murailles sont nombreuses en Algérie, dans le voisinage des villes et surtout dans la nécropole de Tlemcen. Ce sont des monuments funéraires ; quand elles sont isolées, on les nomme des santons, ce qui indique qu'elles sont l'objet d'une vénération pieuse à cause de la sainteté du personnage à la mémoire duquel elles sont élevées. Un terme fort usité pour les désigner en Algérie est celui de marabout qui, par son étymologie, signifie moine soumis à la règle d'un couvent ; mais il s'applique également à la tombe des saints marabouts, ou même simplement à des monuments qui, édifiés en leur honneur, sont destinés à perpétuer leur souvenir.

Près de Tlemcen, les ruines de Mansourah, cette ville forte construite par les Marocains pendant les premières années du quatorzième siècle, sont encore, au point de vue de la genèse de l'art mauresque, dignes d'intérêt.

A l'intérieur de ces ruines mais à une faible distance de la muraille occidentale de l'enceinte, s'élève la grande tour carrée, dont il ne reste que la façade tournée vers le Nord-Ouest et les deux parois latérales conservées en partie seulement ; le mur du fond, celui qui était opposé à la façade de ce parallélipipède rectangle, s'est entièrement écroulé.

L'art, si peu représenté dans les fortifications de la ville marocaine dont le seul but était d'offrir aux assauts de l'ennemi la plus grande force de résistance possible, a trouvé dans cette tour que l'on nomme le minaret de Mansourah l'une de ses expressions les plus originales. Cette construction qui semble, en effet, avoir été l'unique minaret d'une mosquée à ciel ouvert orientée vers les lieux saints de l'Arabie, est une des rares productions architecturales où l'on observe, prêt à s'épanouir, un art nouveau, à peine sorti des formes anciennes auxquelles il devra plus tard son existence propre. Le cintre et l'ogive gothique s'y dessinent séparément mais ne se combinent pas encore de manière à former l'ogive mauresque ; le goût et la recherche du losange y apparaissent, donnant naissance à une profusion de réseaux dessinés par l'entrecroisement de ciselures alignées ; la fenêtre moghrébine, formée du rectangle et de la circonférence qui se rapprochent et empiètent l'un sur l'autre, y figure à une place d'honneur comme un produit nouveau consciemment gagné sur une évolution antérieure. La rosace, de petite dimension, mais fouillée par un ciseau sculptural adroit, est rangée en première ligne parmi les résultats acquis de ce développement imparfait.

De la base au sommet, cette tour conserve la même largeur et ses lignes extérieures sont droites : aucun recul vers le centre, d'étage en étage ; aucune superposition de constructions bâties en retraite les unes au-dessus des autres comme dans beaucoup de minarets ; aucun amincissement graduel pareil à ceux des flèches gothiques, avec lesquelles, cependant, cette tour a autant d'affinité qu'avec les minarets.

Outre ses caractères architecturaux, elle en possède d'autres qui tiennent plutôt du symbole. Ces signes symboliques, on ne pourrait prétendre qu'ils se rattachent à la religion car le dogme chrétien de la Trinité divine est trop étranger à la foi musulmane pour qu'il ait laissé des traces dans une construction pareille. Cependant, la façade du minaret révèle par plusieurs signes la préoccupation d'une trinité dans laquelle il y a prédominance de l'unité sur le dualisme.

Peut-être est-ce une pensée philosophique, celle de la réunion de l'unité, de la variété et de l'harmonie qui sont les conditions de tout système, qui a guidé l'artiste; dans cette hypothèse, il se serait fourvoyé cependant en considérant le dualisme comme identique à la variété ou comme l'origine de toute variété et il se serait ainsi rapproché, volontairement ou non, du dogme chrétien. Toujours est-il que, dans cette architecture réduite aux lignes, droites, courbes ou obliques par l'exclusion de la reproduction de tout objet animé, prédomine une pensée symbolisée.

Bien que droite et également large de la base au sommet, cette façade comprise entre deux piliers de pierres équarries se divise horizontalement en trois sections, abstraction faite de la porte d'entrée. Celle-ci a la forme d'une circonférence appuyée sur un rectangle et deux cintres concentriques, festonnés, arqués au-dessus d'elle la transforment en portail flanqué de chaque côté par une rosace à quatorze pointes figurant une coquille marine qui est ciselée dans un champ d'arabesques.

La première section est au-dessus du portail ; la section médiane est au-dessus de la première et la tour se termine par une troisième section, au delà de laquelle elle est brisée.

De ces trois étages de la façade, qui ne sont qu'artistiques et ne correspondaient pas à des divisions du dedans de la tour où régnait un escalier disparu, le premier représente, par un dessin incrusté dans la pierre, la silhouette anguleuse et pointue d'un pignon. Ce dessin est double ; intérieurement, le plus petit est formé de deux lignes verticales et parallèles qui indiquent des piliers ; au milieu, et au-dessus des deux piliers, un soupirail vertical perce à jour le mur de la façade ; du bas de cette meurtrière descendent vers les chapiteaux de chacun des deux piliers, d'abord deux lignes droites s'ouvrant en angle aigu, puis deux cintres festonnés dont les arcs s'allongent pour atteindre les chapiteaux. Cette glyptique symbolique de l'angle des deux lignes droites continué en haut par la ligne verticale du soupirail et terminé en bas par les deux niches cintrées reposant sur les piliers est reprise dans le dessin externe qui la répète en la modifiant : deux lignes verticales, parallèles aux piliers s'élèvent jusqu'à la hauteur des niches cintrées ; de là, partent deux lignes obliques de festons qui vont se rejoindre au-dessus de la meurtrière et dessinent, en se rencontrant, un arc surhaussé ; les festons incrustés qui en descendent à droite et à gauche s'interrompent, à trois reprises de chaque côté, pour se relever, en forme de clochetons arrondis, sur ce profil de pignon anguleux. Du nombre trois qui était celui du dessin interne, le dessin externe passe symétriquement au nombre sept : l'unité centrale et supérieure s'est reportée plus haut dans son unité mais le dualisme inférieur est devenu triple de chaque côté ; si l'on préfère, le dualisme latéral s'est seulement dédoublé et l'unité centrale est remontée plus haut sous une forme triple, symétrique de la trinité première.

Pour achever la description de cette section du minaret, il faut ajouter qu'entre ces deux dessins englobés l'un par l'autre et le portail, règne une corniche formée par sept segments de coupole

LE MINARET DE MANSOURAH.

surplombants ; entre le portail et cette corniche qui, semble-t-il, aurait dû lui appartenir, s'étend un vaste champ de pierre nue et six arcs-boutants, faiblement indiqués par des creux qui semblent avoir été occupés primitivement par de petites colonnes, servent idéalement de points d'appui aux sept segments de coupole.

Un champ de pierre nue étroit, dans lequel une voûte de sureté est tracée par la maçonnerie, sépare la première section de la section médiane.

Dans celle-ci, l'idée de la triplicité a été reprise par l'architecte pour base de sa conception. Sur un réseau de lozanges en relief, festonnés par le ciseau du sculpteur, se détache, au centre, un champ vertical de pierre nue dans lequel sont percées à jour deux fenêtres moghrébines superposées, inscrites chacune dans un rectangle. En bas, de chaque côté du pilier central où sont percées ces ouvertures, le ciseau a marqué une large fenêtre cintrée dont la voûte est frangée par une succession de demi-circonférences émaillées de bleu qui paraissent être des rosaces incrustées, fuyantes, qui se perdraient dans la pierre. Ces deux arcs, reposant sur des piliers indiqués par des lignes verticales, forment, avec les deux fenêtres plus petites du milieu, percées dans le même champ de maçonnerie, un nouveau symbole analogue à celui de la première section. Au-dessus, les losanges festonnés se rejoignent en un réseau qui recouvre, à la seule exclusion des deux montants de pierre nue, la surface entière de la tour.

La section médiane est séparée de la troisième par un linteau et par un rebord de pierre contournant les angles du minaret.

Cette section supérieure est aussi large mais moins longue dans le sens vertical que les deux autres. C'est une galerie en relief composée de six colonnettes supportant, en même temps que cinq ogives, cinq voûtes ornementées par dessus les ogives de rosaces incrustées dans la pierre où elles paraissent fuir en se perdant. Au milieu s'ouvre une fenêtre qui a de chaque côté d'elle, deux voûtes et trois colonnettes ; à droite l'une des colonnettes est brisée. Au-dessus des cinq voûtes et des ogives inscrites dans leur parabole, est dessinée une bordure grecque qui appuie successivement une pierre carrée sur chacune d'elles.

Plus haut encore, la pierre nue se termine par une ligne brisée qui est celle de la cassure de la tour.

Dans la section supérieure, qui est la plus imprégnée de l'art ancien, l'architecte est revenu, par les colonnettes, à l'idée du nombre six qu'il avait déduite du nombre sept au moyen de l'indication des arcs-boutants de la corniche qui règne au-dessus du portail ; et de même que, de la triplicité primitive il était passé, par le dédoublement, au chiffre sept, il atteint, dans la section supérieure, le chiffre cinq par le nombre des voûtes. L'harmonie de cette construction comportait probablement, dans la partie écroulée, une réapparition de la triplicité et une unité finale de la tour s'allongeant en pointe.

Les deux parois latérales, celle du Nord et celle du Sud, ont été restaurées moins pour les rétablir dans leur état primitif que pour soutenir la façade et empêcher l'écroulement des restes de cette ancienne construction. Leurs divisions correspondent à celles de la façade : en haut, la galerie de colonnettes en relief se continuait tout autour du minaret et elles supportaient des arcades ogivales inscrites sous des cintres festonnés de rosaces à fond plat : du côté Sud, il reste trois colonnes, tandis qu'au Nord il n'en est demeuré que deux.

Dans la section médiane, un réseau de lozanges émaillés de bleu servait de fond à un dessin semblable à celui de la façade ; mais l'écroulement en a emporté la majeure partie ; les fenêtres moghrébines, percées à jour, ont disparu, cause probable de la scission qui s'est produite dans la maçonnerie. Seule, l'une des larges fenêtres cintrées, dont la voûte est ornée de demi-cercles émaillés, pareils à des fers à cheval, subsiste, indiquée seulement par le ciseau du sculpteur, sur chacune des parois latérales.

Dans la première section, revenait, autant qu'on en peut juger et sous quelques modifications, le dessin symbolique de la façade, au-dessous duquel la place du portail était occupée par des ornements spéciaux aux côtés.

Ces ornements, qui correspondaient à la porte d'entrée absente, étaient des rectangles verticalement allongés, habilement sculptés et fouillés par le ciseau. Au Nord et au Sud il en reste un et celui du côté méridional, étant plus complet, mérite mieux d'être décrit.

L'ogive gothique y apparaît, nette et franche, coupant le rectangle en deux, à mi-hauteur à peu près ; elle se rattache à ses montants verticaux par deux courtes lignes droites horizontales. Le rebord extérieur de l'ogive, qui forme une niche d'un pied de profondeur à peine, est agrémenté d'un dessin tuyauté, où la rondeur hémisphérique alterne avec la pointe angulaire. Au-dessus de l'ogive, le champ du rectangle est orné de lozanges sculptés, frangés de lignes à l'intérieur desquelles un dessin original trace des niches minuscules, terminées par une pointe ogivale, semblable à la flamme d'un cierge qui brûle ou bien au bout d'une large épée. Sous l'ogive, le champ de pierre du rectangle est uni, à l'exception d'une niche plus petite, composée d'une extrémité ogivale reposant, au moyen d'un escalier double de chaque côté qui renfle légèrement, en sens inverse, les arcs de la pointe ogivale, sur deux lignes droites qui vont rejoindre perpendiculairement la base du rectangle.

Des émaillures bleues, brunes ou verdâtres recouvraient nombre des sculptures de la façade comme des parois latérales de la tour. Ces ornements d'émail n'étaient point, comme sur beaucoup de minarets, formés de carreaux de faïence peinte ; ils étaient, au contraire, comme on peut s'en convaincre en examinant de près les émaillures brunes et verdâtres du portail appliqués directement sur la pierre de la maçonnerie et complétaient par l'éclat de leur surface lisse et colorée les dessins ciselés.

Tel est le minaret de Mansourah et, si nous sommes entré à son sujet dans de minutieux détails, c'est qu'à l'encontre des ruines romaines assez abondantes sur le territoire algérien, les vestiges d'architecture maure remontant à une époque relativement ancienne, sont beaucoup plus rares. Partout ailleurs, les souvenirs mauresques se bornent aux coupoles des marabouts disséminées dans les campagnes ou posées au sommet des collines comme le drapeau de l'Islam qui flottait naguère encore sur toute la contrée, jusqu'à l'anéantissement de la Régence d'Alger. Planté sous la forme de ces rondes coubbés blanches à la cime des pics et des mamelons, il semblait dire à l'étranger : « ce pays est à moi ; car à celui qui a pris possession du sommet aride des montagnes appartiennent à plus forte raison les plaines fertiles et les coteaux boisés. »

CHAPITRE V

LA POPULATION
ET
LE GOUVERNEMENT DE L'ALGÉRIE

Qui pourrait démêler les origines de la population indigène de l'Algérie ? Qui serait seulement capable de s'y retrouver au milieu des éléments divers de la population d'Alger ?

A tout seigneur tout honneur ! Un mot d'abord de l'Africain par excellence, de celui dont la race est répandue sur le continent tout entier, qui peuple ses forêts les plus impénétrables et fut peut-être aussi le premier habitant de l'Atlas : le nègre, lippu et crépu, ne compte que fort peu de représentants parmi les indigènes que l'on rencontre à Alger et encore, parmi ceux qu'on y voit, y en a-t-il fort peu qui soient sédentaires. A Oran, leur nombre est plus considérable et il augmente à mesure que l'on s'enfonce vers l'intérieur du continent. Tlemcen et Mascara comptent dans leur population une assez grande quantité de noirs qui y sont nés ou sont venus s'y établir du Soudan après avoir traversé le grand désert du Sahara.

Quant aux autres indigènes, vulgairement appelés les Arabes, parcequ'ils en portent le costume, en parlent la langue et leur ressemblent souvent physiquement, ils se composent des descendants d'une infinité de races qui ont successivement peuplé le Nord de l'Afrique : Romains, Berbères, Gétules, Vandales et Arabes proprement dits. L'observation des types démontre que la race sémitique a fortement imprégné, de son sang comme de ses mœurs et de son langage, la population actuelle. En Algérie comme ailleurs, l'Arabe se reconnaît à un corps maigre, mais nerveux, à une puissante ossature, à une taille élevée, à l'agilité, à la souplesse des mouvements, à l'équilibre harmonique de l'organisme et à une force moins massive mais aussi moins redoutable que celle de l'Hercule nègre ou du colosse Aryen. Quant à la figure, le front haut, le bas du visage ovale, le nez aquilin, les narines minces, peu charnues et mobiles sont ses traits caractéristiques.

Le Maure en diffère par une couleur de peau plus foncée, les traits du visage plus semblables à ceux d'un métis de nègre et de blanc, une barbe plus abondante et un corps plus velu.

Tels devaient être les anciens Berbères ou Bébères ; on les place dans cette partie de l'Algérie située sur les confins des provinces d'Alger et de Constantine ; plus bas, vers le Sud, on mettait les Gétules. Quant aux Numides, ces cavaliers célèbres qui furent tour à tour les adversaires et les auxiliaires des Romains, dans leurs luttes contre Carthage, ils étaient plus à l'Est.

Les Berbérins du Soudan qui ont eux-mêmes un type voisin de celui du Maure sont encore actuellement très répandus en Egypte ; ils sont originaires de l'ancienne Nubie et, spécialement, de la ville soudanaise de Berber.

Les Bédouins sont les Arabes nomades du désert et Kabyle est un mot de leur langue qui signifie tribu.

Parmi les indigènes de l'Algérie, beaucoup ressemblent aux fellahs de la vallée du Nil ; ils en ont les traits du visage et la couleur de peau, plus foncée que celle de l'Arabe, moins bronzée que celle du Maure ; ils en ont aussi une des infirmités caractéristiques : l'ophthalmie, attribuée à l'effet des rayons du soleil réverbérés par le sable du désert mais devenue héréditaire chez certains d'entre eux. Quelquefois, elle se présente, en Algérie comme en Egypte, sous une de ses formes qui, cécité partielle, affecte l'un des yeux, voilé d'un nuage blanc, tombé sur la prunelle comme un flocon de neige fondante.

Le *Douar* correspond à la commune chez les indigènes ; la tribu est divisée en un certain nombre de Douars. Le chec est préposé au Douar ; le Caïd à la tribu et plusieurs tribus peuvent être réunies sous l'autorité d'un Aga. Tous trois sont désignés par l'autorité française.

Parmi les indigènes, les uns sont nomades et vivent sous la tente ; ces demeures mobiles assez vastes pour abriter les troupeaux et le bétail en même temps que les hommes, sont groupées sur le flanc des montagnes au nombre de dix ou douze généralement. Les Arabes sédentaires habitent dans des masures de pierre recouvertes de toits de chaume. D'autres fois un simple abri de paille grossièrement entassée leur sert de résidence.

On comptait en Algérie en 1863, trois millions d'Arabes et l'on estime que, depuis lors, le chiffre de leur population n'a pas notablement varié. D'aucuns distinguaient entre les Arabes proprement dits et les Kabyles ; chez ces derniers la propriété individuelle, clôturée de murailles ou de haies, était mieux organisée que chez les autres indigènes.

La langue parlée le plus communément par les indigènes algériens est l'arabe ; du moins, leurs différents dialectes ont avec l'arabe une parenté fort étroite. Leur écriture et les caractères d'imprimerie dont ils se servent sont, à quelques variantes près, ceux des Arabes. Les fables, les contes et les historiettes tiennent une place importante dans leur littérature. Ces récits sont génériquement appelés *kéref*, d'un mot usité en Algérie, employé à peu près dans le sens du mot arabe : *kissat* ou *kissoua* qui signifie histoire. Peut-être y a-t-il quelque analogie entre le terme de *kéref* et le verbe *arafa*, savoir, très-usité en Égypte, où l'on dit communément : *ana ârif*, je sais, *mouch ârif*, je ne sais pas. D'après cette étymologie, un *kéref* est, comme de fait, un récit connu, une histoire apprise par cœur pour être récitée à quelques auditeurs en plein air, sous la tente ou dans un café, selon la coutume des Arabes.

Grammaticalement l'arabe parlé, qu'on écrit et qu'on imprime de même que les textes littéraires, s'écarte notablement de l'arabe ; le pluriel y est pris pour le singulier ; il renferme des mots d'origine berbère ; toute question de prononciation mise à part, l'orthographe est souvent différente ; certains mots sont complétement métamorphosés. Ainsi, maintenant se dit : *derouc* [derouack]. En Egypte, maintenant se dit *delwacti* ou *delouat*, terme dans lequel on retrouve beaucoup plus clairement le mot *ouact* qui veut dire temps.

Les lettrés eux-mêmes parlent l'arabe d'une manière qui diffère sensiblement de celle dont on l'écrit dans des livres qui ont une valeur littéraire ou dans les journaux. Le dialecte d'*Ibn Sacrîn*, personnage mis fréquemment en scène par les kérefs, est également celui de beaucoup d'étudiants, narrateurs supposés de ces historiettes.

*
* *

Examinons les chiffres du budget de l'Algérie. Ceux qui suivent sont officiels et datent d'une époque récente :

Dépenses civiles prévues : 64.948.000 francs
Recettes de la colonie.... 48.855.000 francs
   Soit un déficit de 16.093.000 francs
à combler par les subsides de la métropole.

Si l'on y ajoute 4.997.000 payés annuellement à la compagnie algérienne, 3.661.000 pour l'annuité à la Compagnie P. L. M., 2.210.000 pour le service des pensions civiles et 880.000 alloués à la Cie transatlantique, cela fait, pour les subventions ayant un caractère civil, un total de 27.841.000 frs. auquel il faut joindre 52 millions environ de dépenses militaires, plus une part proportionnelle, à évaluer, dans le payement des intérêts de la dette publique. En laissant de côté ce facteur incertain, on constate que l'Algérie coûte annuellement à la France quatre-vingts millions de francs environ, c'est-à-dire que, défalcation faite de ce qui y entre chaque année du chef de la colonie, les caisses du Trésor français, s'ouvrent annuellement, en sa faveur, pour une somme de quatre-vingts millions ; en d'autres termes, que l'Etat, représentant la généralité des Français, s'impose un sacrifice de 80 millions par an pour gouverner et entretenir une colonie qui, c'est admis quoique n'étant prouvé par aucun chiffre, est, commercialement une source de revenus, politiquement une garantie de sécurité et une cause de puissance pour la métropole.

Au point de vue exclusivement commercial, il il est évident que les quatre-vingts millions de dépenses supportées par l'Etat profitent surtout à un petit nombre de particuliers, actionnaires des sociétés de capitalistes, négociants ou colons qui exploitent la colonie et tirent parti de ses richesses.

A la différence de beaucoup d'autres colonies où l'Etat auquel elles appartiennent travaille et dépense surtout dans l'intérêt de particuliers étrangers, l'Algérie, qui est essentiellement française, rapporte, avant tout, à la France ; mais il serait impossible d'évaluer exactement dans quelle mesure, tandis que l'on connaît à peu près positivement quelles sont les charges qui pèsent sur l'Etat, du chef de la colonie algérienne. Le budget les estime approximativement à quatre-vingts millions de francs, abstraction faite de la part qui devrait incomber à l'Algérie dans le service de la dette publique de la France.

*
* *

L'Algérie est divisée en trois départements, ayant chacun à leur tête un préfet comme les autres départements français. Ces préfets résident à Alger, Oran et Constantine.

Il y a, en outre, en résidence à Alger, un Gouverneur général duquel dépend toute l'administration civile de la colonie et qui relève du Ministre de l'Intérieur.

Quant au Gouvernement de l'Algérie, à la manière de comprendre sa mission et même de l'exercer, il existe deux tendances : celle qui consiste à assimiler le plus possible la colonie à la France ; c'est à cette tendance qu'est due la création des trois départements administrés par les préfets ; celle, au contraire, qui, attachant une plus grande importance à la différence qui existe entre les provinces d'Afrique, habitées par une population mixte de colons et d'indigènes, et la France proprement dite, réclame pour l'Algérie un Gouvernement d'une espèce particulière et une administration improprement qualifiée d'autonome. Les adeptes de cette manière de voir sont également partisans de l'extension et du renforcement des pouvoirs du Gouverneur civil, qui est, pour beaucoup le contrepoids indispensable de l'autorité militaire. Enfin, il y aurait à mentionner, comme existant au moins à l'état de fiction facilitant la compréhension des affaires algériennes, un parti exclusivement militaire qui s'accommoderait aussi bien de la suppression du Gouverneur que de la disparition des préfets. Mais depuis que les départements fonctionnent et qu'ils n'ont aucune chance d'arriver à leur suppression, les conservateurs, en matière coloniale, se contenteraient de battre en brèche l'autorité du Gouverneur civil, terrain sur lequel, comme il arrive souvent, ils se rencontreraient avec ceux qui, plus progressistes dans leurs opinions, considèrent l'Algérie comme assimilable à la France et les autorités départementales comme suffisamment puissantes et aptes à satisfaire aux besoins du pays. Logiquement plutôt qu'effectivement les partisans du système en vigueur et du renforcement des pouvoirs du Gouverneur civil sont donc les représentants des idées modérées ; ils composent un parti de juste milieu, redoutant aussi bien l'assimilation complète que la prédominance de l'élément militaire.

Quant aux autonomistes, ils n'existent même pas en imagination. Chez presque tous les colons, le patriotisme est aussi vivace que dans la mère patrie et il se développe vigoureusement jusque dans la race indigène. L'Algérie est une seconde France, ou, plus exactement, un prolongement du territoire français au delà de la Méditerranée.

Entre ces deux expressions : « l'Algérie est une seconde France » et « l'Algérie est un prolongement ultra-maritime du territoire français » il existerait, en effet, une différence essentielle correspondant à deux manières de voir opposées se rattachant cependant toutes deux, avec la même sincérité, au patriotisme.

Concevoir l'Algérie comme une seconde France ce serait, à proprement parler, vouloir qu'elle soit, en Afrique, une sorte de dédoublement de la

Métropole ; qu'elle ait, seconde République, son Président, ses députés, son Sénat, son armée, ses magistrats et ses fonctionnaires. Ce serait là une copie, une reproduction forcément imparfaite, ou bien encore de l'autonomie réduite à sa plus simple expression jusqu'à l'absurdité, puisqu'il n'y aurait rien de plus inutile et de plus inexact qu'un semblable décalque. Par cette autonomie mal comprise on enlèverait à la France sa plus belle colonie pour lui donner une sœur servilement imitatrice, à moins que l'esprit d'indépendance ne la rendît embarrassante et compromettante ; un pareil changement coûterait, en outre, à l'Algérie beaucoup plus, probablement, que les quatre-vingts millions dépensés annuellement pour elle par la Métropole. Etant donnés les progrès accomplis par la colonisation, ce serait verser dans la fatale erreur où tombaient nombre de Girondins lorsque, sous la première République, ils proposaient la division de la France en plusieurs Républiques fédérales. Malgré la Méditerranée, dont la traversée devient de jour en jour plus rapide, l'Algérie fait actuellement partie de la France une et indivisible.

C'est donc plutôt en la considérant comme un prolongement du territoire français que l'on comprend le mieux les intérêts de la colonie et ce, nonobstant l'existence de la population indigène de religion musulmane et de langue arabe qui en occupe la région supérieure, les tribus organisées et soumises à leurs chefs de la partie méridionale et les nombreux étrangers mélangés un peu partout avec les colons français.

Lorsque la conquête d'un pays met en présence des éléments aussi dissemblables que le sont la population indigène de l'Algérie et les colons européens, il se produit, selon les circonstances, des phénomènes sociaux de différente nature.

Les anciens habitants peuvent ou bien disparaître, ou bien subsister à côté des nouveau-venus.

S'ils disparaissent, leur disparition est due, selon le cas, à diverses causes. La fondation des colonies a parfois amené l'extermination complète d'une race, comme celle des Aztèques, premiers occupants du Mexique à l'époque de Fernand Cortez; ailleurs, une population vaincue, différente de mœurs, de religion et d'origine se retire entièrement devant le flot conquérant; elle se transporte dans des contrées éloignées ou retourne habiter celles d'où elle provient comme le font actuellement les Turcs qui sortent de Bulgarie pour rentrer en Asie-Mineure; cet exode peut durer longtemps et se répartir sur une longue période d'années comme celui des Maures qui abandonnèrent l'Espagne après une domination de plus de huit siècles ; enfin, la disparition peut avoir pour cause la fusion de deux races ou de deux populations d'origine distincte comme celle des Francs et des Gaulois.

Si, au contraire, la nouvelle prise de possession par les colons n'empêche pas la population primitive de subsister, la coexistence pourra revêtir un caractère d'égalité plus ou moins prononcée ou bien prendre l'aspect de l'oppression du côté du plus faible, de la domination, du côté du plus fort.

C'est un idéal bien digne d'une grande nation et d'une République comme la France que l'égalité parfaite entre colons et indigènes : égalité civile, liberté de conscience absolue et libre exercice des cultes ; égalité politique pour autant que le degré de civilisation le permet ; nulle spoliation, nulle oppression, nulle exclusion de la belle devise de la République : liberté, égalité, fraternité.

Les conséquences de la conquête se sont fait cruellement sentir dans la population indigène. Elle a émigré, fuyant les villes de la côte, trop remplies d'Européens, pour rechercher les régions de l'intérieur où, grâce au nombre, elle conserve mieux l'illusion de l'indépendance, chassant devant elle d'autres clans et d'autres tribus, refoulés ainsi, de choc en choc, jusqu'aux confins du désert.

Si l'exode est indéniable, des exemples de fusion par les alliances matrimoniales ne manquent pas ; mais ce qui donne à l'Algérie sa véritable physionomie sociale, c'est la coexistence des deux éléments, à savoir les Africains, Arabes de langue et musulmans de religion, d'une part, à côté des colons européens d'autre part.

Ce résultat, partiellement acquis seulement quoique très-remarquable déjà, est dû à l'esprit de justice qui anime la nation française mais il provient, encore plus peut-être, de son caractère chevaleresque. Abstraction faite de ce que chez d'autres peuples, comme les Turcs, dont on vante la tolérance en matière de religion, des explosions soudaines de fanatisme et de barbarie compromettent la paix religieuse, produisent des scènes de carnage et la guerre civile, comme si elles étaient pour la populace des occasions de se venger d'une retenue hypocrite ; abstraction faite de ce que la liberté de conscience et la justice ne sont, chez d'autres peuples devenus dominateurs, que de vains mots à l'égard des vaincus ; et malgré la grossièreté des mœurs et du caractère de certaines nations qui rendrait leur joug intolérable à des populations musulmanes ; malgré l'exemption de tous ces défauts qui suffirait à elle seule à expliquer l'ordre de choses qui règne ; c'est encore plutôt dans l'esprit de chevalerie, transmis depuis le moyen-âge, hérité des contemporains de François 1er et se manifestant chez les colons français de l'Algérie par une absence complète de rudesse et de brutalité, des mœurs policées, le respect de la femme, si nécessaire au maintien des bonnes relations entre les Arabes et les Chrétiens, enfin par une plus grande noblesse de cœur et de sentiment, qu'il faut voir la source et la garantie de cette entente qui facilite la coexistence des deux éléments principaux de la population algérienne.

En 1863, on comptait en Algérie 200 mille Européens dont 120 mille Français ; leur nombre s'est accru en suivant une progression qui s'est accentuée depuis 1886.

D'après les chiffres du recensement de 1891, il y a en Algérie une population française et étrangère de 483.465 individus, dont 267.672 Français et 215.793 étrangers de différentes nationalités. Dans l'espace de ces vingt-huit années, le nombre des Français a donc plus que doublé ; mais le chiffre de la population étrangère, qui était de quatre-vingt mille en 1863, a subi une augmentation encore plus forte.

Jusqu'en 1886, l'accroissement de population, pour les Français, avait été de 120 mille à 219.627, soit à peu près de cent mille en vingt-trois ans ; la population française a donc augmenté annuellement, pendant cette période, à raison de 4350 personnes, en moyenne. Par contre, de 1886 à 1891, l'augmentation de la population française a été de 48.045, soit approximativement de dix mille, comme moyenne annuelle. Pendant les cinq dernières années, l'accroissement de population française a été annuellement du double de ce qu'il était pendant les vingt-trois années précédentes.

En ce qui concerne les étrangers, le contraire se constate. De 1863 à 1886, leur nombre s'était accru de 130 mille, soit annuellement de 5.650 en moyenne ; ce chiffre est supérieur à celui de l'augmentation des étrangers pendant la seconde période tout entière qui va de 1886 à 1891 ; durant ces cinq années, la moyenne est d'un peu plus de mille, annuellement, soit un accroissement total de 5.617.

En résumé, lors du recensement de 1891, la population française et étrangère, en Algérie, autrement dit, le nombre des colons, n'atteignait pas un demi million et l'on remarquait que, si le nombre des étrangers continuait à s'accroître en suivant une progression beaucoup moins rapide depuis cinq années, le chiffre de la population française avait augmenté, durant la même période, d'une manière plus considérable.

CHAPITRE VI

DE LA NATIONALITÉ DES INDIGÈNES

Le Sénatusconsulte du 14 Juillet 1865 règle les droits civils et politiques des Arabes. D'après son article 1er,

« L'indigène musulman est Français ; néan-
« moins il continuera à être régi par la loi musul-
« mane.

« Il peut, sur sa demande, être admis à jouir
« des droits de citoyen français ; dans ce cas, il
« est régi par les lois civiles et politiques de la
« France ».

Le Musulman qui est admis à jouir des droits de citoyen français, renonce à son statut civil ; le Sénatusconsulte fait dériver implicitement cette renonciation de sa demande.

A défaut de cette naturalisation, l'indigène arabe déclaré Français est, en quelque pays qu'il se trouve, sous la protection de la France ; il peut être admis à servir dans les armées de terre et de mer ; il peut être appelé à des fonctions et emplois civils en Algérie.

Le Sénatusconsulte du 14 Juillet 1865 a créé deux catégories d'indigènes :

1° Ceux qui, ayant usé de la faculté de se faire naturaliser, sont devenus citoyens français ; sans avoir abjuré solennellement leur foi musulmane dont leurs lois civiles dérivent puisque le Coran est, en même temps qu'un livre sacré et religieux, un code juridique, ceux-là, dont le nombre est d'ailleurs fort restreint, ont implicitement renoncé à leur statut civil et sont régis par les lois françaises. Ils jouissent des mêmes droits politiques que les Français.

2° Les autres indigènes musulmans que le Sénatusconsulte appelle Français mais qui ne jouissent point de la plénitude des droits politiques ; ils sont régis civilement par toutes les lois musulmanes que la législation française n'a pas abrogées c'est-à-dire, notamment, qu'ils ont conservé le droit musulman en ce qui concerne le mariage et le divorce, la famille, les successions et les contrats ; mais les lois musulmanes qui gouvernaient la propriété ont été modifiées ou abrogées et, actuellement, ce sont les principes du droit français qui sont appliqués à la propriété indigène comme à la propriété européenne.

Quand, après avoir obtenu la naturalisation, un Musulman passe de la seconde classe dans la première, les lois civiles françaises lui deviennent immédiatement applicables et son statut personnel cesse d'être régi par la loi musulmane. Il en est ainsi alors même que la naturalisation lui a été accordée pendant un procès, pourvu qu'elle soit antérieure au jugement rendu par le magistrat indigène qui connaissait de l'affaire. C'est ce qui a été décidé par un arrêt de la Cour de Cassation rendu le 15 Juin 1885, à propos d'une action en divorce intentée par une femme contre son mari indigène, naturalisé Français pendant l'instance, antérieurement à la date du jugement du Cadi. Cet arrêt a déclaré le juge musulman incompétent pour connaître du divorce.

Plus favorisés que les Musulmans, les Israélites ont obtenu, par mesure générale, la nationalité française.

Un décret du 24 Octobre 1870 a naturalisé collectivement tous les Israélites indigènes de l'Algérie.

Un décret du 7 Octobre 1871 y a mis pour condition que l'Israélite justifie de sa qualité d'indigène pardevant le Juge de Paix de son domicile.

Au préalable il adopte, s'il y a lieu, un nom et des prénoms.

La question de la nationalité des Arabes indigènes, qui n'est pas définitivement résolue, est étroitement liée à l'avenir de cette portion si considérable de la population de l'Algérie et, par suite, au sort de la colonie. Traiter l'Algérie en pays conquis et exclure les indigènes de la participation à l'exercice des droits politiques, c'est la condamner à un perpétuel dualisme et réduire l'Arabe au rôle d'inférieur et d'incapable ; au contraire, assimiler l'Arabe au colon français et lui conférer les droits de vote et d'éligibilité qui fassent, de l'homme libre qu'il est, le citoyen d'une République, c'est apporter plus d'unité dans les Départements algériens et consolider la puissance française dans le Nord de l'Afrique.

La population indigène, prise dans son ensemble, n'est pas au-dessous d'une telle faveur ; laborieuse et civilisée, quoique d'une civilisation différente de celle des Européens occidentaux, elle possède aussi un degré d'instruction suffisant pour apprécier ses propres intérêts comme ceux de la généralité. Dévouée à la France qui est, pour ainsi dire, sa mère patrie, elle a versé son sang pour elle sur de nombreux champs de bataille et occupe dans son armée une place respectable.

Pas plus qu'il n'en est indigne, l'indigène ne serait entraîné par la rancune ou par tout autre sentiment à refuser, dans le cas où elle lui serait accordée sans restrictions, la nationalité française ou à négliger l'usage des droits qui y sont attachés. Le supposer ce serait attribuer à la population arabe un esprit vindicatif qui lui fait absolument défaut et la croire encline à se considérer comme étrangère sur son propre sol, à s'exclure volontairement d'un Etat dans lequel il lui répugne d'autant moins d'entrer que, de par ses principes, tous les membres en sont égaux politiquement.

Au contraire, il serait pernicieux de laisser subsister ce dualisme qui accorde aux colons une suprématie sur les indigènes ; ceux-ci, dégoûtés d'être soumis à une sorte d'aristocratie politique, pourraient se désintéresser des affaires, renoncer à servir la France et émigrer. Il y a là un danger, dont il est d'autant plus urgent de se mettre à l'abri, que les Arabes changent de genre de vie avec une grande facilité et se transportent sans inconvénients d'une contrée dans l'autre.

L'indigène peut, il est vrai, obtenir la naturalisation et l'exercice de tous les droits de citoyen français mais, pour cela, il est nécessaire que, s'il est Musulman, il renonce à l'une de ses prérogatives civiles et religieuses et abjure partiellement sa foi islamique par l'acceptation du droit civil français. Les lois qui l'autorisent à demander la qualité de citoyen ne requièrent pas sa conversion au catholicisme ou au christianisme mais, la monogamie étant inscrite dans le code Napoléon, de polygame et de musulman qu'il était, il devient, par la naturalisation, monogame et à demi chrétien : civilement, sa famille est la même que celle des autres citoyens français ; ses enfants légitimes sont ceux qu'il aura ou qu'il a eus d'une seule femme et ses autres enfants qui, de par la loi de Mahomet, sont également légitimes, n'ont pas, au point de vue de la loi civile qui le régit désormais, d'autre condition que celle d'enfants naturels. Pour les Musulmans qui considèrent la polygamie comme un principe religieux, c'est renier sa foi que d'accepter un droit de famille qui repose sur la monogamie et ceux qui, à ce prix, deviennent Français sont considérés par leurs coréligionnaires comme des renégats.

Philosophiquement, la monogamie l'emporte sans nul doute sur la polygamie ; même dans les Etats où la polygamie est permise, il est des cœurs élevés, des êtres aux sentiments nobles et constants qui préfèrent l'unité du mariage à la pluralité des affections et des unions. Une liberté absolue qui régnerait en matière matrimoniale ne supprimerait pas, entre l'homme et la femme, ce *consortium omnis vitæ* qui est la plus belle expression morale de la supériorité humaine ; entre l'homme et la femme, la monogamie seule établit ces liens d'égalité qui conviennent à une civilisation avancée ; pour être parfait, pour atteindre au suprême degré d'élévation et de pureté, l'amour de l'homme pour la femme et de la femme pour l'homme exclut toute idée de partage ; il ne s'accommode ni de la cohabitation de plusieurs femmes chez un homme ni de la succession de plusieurs unions passagères durant l'existence des mêmes individus.

Quoique la monogamie soit moralement un idéal ou même une préférence instinctive chez certains peuples, il n'en découle pas nécessairement que l'unité des unions matrimoniales soit, en droit naturel, un principe légal et une loi d'ordre public. Des penseurs ou des législateurs pourraient, s'ils parvenaient à se soustraire aux influences religieuses, se prononcer, tout en préférant la monogamie en ce qui les concerne, pour un ordre de choses dans lequel prédominerait une plus grande liberté, de façon que la famille y serait organisée sur plusieurs bases différentes. L'État n'est, ni comme gardien de la moralité publique, ni comme défenseur de l'égalité des sexes, indispensablement attaché à la monogamie.

Toutefois, cette question qui pourrait être soulevée et fournir la matière de longues discussions, s'il s'agissait de modifier d'une manière absolue une législation, reste étrangère à l'Algérie, dont la population est en partie monogame et en partie polygame ; en Algérie, l'établissement d'un État théorique ne reconnaissant, par ses lois, que la monogamie produirait des résultats désastreux ; la polygamie et la monogamie y existent depuis longtemps à côté l'une de l'autre, légales toutes deux mais subordonnées l'une à l'autre, la population monogame étant seule appelée à jouir des droits politiques tandis que les musulmans, polygames, composent une classe inférieure de gouvernés qui ne sont pas gouvernants, de demi-citoyens qui remplissent leurs devoirs envers leur patrie, sans exercer les droits qui devraient leur revenir.

Cet état de choses laisse à désirer et l'imperfection d'un ordre social qui est en contradiction si flagrante avec les principes de la Révolution française saute aux yeux ; la tolérance religieuse n'est pas compatible avec l'exclusion de la population musulmane de la nationalité pour cause de polygamie et il ne sied pas non plus à l'Etat d'assumer le rôle de convertisseur en obligeant les Arabes à renoncer à l'Islamisme avant de les admettre au nombre des Français.

L'État, en Algérie, n'est ni catholique, ni musulman, ni protestant, ni juif; il ne doit pas non plus être monogame plutôt que polygame. De nos jours que la conquête française est définitive, pour être citoyen français, il suffit d'être colon originaire de France ou indigène né et établi en Algérie. C'est là une réforme nécessaire pour effacer les traces du dualisme qui menace de se perpétuer dans la législation et pour arriver, sinon à l'unité, du moins à un état qui s'en rapproche davantage. Il y aurait, en effet, moins de dualisme en Algérie si les Arabes et les Français y étaient politiquement égaux, bien que les uns fussent polygames et les autres monogames, que si les deux races continuaient à coexister, l'une entièrement française et l'autre unie à la France par des liens de vassalité seulement. Qu'il en résulte pour un Musulman polygame la possibilité de devenir Président de la République, c'est un inconvénient purement théorique ou imaginaire car la population française continentale, représentée par son Sénat et sa Chambre des Députés, attachée à la monogamie, n'élirait pas un Président polygame ; musulmans, catholiques, protestants ou israélites, tous les citoyens français sont éligibles aux charges publiques et à la Magistrature suprême.

Des deux religions qui se trouvent en présence, l'une, l'Eglise catholique, est strictement monogame ; l'autre, la foi islamique admet la polygamie. La loi de Mahomet, qui ne permet le mariage qu'à ceux des Musulmans qui peuvent nourrir, loger séparément et entretenir convenablement une ou plusieurs femmes, les autorise à épouser jusqu'à quatre femmes légitimes [1]. Peut-on, dans la pensée de les appeler à la vie et à l'égalité politiques comme la législation s'y est efforcée depuis 1865, demander aux indigènes de renoncer à leurs mœurs, consacrées et épurées par le Coran ? Placé dans l'alternative de rester à demi Français ou de renoncer à son statut personnel l'indigène sera quelquefois amené à opter pour la nationalité française, mais ses mœurs ne changeront pas ; ce qui, dans sa famille, était reconnu par la loi de Mahomet subsistera quoiqu'en contradiction avec le Code, auquel il se soumettra ouvertement tandis que, secrètement, sa manière de vivre demeurera conforme aux préceptes du prophète. Le principe chrétien de la monogamie,

1. Lamartine, Histoire de la Turquie.

passé dans la loi civile, produit, dans ces conditions, des effets contraires à la morale, à l'ordre et à l'autorité paternelle ; la discorde et le trouble sont jetés dans des familles musulmanes gouvernées jusque là par la loi de Mahomet et leur chef, suspect aux yeux des siens et de tous les Arabes comme un transfuge, paye à ce prix le droit qu'il vient d'acquérir.

S'élevant au-dessus de la religion et cessant de se présenter comme le champion de la monogamie qu'il n'est pas chargé de faire triompher, l'Etat a pour intérêt comme pour devoir de traiter en égaux les colons et les Arabes, propriétaires ou sédentaires. Les mœurs musulmanes, il est vrai, se prêtent facilement, par la réclusion des harems, à un retour vers un état social d'où l'esclavage n'a pas encore été banni. Mais l'Algérie, terre française, ne craint pas la recrudescence d'un mal qui en a été extirpé et, même chez les Musulmans qui habitent les pays dont ils sont les maîtres, le rang d'épouse légitime, distinct de celui des femmes libres qui ne sont pas mariées est, de beaucoup, au-dessus de la condition des esclaves. En Algérie, il n'y a que des hommes libres et les harems ne renferment pas plus d'esclaves que les tentes des Douars ; l'autorité française toujours présente et attentive garantit le maintien des résultats acquis, sous ce rapport ; en conservant aux Musulmans la faculté d'épouser quatre femmes légitimes comme le leur permet le Coran, on ne court donc pas le risque de voir, comme en Turquie, la servitude, bannie des rues et des marchés, se perpétuer à l'abri des murs des harems.

De même qu'ils ont conservé leur droit en ce qui concerne les successions, les indigènes musulmans sont gouvernés par les règles juridiques établies par le Coran et par les jurisconsultes arabes en matière de mariage. Elles diffèrent essentiellement de celles du code civil ; le mariage n'est constaté en droit musulman par aucun acte écrit ; conclu par le consentement de l'homme et de la femme et célébré devant témoins, il n'acquiert une valeur définitive que par la cohabitation des époux ; tout mariage musulman suppose le paiement d'une dot par le mari à la femme ou aux parents de la femme ; lors de la célébration du mariage, cette dot qui est constituée entièrement et pour le paiement de laquelle le mari s'est engagé, n'est versée que pour moitié et, dans l'intervalle qui sépare ce premier versement de la remise de la seconde partie de la dot, le mariage, n'ayant pas encore atteint sa perfection, ne produit pas, quant aux obligations des époux l'un envers l'autre, les effets qui en sont généralement la conséquence. Le temps qui s'écoule entre le paiement de la première partie de la dot et la remise de la seconde moitié peut être très-court comme il peut être long et sa durée dépend de circonstances sur lesquelles il serait oiseux de s'appesantir ; toutefois, on peut dire qu'il est avéré que le droit musulman exige, pour qu'un mariage soit parfait, plus que le consentement des époux, plus encore qu'une célébration plus ou moins symbolique devant un petit nombre de personnes ; il réclame, en outre, qu'il soit constaté que les époux se sont donnés l'un à l'autre ou que cela résulte de présomptions fournies par des faits réels et connus.

A part l'intervention purement religieuse des imans qui bénissent les unions dans les villes et lorsque le mariage a lieu entre gens de qualité, aucune autorité civile n'assiste à leur célébration ; celle-ci est accompagnée de fêtes qui durent plusieurs jours, de chants, de danses et d'illuminations. Contrairement au code civil qui requiert l'assistance de quatre témoins, le droit musulman n'en réclame que deux.

Conclu dans ces conditions, un mariage musulman est valable et sa force est la même que celle d'un mariage civil contracté par des Français. Le nombre de femmes légitimes qu'un Musulman peut successivement épouser n'est pas limité et il lui est loisible de les choisir parmi les chrétiennes ou les juives comme chez ses coréligionnaires ; mais tant que les unions contractées par un sectateur du prophète n'ont pas été dissoutes par la mort ou par la répudiation, leur nombre ne peut être supérieur à quatre, chiffre fixé par le Coran.

Permise à l'homme, la polygamie est interdite à la femme ; à moins d'être veuve ou d'avoir été répudiée, celle-ci ne peut contracter qu'un seul mariage et son époux doit toujours être un Musulman. La Musulmane mariée conserve la libre administration de ses biens et le droit islamique ne requiert, pour ses contrats, aucune autorisation maritale ; à son gré, elle dispose de sa fortune mais, comme les époux sont héritiers réservataires l'un de l'autre, une restriction est apportée à son droit de faire des donations : il lui est interdit de donner, en même temps et par le même acte, plus du tiers de ses biens.

C'est la répudiation qui, pour les Musulmans, tient lieu de divorce ; les causes, qui en sont multiples, peuvent être invoquées par la femme comme par le mari et, partout où la justice est organisée, ces affaires sont portées devant le Cadi, qui prononce la dissolution des mariages.

Malgré ces divergences, la constatation civile des unions et la tenue de registres où seraient inscrits les mariages musulmans, ne rencontreraient pas de difficultés insurmontables. En raison de ce que la conclusion du contrat n'est pas, d'après le droit islamique, un acte instantané, comme dans le droit civil français, mais reposant sur l'accord des volontés d'abord, sur la réalisation du consentement ensuite, double condition constatée par un double témoignage, la rédaction des actes devrait être scindée en deux parties correspondant, pour autant que de besoin, à l'une et à l'autre de ces étapes que les époux franchissent avant d'être définitivement unis.

Condamnée par la philosophie qui la censure comme contraire à l'égalité des sexes, la polygamie musulmane n'est pas plus exclusive de la morale ou de l'ordre public que la monogamie; réglementée pratiquement par l'état civil, elle servirait de base à la famille, à la vie intérieure et à la fortune des Musulmans, comme, en Europe, l'ordre social repose sur le mariage civil. Et cette reconnaissance d'une des lois essentielles de l'Islamisme est indispensable à l'unification de la colonie, à l'assimilation des indigènes musulmans qui, par leurs propriétés ou par la fixité de leur résidence, présentent aux colons, dont ils aspirent à devenir les égaux au point de vue politique, toutes les garanties désirables. Autrement, sur la terre d'Afrique, à une faible distance de la Métropole, que les grands navires à vapeur mettent à peine une nuit et un jour à parcourir, il existerait des Départements où resterait inappliqué le principe du suffrage universel qui doit être exercé par la généralité des membres de l'Etat républicain, où deux races vivraient l'une à côté de l'autre jusqu'à ce que l'une se lasse d'être subordonnée à l'autre pour un motif religieux.

Le harem, telle est par conséquent la pierre d'achoppement que rencontre le développement futur de l'Algérie. Est-il condamné à disparaître et les Musulmans ne peuvent-ils s'incorporer à la population chrétienne, devenir citoyens et jouir de tous les droits qu'ils méritent de posséder qu'en renonçant à la polygamie légale ; ou bien faut-il qu'il cesse d'être une cause d'infériorité et d'exclusion pour une population entière qui s'attache à son maintien ? Résoudre la question par la suppression des harems, c'est, pour l'Etat, prendre intempestivement en mains la défense d'une cause religieuse ; au contraire, maintenir les harems pour les Musulmans, c'est poursuivre laïquement et civilement, un but d'égalité politique.

Harem est un mot arabe qui désigne la plus

belle moitié du genre humain ; c'est l'une des traductions du mot : femme. Voilée, couverte d'amples vêtements, séparée de la société des hommes, la Musulmane vit, avec ses compagnes et les enfants en bas-âge, dans une réclusion qui est d'autant moins rigoureuse que les mœurs européennes se répandent davantage par le contact et le mélange des populations dans les villes. Qu'elle cache entièrement son visage sous un voile de mousseline colorée comme les femmes turques ou qu'elle dissimule à peine le bas de sa figure sous une blanche étoffe de coton, la Musulmane algérienne sort en voiture, voyage en chemin de fer ou se promène à pied, confiante dans l'esprit de tolérance éclairée et dans la bienveillance qui animent les populations européennes. Si quelques-unes sont étroitement gardées par des maris jaloux, par des parents qu'inspire la crainte des insultes ou d'autres dangers aussi peu menaçants pour elles que pour les dames mariées qui font des visites ou pour les demoiselles qui vont à l'école en France, généralement ces escortes et ces cerbères, ces noirs gardiens originaires du Soudan, nécessaires autrefois peut-être aux époques éloignées où le fanatisme régnait en maître, devenus depuis inutiles et ridicules comme une livrée burlesque, ont entièrement disparu. A part les différences si caractérisées dans le costume et qui sont pour l'art d'un si heureux effet, la manière de vivre des Musulmanes ressemble plus qu'on ne se l'imaginerait, sans avoir vécu en Orient et sans avoir eu l'occasion d'observer d'un peu plus près les mœurs des habitants de ces contrées, à l'existence des femmes de l'Europe occidentale. Dans des pays purement islamiques, beaucoup de Musulmanes, élevées dans des harems fort étroitement gardés cependant, vont au théâtre, où elles assistent à la représentation, musicale ou non, française, turque ou arabe, dans des loges grillagées comme les fenêtres des maisons ou des palais où elles habitent. Par l'instruction et par l'éducation qu'elles reçoivent et qu'elles transmettent, elles contribuent à chasser de ce monde spécial d'anciennes idées démodées et des préjugés encore enracinés contre les Occidentaux.

Au demeurant, les harems, qui réunissent en une seule plusieurs familles ou qui plutôt sont composés des familles de plusieurs femmes absorbées dans la famille unique de l'homme, diffèrent les uns des autres autant que les ménages monogames. De même qu'en Europe il existe de bons et de mauvais ménages, en Orient il y a des harems où règnent l'ordre, la chasteté des épouses, la paix, l'affection d'un patriarche équitablement répartie entre tous ses enfants et il y en a aussi d'autres où la concorde et l'harmonie sont remplacées par la discorde, les querelles, l'envie, la désobéissance, les intrigues et la révolte. S'il y a des exemples fréquents de moralité stricte et rigoureuse, la licence des mœurs s'y introduit parfois et les maris musulmans ne sont pas plus que les chrétiens à l'abri des infortunes conjugales. En lui-même, d'ailleurs, le harem n'est pas un élément d'immoralité et il n'y pousse pas davantage que la monogamie imposée à certains caractères qui ne la supportent point, à des tempéraments qui y sont rebelles.

S'il en est, parmi les harems, quelques-uns dans lesquels la licence des mœurs a pénétré, il en est aussi d'autres, plus nombreux, à ce qu'il semble, où la femme vit dans une réclusion pareille à celle des cloîtres et des couvents où sont renfermées les religieuses chrétiennes; il en existe d'où l'homme est banni d'une manière absolue; tels sont ceux des veuves qui continuent à vivre en commun et à élever les enfants d'un mari décédé, auquel elles conservent une affection posthume qui les empêche de se remarier.

A côté de ces exemples d'une discipline sévère, il en est d'autres tout différents; des femmes n'ont peut être été réunies que pour fournir les éléments de distractions et de plaisirs mondains tels que les chants, la musique et la danse ; d'autres fois, elles n'ont été rassemblées qu'en raison des intérêts du ménage et de leurs menus talents domestiques ; enfin, quoique les harems ne soient pas considérés comme de bonnes écoles d'apprentissage pour tous les travaux utiles, il se pourrait, cependant, que l'intérieur de quelques-uns d'entre eux ressemblât, par une organisation ouvrière patriarcale, aux ateliers de nos grandes villes.

Sous ces différents aspects, aussi nombreux et aussi variés que la nature humaine, le harem ne doit pas être confondu avec la polygamie. Le devoir de l'Etat est de chasser du harem l'esclavage et d'y faire régner la liberté ; il ne lui appartient pas de le moraliser ou de le détruire en proscrivant la polygamie. Rendu intolérable par la servitude qui s'y retranche encore dans certaines contrées, le harem n'offre plus rien d'odieux, au point de vue purement civil, lorsqu'il ne dépasse pas les limites de la polygamie permise aux Musulmans. Dans les tentes des douars algériens, chez les nomades comme chez les Arabes sédentaires, la liberté humaine n'a pas de gros risques à courir ; et, dans les villes, sous l'œil vigilant des autorités, il serait téméraire d'essayer de l'entraver. Elle n'est pas en cause car, par elle-même, la polygamie, qui est une forme de la famille en Orient, n'est pas en contradiction avec la liberté individuelle.

Il serait sage, par conséquent, et d'une bonne politique, de ne pas faire de la suppression des harems et de la polygamie, une condition indispensable de l'unification nationale ; de ne pas refuser la plénitude des droits politiques, exercés par les Arabes en qualité de citoyens de la République, à ceux d'entre eux qui désirent conserver leur statut personnel en même temps que leur culte.

Est-ce à dire que la polygamie doive devenir facultative pour tous les habitants de l'Algérie ou qu'il suffise, pour épouser plusieurs femmes, de se convertir à l'Islamisme ? Nous ne le pensons pas. Il importe, en effet, de ne pas baser une distinction aussi importante sur la religion. En Algérie comme ailleurs, l'Etat ne devrait connaître que des citoyens, sans s'occuper de la religion qu'ils professent ; mais il y aurait intérêt à les classer en deux catégories en raison de leur race et du droit de famille qui les régissait antérieurement.

S'il en était autrement, comme il n'est pas beaucoup plus difficile de faire profession d'Islamisme que de se coiffer d'un fez et de chausser des babouches, ce serait le point de départ de toutes les équivoques et une cause de trouble. En supposant même que l'abjuration du christianisme et la conversion à la foi musulmane soient entourées partout des formes et des garanties requises par les Imans dans quelques villes de l'Islam, on tomberait, en assimilant aux indigènes les renégats chrétiens, dans le triste inconvénient de restituer à la religion une importance qu'elle a perdue aux yeux de la plupart des hommes éclairés. Il n'est pas non plus admissible qu'un homme change de statut personnel autant de fois dans le cours de son existence qu'il lui plaît de changer de religion ; il est indispensable qu'il existe un motif de distinguer reposant sur une base moins fragile que la volonté des individus et que le droit de famille des Musulmans leur demeure assuré de par leurs origines et leurs traditions plutôt qu'en raison d'une croyance sincère ou simulée en la mission divine du prophète Mahomet.

Si la polygamie conservait sa place dans le droit de famille des indigènes musulmans de l'Algérie, appelés à l'exercice plein et entier des droits politiques, il y aurait alors, en Afrique comme en France, et sauf cette réserve bien légitime, communauté des citoyens dans l'État. Ce serait juste et avantageux ; mais le rôle de l'État n'est point de tendre à la communauté des fidèles dans l'Église.

———

CHAPITRE VII

AGRICULTURE

L'Algérie produit des pois, des fèves, des lentilles ; le plat d'Esaü est un des mets favoris des habitants du Nord de l'Afrique. Les petits pois se cultivent toute l'année ; grâce à la douceur et à l'humidité du climat, ils se développent, croissent et fleurissent en Janvier et même en Décembre ; dans les vallées voisines d'Alger et dans les environs d'Oran, ils alignent, aux approches de l'hiver, leurs jeunes pampres sur les coteaux. L'espèce la plus répandue est celle des pois nains qu'on cultive sans ramures mais, dans la montagne, on trouve aussi des variétés plus hautes dont les pampres s'enroulent autour de branchages plantés pour les soutenir.

Parmi les produits de l'agriculture, il faut citer outre les céréales proprement dites, le blé sarrazin ou blé noir, le maïs et le sorgho, cette espèce de roseau plus haut que la canne à sucre qui porte au bout de sa tige une touffe de grains de blé pareille à la graine de l'oignon.

Les céréales telles que le blé, l'orge, le froment l'avoine et même le seigle sont communément répandues. La vigne qui, proportionnellement, est une richesse beaucoup plus grande, occupe une superficie beaucoup moindre : dans le département d'Oran où la culture de la vigne a pris une extension considérable, on estime à cinquante mille hectares l'étendue des terrains cultivés en vignobles.

Par contre, les cultures de blé occuperaient sur l'ensemble du territoire algérien une superficie d'un million et demi d'hectares, dont un million et trois cent mille hectares cultivés par les indigènes et deux cent mille hectares ensemencés par les colons.

Les mercuriales distinguent entre trois sortes de blé : le blé tendre, le blé dur de la plaine et le blé dur de la montagne. Le prix moyen du blé tendre est de 28 francs le quintal. Cependant, à part le froment et le seigle, pareils en tous points aux produits similaires d'Europe, le blé barbu de l'Algérie, dont la paille est courte et l'épi fort semblable à celui de l'orge, fournit un grain d'une grosseur et d'un aspect assez uniformes. Les sacs ou les cabas en paille tressée que les marchands de céréales exposent à leur étalage dans les villes renferment du blé d'un grain petit mais allongé qui ne ressemble nullement au froment pour la forme ; il est assez semblable au blé d'Egypte, c'est à dire qu'il a plutôt la forme du grain de seigle mais, au lieu d'être gris comme le seigle, il a la couleur d'or du froment.

On donne comme superficie totale de l'Algérie septentrionale quatorze millions d'hectares dont, en 1863, deux millions étaient cultivés par les indigènes.

A la même époque, le domaine de l'Etat se composait de 2 millions 690 mille hectares dont 890 mille propres à la culture et 1800 mille hectares de forêts.

Quatre ou cinq cent mille hectares de terrains avaient été concédés ; mais des cultures sérieuses n'avaient été entreprises que sur la septième partie seulement de cette superficie.

Depuis, l'étendue des cultures indigènes ne s'est pas sensiblement accrue mais il en a été autrement en ce qui concerne les colons puisqu'aujourd'hui on estime à deux cent mille hectares l'étendue des champs de blé fructifiés par leur travail.

La production totale de blé en Algérie est évaluée à dix millions sept cent mille quintaux, dont cinq millions de quintaux sont consommés à l'intérieur du pays et cinq millions sept cent mille quintaux livrés à l'exportation.

Suivant une distinction plutôt théorique que pratique, la production d'un hectare de blé cultivé par le colon européen est estimée à dix quintaux tandis que le rendement d'un hectare cultivé par l'indigène est évalué à moins de sept quintaux; on calcule en effet que le colon européen récolte cinq ou six fois la semence tandis que les Arabes, employant des procédés de culture plus primitifs dans des terrains plus pauvres, ne moissonneraient que le double ou le triple de la graine. Sur la production totale de plus de dix millions de quintaux, deux millions seraient ainsi attribués au travail européen et plus de huit millions de quintaux à la culture indigène.

Toutefois il est à noter qu'une distinction établie entre la culture européenne et la culture indigène manque de précision. S'il y a des colons qui cultivent eux-mêmes et rien que par eux mêmes, il en est d'autres qui ont recours au travail indigène et qui en profitent de plusieurs façons, soit en leur louant leurs terres, soit en dirigeant leur culture sous leur surveillance, soit en s'en remettant entièrement à eux pour l'exploitation de terrains plus vastes. Les travaux de la moisson notamment ne sont presque jamais accomplis sans le secours des indigènes qui, armés de leur faucille et la tête abritée sous leur chapeau de paille à bords immensément larges, bravent les rayons ardents du soleil avec moins de danger que les colons européens.

De plus, là où le colon européen est propriétaire l'étendue des cultures peut être évaluée aisément parceque, plus éclairé que l'indigène sur les questions de contenance et plus soucieux que lui de savoir exactement la vérité sur ce point, il connaît non seulement la superficie de sa concession, mais encore celle des différents assolements ; tandis que, chez l'indigène, on ne recherche pas autant la précision des notions relatives à la contenance des terres. Autrefois, chez les Musulmans, la terre se vendait normalement en bloc, c'est-à-dire en quantité indéterminée. Comme ils n'avaient ni cadastre, ni étalon légal de mesure agraire, les expressions employées pour désigner l'étendue des propriétés rurales étaient elles-mêmes très vagues. Celles dont on se servait en Algérie et qui ne sont pas encore tombées en désuétude, étaient : *sikka*, sillon, dans la province d'Oran, *gedba*, joug, dans la province de Constantine et *zouya*, paire de bœufs, dans la province d'Alger. Elles désignent une superficie variant de cinq à dix hectares.

Dans le droit musulman qui régissait naguère la propriété en Algérie, l'indivision jouait un rôle fort important. Le droit musulman admet le retrait d'indivision qui est le droit de préemption accordé au copropriétaire indivis sur l'immeuble vendu à un acquéreur étranger. La doctrine malékite n'accordait ce droit qu'au copropriétaire mais la doctrine hanéfite le concédait même aux simples voisins qui ne sont pas communistes. Il en résultait que chez les indigènes la propriété, fût-elle privée, prenait un caractère collectif très prononcé.

« L'indivision règne en maîtresse souveraine » sur la terre islamique. L'aliénation consentie » par un seul est un véritable attentat contre le » droit supérieur de la collectivité. »[1]

Les terrains immeubles étaient pris ou donnés à bail moyennant un loyer qui ne pouvait consister dans une partie de la récolte, la contreprestation du preneur ne pouvant avoir pour objet une valeur aléatoire. La loi musulmane interdit le contrat de métayage quoique le payement en

---

1. Zeys. — Droit musulman.

nature du fermage en tout ou en partie ne soit pas exclu. Par exception le métayage est permis quand il s'agit du louage des arbres fruitiers ; d'après ce contrat spécial le preneur reçoit pour salaire une partie de la récolte.

Sous le rapport des baux à ferme la loi musulmane divise les terres en *inondables*, *irrigables* et *ombrodoques*. Les premières sont celles qui sont fécondées par la crue d'un fleuve, comme le Nil ; les secondes celles qui reçoivent de l'eau de puits ou de sources situés dans leur voisinage ; les troisièmes ne reçoivent que de l'eau de pluie. Il est permis de stipuler le payement anticipé du loyer lorsqu'il s'agit de terres qui reçoivent toujours une quantité d'eau suffisante pour faire réussir la récolte ; quant aux terres pour lesquelles ce fait est incertain, le payement du fermage ne peut être stipulé que pour l'époque où la récolte, suffisamment avancée, aura déjà reçu assez d'eau pour arriver à maturité.

Chez les Arabes, surtout chez ceux qui n'ont pas encore perdu le souvenir de leur manière de vivre patriarcale, l'idée de la propriété est plutôt collective qu'individuelle ; la terre, cultivée un an ou deux, puis abandonnée momentanément par la tribu qui se transporte dans d'autres régions, fructifiant ainsi successivement les territoires qui en dépendent, n'a pas la même valeur que dans les colonies où les cultivateurs français se sont établis et il en résulte que l'on connaît avec beaucoup moins de précision quelle en est la contenance.

La difficulté d'apprécier l'étendue de ces cultures momentanées sur un sol qui n'est pas exactement mesuré n'est pas la seule et l'on doit tenir compte aussi du mélange du travail des colons et des Arabes, produisant plusieurs genres de culture mixte et rendant impossible une classification quelconque. Les données de la statistique sont donc fortement ébranlées par ces deux considérations.

Toutefois, l'on estime que la culture du blé, dans toute l'Algérie, pourrait embrasser une superficie de dix millions d'hectares.

Pour ne tenir compte que d'un progrès plus rapidement réalisable, on évalue à quinze millions de quintaux, au lieu de dix millions et demi environ que la contrée produit actuellement, la récolte qui serait fournie par l'Algérie si les colons ensemençaient désormais non plus deux cent mille hectares mais cinq cent mille et si les indigènes amélioraient les conditions de leur culture. A raison de dix quintaux à l'hectare les colons produiraient alors cinq millions de quintaux et

CAMPEMENT DE BÉDOUINS.

les indigènes dix millions au lieu de huit millions sept cent mille.

Pour augmenter le rapport des terres, on a proposé l'emploi de semences d'espèces de blé étrangères qui ont fourni, lors des essais tentés sur le territoire algérien, des rendements de six cents et même neuf cents grains pour un seul. On recommande aussi la sélection des blés indigènes et, en particulier, les variétés de blé de l'Aurès, que l'on croit avoir été importées en Algérie à l'époque romaine.

La célérité avec laquelle le renouveau succède, dans la végétation, à l'engourdissement produit par l'arrivée de l'hiver est une cause de prospérité pour l'Algérie. Parmi les arbres, le platane qui, cependant, n'est pas l'un des plus hâtifs, peut être pris comme exemple : jusqu'aux premiers jours de Décembre il conserve une partie de son feuillage et, dès le mois de Mars, il a repris sa parure verte. Il se repose donc trois mois à peine.

Les blés semés en Décembre et en Janvier arrivent à maturité en Mai ; et ce dans les régions montagneuses comme celles de Sidi-bel-Abbès et de Mascara ; à Tlemcen où l'altitude est plus considérable, la récolte commence un peu plus tard.

Les sauterelles, ce fléau de l'Algérie, exercent en tous temps leurs ravages ; mais l'époque la plus fréquente de leur apparition est celle où les arbres recouverts de leur nouveau feuillage leur fournissent une pâture abondante ; c'est aussi celle où la paille des blés aux épis barbus jaunit. Dans un ciel nuageux et imprégné d'humidité, elles volent lentement les ailes éployées et parsèment la voûte céleste, abaissée par l'opacité, de croisillons jaunes. D'espèces diverses, elles sont tantôt jaunes comme le plumage des serins ; tantôt elles sont d'une teinte d'ardoise ; tantôt encore elles ont des reflets rouges mais alors elles sont de plus petite taille.

Ces grosses sauterelles dorées qui pleuvent dans les champs ne paraissent pas posséder une grande puissance de destruction. Elles sont, au contraire, gorgées et alourdies et si, ailleurs, elles ont causé la perte de récoltes, elles sont devenues à peu près inoffensives. En marchant dans les bruyères, on en chasse une douzaine à chaque pas et, de même, elles bondissent et volètent autour des moutons au pâturage. Parfois les jeunes bergers qui gardent ces troupeaux portent un vêtement de bure grise serré à la taille par une ceinture : tel le costume des éphèbes de l'Attique, transmis à la postérité par les bas-reliefs conservés au musée de l'Acropole d'Athènes.

Par une belle matinée, les sauterelles que le

soleil réveille de leur torpeur et de l'engourdissement où la pluie les jette, s'élèvent en masse des champs de blé et des vignes ; elles montent comme des nuées de papillons ou de hannetons et, dans l'atmosphère qui s'échauffe, leur vol dense ressemble au pétillement des globules d'acide carbonique dans une bouteille de Champagne dont le bouchon vient de sauter. Dans les champs, les cultivateurs font du bruit en entre-choquant des pelles et des pioches afin que ce cliquetis assourdissant les chasse.

Par une rivalité instinctive, les moineaux, ces pillards des champs de blé mûrs, pourchassent et combattent à coups de bec les sauterelles, ce fléau des récoltes.

Les vols de sauterelles sillonnent toute l'Algérie. Leurs bandes passent au-dessus des villes en s'élevant dans les airs jusqu'à une hauteur prodigieuse et quelques-unes seulement s'abattent dans les jardins et dans les rues. Elles sont poursuivies par les chats et par les chiens qui s'en emparent dans leur gueule ; des enfants les attachent par la patte à un bout de fil comme des hannetons. Quand elles tombent dans les cours des maisons, c'est un bruit d'ailes pareil à celui qu'on fait en ouvrant un éventail ; dans les champs où elles se sont abattues, elles imitent sur un mode moins grave, par le grincement de leurs pattes et de leurs élytres, le coassement des grenouilles.

De teinte jaune ou bleu d'ardoise, cette sauterelle a six pattes, deux antennes et deux paires d'ailes dont le tissu a des reflets dorés. Des trois paires de pattes, la plus forte qui est la plus éloignée de la tête lui sert à bondir. Sur le sommet de la tête, dont les mandibules sont puissantes, deux yeux s'arrondissent en relief et, entre la tête et les deux premières ailes, un col protège les épaules comme une cuirasse. Les pattes sont garnies de picots comme celles des homards; le corps cylindrique, tantôt jaune chez les mâles, tantôt gris chez les femelles, est formé de plusieurs sections qui s'emboîtent les unes dans les autres.

La sauterelle n'est pas, dans le monde des insectes, le seul fléau que l'agriculteur algérien ait à redouter pour ses récoltes; des grillons noirs, un peu plus gros que des fourmis ordinaires les menacent également. Pour garantir les vignobles contre les grillons, on les entoure de toiles tendues sur des pieux. Cette barrière arrête leur invasion et quand leurs armées innombrables viennent s'y heurter, on les balaye dans des fosses où on les enterre. Les grillons ne volant pas arrivent par la superficie du sol de sorte qu'il est plus facile de les combattre que de lutter contre les sauterelles qui planent dans l'air et s'abattent sur les arbres les plus élevés comme dans les champs de céréales.

C'est en mai qu'a lieu la moisson ; cependant la douceur du climat pendant l'hiver permet de semer le blé à des époques différentes, de façon qu'on le récolte aussi plus tôt et plus tard ; il n'est pas rare de voir des champs de blé vert qui alternent avec ceux qu'on moissonne ; ce spectacle est fréquent dans les vallées supérieures des montagnes ; à côté, d'autres terres où la récolte vient d'être terminée sont déjà labourées.

Pour récolter le blé, les moissonneurs se servent d'une faucille très-longue et très-ouverte ; celle des Arabes a moins d'envergure et sa lame est souvent angulaire comme une équerre. Sans cesse l'ouvrier se baisse pour saisir de la main gauche plusieurs tiges de blé ; en même temps, de la faucille qu'il tient dans la main droite, il tranche à ras du sol la poignée de tiges qu'il a saisie. Ensuite, il se redresse pour se courber de nouveau et poser en tas la poignée de blé qu'il vient de couper. Les gerbes sont liées plus tard et relevées en monts, les épis en l'air.

Ce travail laisse un chaume long, même quand le moissonneur se courbe assez bas pour trancher les tiges de blé aussi près que possible de la racine. Ailleurs, il ne coupe que les épis et la moitié de la paille ; l'autre moitié reste adhérente au sol et on lie les gerbes en nouant un lien sous les épis.

Plus fatigante pour le moissonneur qui se courbe et se redresse sans cesse, cette manière de récolter le blé est en même temps plus lente que celle des cultivateurs de certaines contrées du Nord de la France où l'on moissonne au moyen de la petite faux à manche recourbé et du crochet. L'ouvrier manie le crochet du bras gauche et il frappe le pied des tiges de blé avec la faux légère qu'il tient de la main droite. Avec ces instruments mieux adaptés au but à atteindre, la gerbe se forme sans que le moissonneur ait besoin de se redresser après chaque coup de faux ; dans les champs de blé épais de l'Algérie où d'ailleurs, les machines à moissonner sont aussi en usage quand le terrain le permet, ces outils plus perfectionnés rendraient des services de beaucoup supérieurs à ceux de la faucille. Celle-ci ne convient pas davantage dans les champs où les épis sont plus clair-semés ; l'outil le mieux approprié dans ce cas est la faux ordinaire des prairies, à manche long et droit, à laquelle s'adapte un treillis d'osier qui rassemble les tiges de blé abattues. Cependant, en matière d'agriculture plus encore qu'en tout le reste, les populations s'attachent à leurs usages malgré les avantages qui résulteraient de l'emploi de procédés étrangers et, sur ce point, le colon et l'indigène s'accordent pour continuer à moissonner conformément à leur ancienne méthode.

Pour battre le blé on étend sur une aire ronde, à ciel ouvert, les épis adhérents à la paille ; ce sont des chevaux et des mulets qui, en piétinant cette couche de vingt centimètres d'épaisseur, égrènent les épis. Un homme les guide en se tenant au centre de la circonférence décrite par cette aire. D'autres fois, l'homme se tient debout sur quelques planches clouées ensemble, auxquelles sont attelés les mules et les chevaux. Cet attelage tourne en cercle en galopant ou en trottant sur l'aire couverte de blé. Dans les petits villages arabes, on bat le blé sur une aire d'argile sèche en frappant les épis à coups de gaule.

La valeur des immeubles ruraux en Algérie diffère essentiellement suivant qu'il s'agit de plantureux vignobles sur lesquels ont été construits des bâtiments renfermant des pressoirs et des caves ou bien de champs de terre appropriés à la culture des céréales ou bien encore de terrains couverts de broussailles à défricher. C'est ce qui explique les écarts considérables dans les chiffres fournis par les résultats des ventes ou par la mise aux enchères publiques d'immeubles.

Tout d'abord, il n'est pas inutile de mentionner les conditions offertes aux colons français par l'administration des biens domaniaux.

En Novembre 1892, on vendait à Alger, aux enchères publiques, vingt-neuf lots de terrains domaniaux propres à la colonisation, à la culture des céréales, de la vigne et à l'élevage du bétail. La superficie de ces lots variait de 2 à 10, 20, 30 et 43 hectares. La mise à prix était fixée à raison de 22 à 300 francs l'hectare.

A Constantine, cent soixante-dix-neuf lots d'une superficie variant de 28 à 109 hectares furent également mis en vente par les Domaines à la fin de 1892 ; ils étaient évalués à raison de 10 à 87 fr. l'hectare.

Les prix devaient être payables en six termes égaux ; le premier comptant, le second deux ans après la vente et les quatre autres d'année en année à partir de l'échéance du deuxième terme.

Quant aux propriétés privées mises en vente leur valeur est généralement supérieure. En 1892 on estimait une propriété rurale de 14 hectares 70 ares comprenant une maison d'habitation et un hectare de vignes, située dans une commune de l'arrondissement d'Alger, à dix mille francs. En

1893 on évaluait à trente mille francs un immeuble rural de 115 hectares situé dans le canton de Mostaganem, province d'Oran, comprenant soixante hectares de vignes et diverses constructions : une maison de fermier, deux hangars et une cave.

Les chiffres qui suivent donnent une idée de la valeur immobilière dans le département d'Alger : dans telle localité, un hectare de terre coûte 310 francs en moyenne ; dans telle autre, une propriété se vend à raison de 831 francs l'hectare. Pour les propriétés plus petites le prix est plus élevé que pour les propriétés plus étendues situées au même endroit ; ainsi, tandis que trois biens fonds, contenant le premier 17 hectares 40 ares, le second 13 hectares 33 ares 40 centiares et le troisième 7 hectares 59 ares 20 centiares ont été vendus pour une somme de 11.900 francs, soit à raison de 310 francs l'hectare, dans la même localité, trois petits immeubles ruraux d'une contenance totale de 3 hectares 17 ares 65 centiares ont été payés 1.875 francs, soit à raison de 591 francs par hectare.

Un immeuble rural de 99 ares 85 centiares a été vendu 3.025 francs ; c'est-à-dire qu'il a été adjugé pour un prix qui aurait donné droit à dix hectares à peu près des autres terres de la même commune qui ont été payées a raison de 310 francs l'hectare.

Depuis le prix modique payé par le colon à l'Administration des Domaines pour son lot de terres à défricher jusqu'à la valeur plus considérable des terrains de rapport, la série des prix s'étend graduellement d'une extrémité à l'autre.

Le blé et le vin qui sont les principaux articles d'exportation sont produits en abondance par la province d'Oran comme par le département d'Alger. A Oran, le blé prêt à être embarqué est massé en tas sur les quais du port à côté des nombreux tonneaux de vin d'Algérie. En ville et dans les environs, il y a une quantité d'entrepôts de vins et des fabriques de futailles ; ces tonnelleries produisent des fûts d'une capacité énorme : ce sont des foudres très-larges, d'un diamètre disproportionné.

A ces deux richesses principales, il faut joindre l'alfa dont les meules réunies dans les parcs à fourrage de l'armée approvisionnent les chevaux de la cavalerie. L'alfa est le fourrage algérien ; c'est une herbe haute et forte qu'on transporte en bottes comme le lin récolté avant le rouissage ; ce foin arrive aussi de l'intérieur tressé en forme de cables et, au commencement, quand on n'est pas habitué à le voir sous cet aspect, on le confond avec les réseaux en fibre de palmier dont les

Arabes se servent pour transporter des colis à dos de chameaux. A Oran, on comprime à l'aide de machines l'alfa qu'on expédie en France.

Les steppes des hauts plateaux renferment diverses espèces d'alfa ; tantôt ses touffes ressemblent davantage à celles des joncs, tantôt elles ont plus d'analogie avec les touffes d'herbe. L'herbe et les joncs sont d'ailleurs mélangés dans les vastes prairies du sud avec les différentes espèces d'alfa. Parmi ces dernières celle qui ressemble le plus aux joncs porte au bout de sa tige mince une fleur qui retombe vers la terre et donne bien à la plante l'air de la lettre arabe qui commence l'alphabet, ﺍ alef; quand la touffe d'alfa est vieille, au contraire, elle offre plus de similitude avec l'alpha grec : α, ∝. Les autres variétés d'alfa fleurissent en plumet comme certaines espèces de graminées.

Le bétail mérite d'être mentionné parmi les richesses agricoles. Généralement les bœufs et les vaches qui paîssent en troupeaux sur les flancs des collines sont de taille petite et de pelage brun ; leurs cornes sont courtes. On attelle aux charrettes des bœufs d'une race beaucoup plus forte, à pelage gris, dont les cornes sont plus longues et plus droites. Ces puissantes bêtes courbent la nuque sous le joug et marchent lentement en se dandinant un peu. Le buffle noir, plus rebelle au travail, n'est pas non plus absent des pâturages algériens.

A l'inverse de la race bovine, la race ovine est de forte taille. Les moutons sont grands, couverts d'une épaisse toison qui fournit aux Arabes la laine de leurs burnous. Sur les collines boisées de broussailles, ils paîssent éparpillés ou descendent les coteaux en troupe comme des avalanches lorsque les bergers, à l'approche de l'orage, les poussent devant eux pour les rassembler sous la tente ou bien à l'abri d'un rocher. La chèvre, à poil brun, est grande ; la tête est intelligente ; ses troupeaux aussi nombreux que ceux des moutons se disséminent au gré des caprices de ces bêtes aventureuses qui recherchent par goût les endroits abrupts et escarpés.

Le chameau à longs poils est peu répandu dans les vallées de la montagne et sur les routes de pierres concassées où il cède la place aux véhicules traînés par des chevaux et par des mulets. A ces altitudes où il est en butte aux atteintes du froid et de la gelée, il est plus velu que dans d'autres pays d'Orient ; d'ailleurs, il voyage beaucoup par les sentiers étroits et au travers des déserts immenses ; dans le Nord de l'Afrique, non seulement il n'existe qu'une seule race de chameaux, à part les variétés appartenant aux diverses tribus, mais encore, à des époques différentes, les mêmes bêtes, comme les nomades qui les possèdent, parcourent les contrées les plus éloignées les unes des autres.

Les plus beaux chevaux arabes sont entre les mains des militaires, dans les régiments de cavalerie où ils sont montés par les Européens ou par les indigènes qui servent dans les escadrons de spahis. L'Arabe qui voyage monte rarement un beau cheval ; il se contente, fût-il un chec accompagné d'une escorte d'amis et de serviteurs, d'un double poney, d'un âne ou d'une mule. Nécessité fait loi ; aux vainqueurs appartiennent les plus belles dépouilles et aux défenseurs de la patrie les montures les plus robustes, les alezans les plus fringants.

Un cheval arabe que l'on voit souvent et qui peut être une très jolie bête quand il est de taille assez élevée a la robe blanche mouchetée de pointes de feu. Comme l'alezan, il est fort commun et c'est ce qui diminue un peu son prix, non sa valeur réelle. Des escadrons entiers sont montés sur ces chevaux dont le poil blanc est chiné de taches rousses.

Dans les travaux agricoles le colon algérien et l'indigène rivalisent d'ardeur ; il serait erroné de prétendre que le colon, énervé par le climat, ne travaille pas et qu'il se repose, pour fructifier la terre, sur l'Arabe, paresseux par nature. Premièrement, les vignerons ne peuvent guère être que des Européens ; les Musulmans ne connaissent pas la culture de la vigne et la loi de Mahomet, qui leur défend de boire du vin, est, pour eux, un obstacle à ce qu'ils s'intéressent à sa production, à la plantation, à la taille des ceps et aux vendanges. En second lieu, les faits démentent une telle appréciation ; le colon s'adonne avec courage et avec zèle à ses occupations agrestes ; à grands coups de pioche il défonce la terre jusqu'à deux pieds de profondeur ; il stimule sa fécondité à l'aide de cet instrument pesant dont les deux pointes pénètrent dans la couche supérieure, la désagrègent et la rendent meuble ; cette pioche fourchue est l'arme qui lui sert à combattre la coagulation et le tassement produits par les fortes pluies et à préparer la croûte terrestre à recevoir les jeunes plants. Avec l'indigène qui, attaché à ses procédés primitifs de culture, laboure, ensemence et récolte dans ses Douars, le colon arrose de ses sueurs cette mère nourricière qui leur est devenue commune par les peines qu'ils s'imposent pour la fructifier.

CHAPITRE VIII

DE LA PROPRIÉTÉ

Avant d'entrer dans l'examen sommaire des dispositions législatives qui régissent de nos jours la propriété immobilière en Algérie, il y a lieu de rappeler quelques-uns des principes fondamentaux du droit musulman en cette matière et ce non pas seulement en raison de l'intérêt historique qui s'y attache mais aussi parceque, dans les contrées où la propriété n'est pas encore organisée sur les bases de la législation française, les indigènes sont soumis en tout ce qui concerne la possession des immeubles et notamment les transactions qui interviennent entre eux à leur sujet, aux règles de leur ancien droit.

Dès le début, le droit islamique distinguait entre deux sortes de terres : celles qui, ayant été enlevées par la conquête à leurs anciens possesseurs, étaient passées entre les mains des sectateurs du prophète ; on les nommait terres à dîme parcequ'elles payaient un impôt équivalent au dixième du revenu ; et les terres qui avaient été laissées à leurs anciens possesseurs, chrétiens ou israélites, qui payaient un impôt sur le revenu, supérieur à la dîme ; on les nommait *karagié* d'un mot arabe qui signifie produit et est pris aussi dans le sens de revenu.

Les biens de main-morte appelés *wacfs* étaient également connus, dès le principe, par le droit arabe ; ils formaient une troisième catégorie d'immeubles, dont la transmission par vente et par donation était interdite.

Dans le droit ottoman qui fut imposé à l'Algérie par une domination trois fois séculaire, la notion abstraite de la propriété se divisait en trois degrés : 1° la nue propriété, 2° la possession, 3° l'usage.

De même qu'en droit arabe, la nue propriété des terres conquises par la violence appartenait à l'Etat qui n'en concédait, sauf les cas exceptionnels où il octroyait la plénitude de la propriété privée, que la jouissance à vie ou à perpétuité jusqu'à l'extinction de la postérité du concessionnaire. En règle générale la nue propriété de tous les territoires conquis à l'Islamisme par les armes était inaliénable.

Le droit de possession était un droit seigneurial représenté par une taxe de transfert que prélevait son détenteur chaque fois que l'usage passait par vente ou par héritage dans de nouvelles mains.

Le droit d'usage conférait à son titulaire la jouissance de l'immeuble et la faculté de le louer.

Si le souverain ne concédait que la possession et l'usage des territoires enlevés par la violence à leurs anciens propriétaires en réservant pour lui-même la nue propriété, il n'en était pas de même des habitations des anciens occupants des pays conquis ni des propriétés privées de populations musulmanes converties avant la conquête ou qui avaient aidé par leur coopération à soumettre certaines contrées. Ces biens qui appartenaient en toute propriété à leurs détenteurs étaient appelés *melk.*

De même que le droit arabe, le droit ottoman range l'occupation ou la fécondation parmi les modes d'acquérir la propriété. Selon la parole du prophète, « celui qui rend la terre féconde en est propriétaire ». Ce principe encore généralement reconnu par le droit islamique s'applique, en Turquie, à la catégorie des terres domaniales incultes nommées *Erazii mirié halié* qui sortent du Domaine de l'Etat par fécondation. En droit arabe, par contre, les terres incultes qui peuvent être appropriées par l'occupation portent le nom de terres mortes, *érazii mouat*. Toute terre morte, *res nullius*, devient propriété privée par une prise de possession réelle résultant de travaux divers tels que les labours, les défrichements, les plantations, les constructions, l'aménagement des sources.

A part cette différence dans la terminologie, le principe admis est le même et ce nonobstant que, dans le droit ottoman, l'expression de terre morte qui désigne en droit arabe la terre inculte s'applique non plus aux *res nullius* mais aux places publiques, aux rues et aux routes qui font partie du domaine public et sont hors du commerce.

D'après le droit arabe, les terres mortes sont celles qui n'ont pas de propriétaire. En sont exclues :

1° Toutes celles qui ont été fécondées par l'occupation à moins que la prise de possession ne soit trop ancienne.

2° Toutes les terres qui dépendent soit d'une localité habitée et qui sont possédées en commun (biens communaux) soit d'un puits, d'un arbre ou d'une maison et qui y donnent accès ou sont nécessaires pour qu'on puisse en jouir.

3° Les terres qui ont été concédées.

Dans les territoires où la propriété du sol n'a pas encore été organisée sur les bases de la législation française, les indigènes peuvent vendre, céder, donner à d'autres indigènes les terres qu'ils possèdent en pleine propriété selon les règles du droit musulman qui ne requiert aucune forme pour les contrats.

*
* *

Les principales dispositions législatives qui règlent la propriété en Algérie sont la loi du 16 Juin 1851, le Sénatusconsulte du 22 Avril 1863 et les lois du 26 Juillet 1873 et du 28 Avril 1887.

La loi du 16 Juin 1851 sur la constitution de la propriété en Algérie établit une distinction entre les immeubles qui sont l'objet d'une propriété publique et ceux qui appartiennent à des particuliers.

Elle comprend dans la propriété publique le domaine national et les biens communaux et départementaux.

Le domaine national se divise à son tour en deux catégories distinctes : le domaine public et le domaine de l'Etat.

A. — *Du domaine public*

On entend par là, dans le sens de la loi du 16 Juin 1851, tous les biens qui, n'étant pas susceptibles de propriété privée, sont hors du commerce; ainsi, font en premier lieu partie du domaine public les immeubles désignés par l'article 538 du Code civil, c'est-à-dire les routes, les fleuves, les ports et le rivage de la mer.

Y sont assimilés :

1° Les canaux d'irrigation, de navigation ou de dessèchement exécutés par l'Etat.

2° Les aqueducs et les puits à l'usage public.

3° Les lacs salés, les cours d'eau qui ne sont pas des fleuves et des rivières et les sources.

B. — *Du domaine de l'Etat*

Les biens de cette catégorie peuvent être aliénés, échangés, concédés, donnés à bail ou affectés à des services publics.

Le domaine de l'Etat se compose :

1° De tous les biens vacants et sans maître et de ceux des personnes qui décèdent sans héritiers ou dont les successions sont abandonnées, (article 539 du Code Napoléon) en ce qui concerne les Français et les étrangers, et des biens dévolus à l'Etat par le droit musulman en ce qui concerne les indigènes.

Il en est de même des terrains, des fortifications et remparts des places qui ne sont plus places de guerre (article 541 du Code Napoléon).

2° Des biens domaniaux provenant du Beylic et de ceux qui y ont été réunis.

3° Des biens séquestrés réunis au Domaine de l'Etat.

4° Des bois et forêts sous réserve des droits des particuliers.

Le domaine national est indépendant du domaine communal ou départemental.

Le domaine communal comprend : les édifices communaux ; les biens déclarés communaux par la législation générale de la France ; et les dotations attribuées aux communes par la législation spéciale de l'Algérie.

* *
*

Telle est la manière dont la propriété publique est constituée et classée par la loi du 16 Juin 1851 ; elle comprend les biens communaux ou de parcours communal, mais il n'en est pas de même de la propriété collective indigène.

Quant à la propriété privée, cette loi proclame

quelques principes très-importants, concernant la propriété individuelle et la communauté indivise :

1° La propriété privée est déclarée inviolable sans distinction entre les possesseurs indigènes et les possesseurs français ou autres.

2° Les transmissions de biens de musulmans à musulmans continuent à être régies par la loi musulmane.

3° En troisième lieu, la loi du 16 Juin 1851 s'occupe de trancher les contestations relatives à la validité des ventes d'immeubles consenties par les indigènes à des Européens.

Ces ventes étaient fréquemment attaquées par des indigènes qui prétendaient qu'elles avaient été faites en fraude de leurs droits par d'autres indigènes qui n'étaient pas les vrais propriétaires ou n'avaient pas le droit exclusif de vendre l'immeuble et une ordonnance du 21 Octobre 1844 avait, dans l'intérêt de la constitution de la propriété en Algérie, validé les ventes consenties à des Européens par des indigènes parents ou alliés des réclamants qui prétendaient être les vrais propriétaires. D'autres contestations portaient sur la situation et la contenance des immeubles vendus et en 1846 une nouvelle ordonnance avait prescrit, pour les trancher, la vérification des titres de propriété.

D'autres réclamations étaient basées sur l'existence d'un droit de *habous* qui, rangeant l'immeuble dans la catégorie des biens de mainmorte, le rendait inaliénable et ne donnait à son propriétaire indigène qu'un usufruit qu'il pouvait louer ou céder moyennant une rente. La loi du 21 Octobre 1844 avait déclaré essentiellement rachetable la rente constituée pour prix de vente ou de cession d'un immeuble. Mais des ventes continuant à être attaquées par des indigènes qui invoquaient l'inaliénabilité des biens, la loi du 16 Juin 1851 proclame que la vente d'un immeuble à un non-musulman ne peut être attaquée pour cause d'inaliénabilité fondée sur la loi musulmane et, par un décret du 30 Octobre 1858, ce principe a été étendu aux ventes entre Musulmans.

Quant aux ventes attaquées par des copropriétaires qui prétendraient user du droit de préemption que leur confère le droit musulman, la loi du 16 Juin 1851 décide que l'action en retrait d'indivision connue sous le nom de *cheféa* dans la loi musulmane peut être accueillie suivant les circonstances. Sur ce point elle a été modifiée par la loi du 26 Juillet 1873 qui dispose, article 1er : « Le droit réel
« de *Cheféa* ne pourra être opposé aux acquéreurs
« qu'à titre de retrait successoral, par les parents
« successibles, d'après le droit musulman et sous

« les conditions prescrites par l'article 841 du
« code civil. »

Comme il est dit plus haut, le Domaine de l'Etat comprend, en troisième lieu, des biens séquestrés. Ceux-ci se divisent en trois catégories :

1° Les biens entièrement séquestrés.

2° Les biens séquestrés partiellement dont la population a été reléguée sur une portion de son ancien territoire.

3° Les biens séquestrés dont la jouissance a été laissée en totalité à leurs habitants.

Cette séquestration était une des conséquences nécessaires de la conquête et une pénalité à l'égard de certaines populations hostiles ; elle dérogeait dans certains cas, par une confiscation complète ou partielle, à la règle admise dès le début et aux engagements pris par la France à l'égard des Arabes qui consistaient à leur garantir le respect de leur religion et de leurs propriétés.

Le Sénatusconsulte du 22 Avril 1863 a accordé aux anciennes populations des biens séquestrés des compensations immobilières. En ce qui concerne les territoires séquestrés de la troisième catégorie, le séquestre a été levé et la propriété rendue aux habitants. Les populations reléguées par suite de la seconde espèce de séquestre ont reçu, en outre de la propriété des biens dont elles avaient conservé la jouissance, des compensations territoriales. Quant au séquestre de la première espèce il a été maintenu ; les anciennes populations de ces biens ont également bénéficié de nouveaux territoires.

* * *

Depuis la conquête, les ventes d'immeubles de particulier à particulier ont été entravées dans deux sens différents : tantôt les obstacles provenaient des indigènes, tantôt ils avaient pour cause des mesures de précaution gouvernementales.

Dans l'un et dans l'autre cas et que la difficulté provînt des vainqueurs ou des Arabes, il est à supposer qu'une des conséquences fréquentes des aliénations consenties par des indigènes au profit des Européens ait influé sur les entraves apportées aux transactions de ce genre. Trop souvent les ventes d'immeubles devaient être des actes de subordination des indigènes envers les colons qui achetaient à bas prix des propriétés pour les cultiver avec l'aide du travail des indigènes. Si, d'une part, les indigènes attaquaient, sous un prétexte quelconque, des ventes par lesquelles ils se croyaient lésés, d'un autre côté l'Etat, rempli d'une égale sollicitude envers les deux éléments principaux de la population, désirait, quoiqu'il fût, en présence des réclamations des indigènes, disposé à réagir, protéger autant que possible la propriété entre leurs mains et les mettre à l'abri de tentations passagères qui les eussent entraînés à céder leurs biens inconsidérément. De vastes propriétés acquises rapidement et facilement pouvaient rester incultes à moins que les indigènes qui les avaient cédées ou d'autres, à leur place, ne continuassent à les cultiver, cas auquel les achats, fort peu onéreux pour les acquéreurs, avaient uniquement pour effet d'imposer aux anciens habitants des maîtres sous le nom de propriétaires.

Il arrivait fréquemment que les indigènes s'opposassent à une vente conclue ou à conclure en invoquant l'inaliénabilité d'un immeuble frappé de main-morte par la loi musulmane. Dans un sens large le *habous* ou droit de main-morte est identique au *wacf* des autres pays musulmans. *Ouacafa* est un verbe arabe qui veut dire se tenir debout, être immobilisé et un *wacf* est un immeuble rendu inaliénable pour une durée indéfinie et destiné par son propriétaire soit à la création ou à l'entretien d'une fondation pieuse, d'une mosquée ou d'une institution de bienfaisance, soit à l'usage d'une personne ou d'une famille. Dans un sens plus spécial, le *habous* est un acte d'une espèce absolument privée par lequel un immeuble est constitué en bien de main-morte au profit d'une ou de plusieurs personnes désignées nominativement comme devant se succéder les unes aux autres dans la jouissance ou même au profit d'une famille jusqu'à ce qu'elle soit éteinte. En cas d'extinction de la postérité du donataire ou lors du décès des derniers bénéficiaires énumérés, la chose fait retour à celui qui a constitué le droit ou à ses descendants, en donnant, parmi ceux-ci, la préférence aux femmes présumées plus pauvres que les hommes. Alors l'immeuble cesse d'être frappé de main-morte et redevient aliénable.

Le *habous* peut aussi avoir pour objet des biens immeubles dont la nue propriété seulement est donnée à des établissements religieux ou d'utilité publique, mais dont l'usufruit insaisissable est réservé au donateur, à ses descendants et aux descendants de ceux-ci, tant qu'ils restent fidèles à la foi musulmane.

Il s'établit par un acte passé devant le Cadi.

La législation française a maintenu cette main-morte arabe. Un arrêt de la Cour de Cassation du 4 Avril 1882 a décidé qu' « aucun texte

« législatif n'a supprimé l'institution du *Habous*
« qui continue à subsister avec le caractère de
« transmission à titre successoral et dans les
« conditions de la loi musulmane. » Toutefois ce
droit ne peut plus être opposé aux tiers acquéreurs
car, pour assurer entre leurs mains la propriété
des biens vendus, il a été décidé qu'un motif
d'inaliénabilité fondé sur la loi musulmane ne
peut pas être une cause de rescision de la vente.
Cela résulte de la loi du 16 Juin 1851 et de l'ordonnance du 30 Octobre 1858.

Une partie seulement des immeubles constitués
en *habous* a été dévolue à l'État.

Le rapport présenté à l'Empereur par le Prince
Jérôme Napoléon, Gouverneur général de l'Algérie, au sujet des mesures édictées par cette ordonnance du 30 Octobre 1858, contient ce qui suit :

« L'État aurait pu, à titre de dévolutaire
« définitif, puisqu'il avait pris à sa charge
« l'administration de tous les établissements
« religieux et autres existant dans l'ancienne
« régence, statuer uniquement dans son intérêt et,
« s'appuyant sur la loi musulmane, prononcer
« la nullité de tout contrat relatif à des biens
« frappés de habous. De plus hautes considéra-
« tions le dirigèrent : il pensa avec raison que ce
« qui importait le plus était de protéger la consti-

« tution de la propriété privée et c'est dans cet
« esprit qu'il interdit d'attaquer les ventes
« d'immeubles pour une cause d'inaliénabilité
« fondée sur la loi musulmane. »

Lorsqu'il s'agissait du *habous* invoqué par les indigènes, l'État se refusait à remettre en question des transactions accomplies ; mais, soucieux de défendre les indigènes contre l'exploitation de la part de particuliers européens, il rendait lui-même inaliénables, à l'égard des colons, des propriétés qui eussent pu être vendues en vertu de la loi musulmane.

C'est l'article 14 de la loi du 16 juin 1851 qui en avait ainsi disposé en interdisant d'aliéner, au profit des personnes étrangères à une tribu, aucun droit de propriété privée ou collective portant sur le sol du territoire de cette tribu. A l'État seul était réservée, dans les territoires militaires, la faculté d'acquérir la propriété des immeubles dans l'intérêt des services publics ou de la colonisation.

Un décret du 16 Février 1859, rendu sur l'initiative du Prince Jérôme Napoléon, abrogea temporairement cette prohibition et restitua aux indigènes établis en territoire militaire la faculté d'aliéner leurs propriétés privées par des ventes à des particuliers.

« L'Empereur, avait écrit le Prince, ne voudra
« pas maintenir ces prohibitions (celles de l'article
« 14 de la loi du 16 Juin 1851) car elles faussent
« l'esprit de la loi en isolant, dans l'étroite
« enceinte des territoires civils, les garanties dont
« la propriété régulièrement assise doit jouir
« partout où elle existe, et elles constituent une
« entrave sérieuse à la meilleure des colonisations
« celle qui, confiante dans sa propre force, sait
« marcher sans l'appui de l'administration et se
« développe par la seule puissance des intérêts
« individuels. »

Mais déjà le 7 Mai 1859 l'ancienne prohibition de vendre à des étrangers une propriété quelconque située en territoire militaire fut rétablie et elle subsista jusqu'au Sénatusconsulte du 22 Avril 1863.

Ce fut l'article 6 de ce Sénatusconsulte qui abrogea la prohibition de vendre portée par l'article 14 de la loi du 16 Juin 1851.

« Néanmoins, aux termes du Sénatusconsulte,
« la propriété individuelle qui sera établie au
« profit des membres des Douars ne pourra être
« aliénée que du jour où elle aura été régulière-
« ment constituée par la délivrance des titres. »

Les deux lois du 26 Juillet 1873 et du 28 Avril 1887 ont elles-mêmes abrogé cette dernière restriction et rendu toutes les propriétés indigènes aliénables.

*
* *

Le Sénatusconsulte du 22 Avril 1863 dispose, article 1ᵉʳ : « Les tribus de l'Algérie sont déclarées « propriétaires des territoires dont elles ont la « jouissance permanente et traditionnelle, à « quelque titre que ce soit. »

En outre, le Sénatusconsulte prescrit :

1° La délimitation des territoires des tribus et leur répartition entre les différents Douars qui les composent.

2° La distinction à faire entre :

A. — La propriété individuelle des membres de la tribu. Cette propriété peut être fondée sur un titre antérieur à la conquête ou résulter de l'état des lieux, des constructions, des clôtures, des haies ou d'autres signes apparents. Les terres de cette espèce sont appelées *melk*.

B. — Le Domaine de l'Etat comprenant notamment les bois et forêts et les biens du Beylic.

C. — Le Domaine public.

D. — Les biens communaux.

E. — La propriété individuelle à établir au profit

des membres des Douars par le partage des territoires occupés collectivement.

On nomme *arch* les territoires qui sont la propriété collective des membres de la tribu ; leur existence est simplement constatée par le Sénatusconsulte ; il ne l'a reconnue que transitoirement et son exécution a pour but d'y mettre fin en attribuant ces territoires aux Douars à titre de biens communaux pour une partie et aux membres du Douar à titre de propriété individuelle pour l'autre partie.

On oppose *melk*, propriété privée, individuelle et aliénable à *arch*, propriété collective comme on l'oppose à *wacf* ou à *habous*, main-morte.

Le Sénatusconsulte du 22 Avril 1863 a eu pour but : la constitution et le développement de la propriété individuelle, la désagrégation de la tribu et l'amoindrissement du pouvoir des chefs par la suppression de la propriété collective ; l'indivision pouvait cependant être maintenue comme conforme à l'esprit du Sénatusconsulte et aux mœurs des tribus les plus éloignées.

Antérieurement à la conquête on distinguait, en Algérie, trois sortes de territoires appartenant aux tribus.

Il y avait premièrement les terres *maghzen*, données en pleine jouissance aux indigènes par les Turcs, sous la condition de fournir le service militaire.

En second lieu, de vastes territoires étaient appelés *arch* dans les provinces d'Alger et de Constantine ou *sabega* dans la province d'Oran ; plus de la moitié du sol algérien était *arch*. Les tribus qui occupaient ces territoires semblaient n'avoir qu'un droit de jouissance ; on en concluait, conformément aux principes du droit musulman d'après lequel le sol des pays conquis par la violence appartient au Souverain, que la nue propriété des terres *arch* revenait à l'Etat, comme successeur de la puissance ottomane qui l'avait précédé.

En troisième lieu, il existait des terres *melk* appartenant en toute propriété aux indigènes.

Les tribus étaient établies soit en terre *arch* soit en terre *melk*, mais dans l'un et l'autre cas, leurs membres possédaient des propriétés privées qui étaient *melk* et des terres de parcours ou cultivées en commun qui étaient *arch*. Seulement, dans les territoires *arch* la propriété collective était beaucoup plus étendue que dans les tribus établies en terre *melk*. Chez ces dernières la terre *arch* proprement dite existait, représentée par un petit groupe de biens communs ou collectifs.

Depuis le Sénatusconsulte du **22 Avril 1863**, la

terre *arch* appartient aux tribus et aux douars ; il a en effet déclaré, par son article 1er, les tribus propriétaires de tous les territoires dont elles ont la jouissance permanente et traditionnelle, à quelque titre que ce soit. L'Etat ne peut donc pas, en se fondant sur l'opinion de certains jurisconsultes basée sur la loi musulmane, revendiquer des droits de propriété sur la terre *arch*. Toutefois, d'après les dispositions les plus récentes, certaines portions de ces territoires peuvent être attribuées aux Domaines s'il est reconnu qu'elles doivent être classées parmi les biens vacants et sans maître ou en déshérence.

De tout temps, les biens en déshérence ont fait retour à l'Etat parceque, sur ce point, la loi musulmane est conforme à la loi française ; mais il en est autrement des biens vacants et sans maître. D'après le droit musulman, ces derniers rentrent soit dans la catégorie des terres mortes, *érazi mouat* qui, n'appartenant à personne, sont susceptibles de devenir propriété privée par une prise de possession réelle, soit dans les groupes de terres qui dépendent d'une localité habitée et sont l'objet d'une propriété collective.

Si la loi du 16 Juin 1851 avait attribué aux Domaines les biens vacants et sans maître, en ce qui concerne les Français et les étrangers, il n'en était pas de même en ce qui concerne la propriété indigène ; celle-ci n'était dévolue à l'Etat qu'en vertu du droit musulman (article 4).

Par contre, la loi du 26 Juillet 1873 qui a déclaré applicables à la propriété immobilière indigène presque tous les principes de la loi française, sous la réserve du maintien du statut personnel et des règles de succession des indigènes entre eux, a supprimé la distinction faite par l'article 4 de la loi du 16 Juin 1851 entre les propriétés indigènes ou européennes et elle a dévolu à l'Etat les biens vacants des tribus. (Loi du 26 Juillet 1873, article 3, § 2).

Malgré cette disposition législative formelle, les biens vacants et sans maître ne devaient pas être attribués immédiatement à l'Etat par les commissaires délimitateurs chargés de reconnaître les immeubles des tribus ; ils étaient réservés dans une catégorie spéciale. Ce n'est que depuis le décret du 18 Juillet 1890 que les biens de cette nature sont classés sur le champ parmi les Domaines de l'Etat par les commissaires agraires.

Dès le principe, la législation concernant la propriété indigène en Algérie s'est efforcée de transformer la propriété collective des Arabes en propriété individuelle. A ce point de vue, on séparait théoriquement les Arabes en deux groupes : les Kabyles, plus sédentaires, et les Arabes proprement dits qui étaient des nomades vivant sous un régime plus patriarcal.

Chez les Kabyles dont on évaluait le nombre à sept cent mille ou même à un million, on trouvait la propriété du sol divisée et répartie entre les membres de la tribu ; chez ces populations que l'on supposait descendre des anciens habitants de la contrée, les immeubles étaient régis par des usages qui rappelaient le droit romain et différaient des coutumes musulmanes. Les Arabes eux-mêmes ne semblent leur avoir donné le nom qu'ils portent que parcequ'ils les considéraient comme des tribus mieux constituées et organisées plus solidement que les leurs ou que celles des autres Algériens.

Chez les Arabes nomades, les mœurs patriarcales s'opposaient, en Algérie comme autrefois en Arabie, à l'établissement d'une propriété immobilière solide. Le fondateur de leur religion ne paraît pas avoir tenu en grande estime la propriété immobilière qui, par les inégalités sociales qui en sont la conséquence, ne cadrait pas avec ses idées de nivellement.

« Coraïtes, s'était en effet écrié Mahomet lors de
« son entrée triomphale à la Mecque, il n'y a plus
« d'autre Dieu que Dieu ! Il a rempli aujourd'hui

« ses promesses à son serviteur, et fait triompher
« son nom unique des ennemis qui le défiguraient !
« Plus d'idolâtrie ! plus d'inégalités sur la terre !
« plus de superbe différence fondée sur l'antiquité
« des généalogies et des ancêtres ! Tous les hom-
« mes sont enfants d'Adam et Adam est l'enfant
« de la poussière ! Le but commun de la création
« est une société fraternelle »[1].

Faisant paître leurs troupeaux dans leurs montagnes, vivant sous la tente, ne cultivant la terre que par des procédés d'agriculture primitifs, ignorant les fermes, les assolements, les engrais, les jachères, les Arabes ne connaissaient pour ainsi dire pas la propriété privée. L'eussent-ils mieux connue qu'ils l'auraient peu appréciée comme contraire à l'esprit de leurs lois divines et humaines. Quand, dans un intérêt économique ou agricole, ils l'établissaient sur leurs territoires, c'était avec de tels tempéraments et sous de telles réserves, qu'elle revêtait le caractère d'un droit collectif peu susceptible de donner naissance à des inégalités.

Ce droit de propriété collective, peu favorable au développement de la culture, qui contribuait surtout à accroître les pouvoirs des checs et des

---

1. Lamartine, Histoire de la Turquie.

autres autorités chargées de la répartition des biens entre les indigènes, la Métropole l'a combattu dans sa colonie, conformément aux principes de son droit civil ; mais, respectueuse des propriétés des Arabes, elle a, d'une part, constaté l'existence des biens fonds qu'ils possédaient à titre de propriété privée et, d'autre part, transformé en propriétés individuelles les droits qu'ils avaient en commun sur certains territoires.

Des douze cent mille hectares qui, jusqu'en l'année 1885, avaient été attribués à ces deux titres différents aux indigènes, plus de soixante mille appartenaient à la tribu des Ghossels, de race arabe, qui, à la fin du XIVme siècle, s'était établie dans la contrée située au Nord de Tlemcen.

Les opérations de délimitation entreprises chez les Ghossels relevèrent un territoire de soixante et un mille six cents hectares environ, uniformément détenu par les membres de la tribu à titre de propriété privée ; il fut réparti en six Douars ou communes.

Comme il n'existait pas de forêts sur le sol de la tribu et que les biens communaux faisaient également défaut, hormis 228 hectares de cimetières et de tombeaux qui composèrent le patrimoine communal, il n'y eut pas lieu de s'occuper de la création de biens de parcours pour les Douars.

Outre 57.868 hectares de propriétés privées, le sol de la tribu fournit 2.261 hectares, provenant pour la plupart de biens *habous* ou séquestrés qui, à la date du 20 juin 1885, restaient aux domaines de l'Etat, déduction faite des aliénations et des concessions accordées à des colons européens ; 1.262 h. représentant la superficie des cours d'eau et des chemins vicinaux, rentrèrent, à part cela, dans la catégorie des dépendances du domaine public.

Sur les 57.868 h. possédés à titre de propriété privée par des particuliers, 185 hectares avaient été acquis des indigènes par des Européens.

1.186 h. étaient d'anciens biens domaniaux qui avaient été concédés ou vendus à des colons.

4.359 h. avaient été attribués aux habitants de Tlemcen.

52.138 hectares environ demeuraient entre les mains des Ghossels.

A dater de la loi du 26 Juillet 1873 qui, sauf en ce qui se rapporte aux successions, a rendu applicables à la propriété indigène, tous les principes qui régissent en France la propriété immobilière, l'indivision, ce genre de copropriété qui, sans être collective n'en laisse pas moins subsister, avec beaucoup d'atténuation, une partie des effets de la collectivité, ne peut être maintenue entre indigènes que sous les conditions de la loi française, c'est-à-dire que l'initiative de l'un des copropriétaires suffit pour la supprimer à moins que sa continuation ne soit stipulée par une convention d'une durée de cinq ans au plus, avec faculté de renouvellement, (art. 4 de la loi du 26 Juillet 1873).

C'était appliquer aux vestiges qui subsisteraient de l'ancienne organisation de la propriété chez les Arabes, le principe du *liberum veto* de l'ancienne Pologne, à la différence qu'il dépendait de la volonté d'un seul de mettre fin à l'ordre de choses existant et non de s'opposer, contre les vœux de tous, à une action commune.

L'indivision, où semble pourtant s'être retranchée la propriété collective, reçut un nouveau coup dans la loi du 28 Avril 1887. L'article 3 de cette loi prévoit le cas d'une propriété possédée indivisément par plusieurs familles et ordonne que, si elle est constatée au cours des opérations agraires, il sera procédé d'office à la répartition, entre ces familles, des immeubles commodément partageables.

D'après les dispositions législatives les plus récentes et les dernières instructions, le gouvernement procède à peu près de la manière suivante dans les communes et douars où il dirige les opérations de colonisation ;

Les commissaires chargés des opérations agraires composent un premier groupe de terres destinées à devenir le domaine de l'Etat pour être divisées plus tard en lots qui seront mis en vente et adjugés à des colons français. Ce domaine de l'Etat comprend non seulement toutes les terres revenant à l'Etat en vertu d'un titre et qui, antérieurement déjà, faisaient partie du domaine public, mais encore tous les biens vacants, sans maître ou en déshérence, c'est-à-dire, outre les biens qui font retour à l'Etat par suite d'extinction de la famille, tous ceux que le droit musulman appelle *érazii mouat* et qui, en qualité de *res nullius*, peuvent être appropriés par l'occupation ou la prise de possession réelle. La fécondation de la terre est donc proscrite comme moyen d'acquérir la propriété et tous les nouveaux propriétaires devront tenir leur droit de l'Etat, le mode d'acquisition ordinaire pour les particuliers qui ne traitent pas directement avec les propriétaires antérieurs étant celui d'une vente aux enchères publiques.

Ce premier groupe du domaine de l'Etat est celui qui, en dernière analyse et sous réserve du maintien des forêts domaniales, doit être la part des colons de nationalité française et c'est le plus considérable car on y comprend toutes les terres en général, à l'exclusion de celles qui sont l'objet d'une propriété privée ou collective.

Le second groupe est celui des immeubles communaux, affectés à des services communaux ou au parcours communal. Propriété publique comme le premier groupe, il appartient à la commune ou au douar, à l'inverse du premier qui a l'Etat pour maître. Il n'est pas nécessaire non plus que le caractère communal d'un immeuble résulte d'un titre ; cette qualité peut être présumée.

Il existe, pour finir, une troisième catégorie d'immeubles dépendant du domaine public : ce sont notamment les sources et les puits à l'usage commun et qui ne doivent pas figurer parmi les biens communaux. Ces immeubles d'une utilité générale sont exactement délimités, avec leurs abords, sur le plan que dressent les commissaires agraires.

Ceux-ci relèvent ensuite toutes les terres occupées par les indigènes et en composent deux groupes qui comprennent l'un les biens possédés à titre de propriété privée et l'autre les territoires sur lesquels s'étend la propriété collective du douar. De même que les domaines de l'Etat sont destinés à être répartis en lots entre les colons, cette collectivité doit, ultérieurement, être soumise à des opérations de constitution de propriété individuelle conformément au Titre II de la loi du 26 Juillet 1873.

En conséquence, les opérations de régularisation agraire reconnaissent, en premier lieu, et sanctionnent l'existence de la propriété privée indigène.

En second lieu, elles délimitent deux territoires destinés l'un et l'autre à la constitution de nouvelles propriétés : celui de la collectivité pour les indigènes et celui du Domaine de l'État pour les colons.

Enfin la commune ou Douar reçoit l'attribution des immeubles communaux ou affectés à un service communal ainsi que le parcours communal en même temps que les sources et puits destinés à un usage public sont délimités et classés dans la catégorie des dépendances du domaine public. (Décret du 18 Juillet 1890 et instructions de la circulaire gouvernementale qui s'y rapporte).

Si, négligeant les ordonnances de la Monarchie de Juillet qui avaient, avant tout, pour objet la régularisation des ventes portant sur l'ancienne propriété privée indigène, on suit la marche de la législation sur la propriété en Algérie pendant la seconde moitié de ce siècle, on la voit se développer progressivement sous deux rapports principaux.

Premièrement, en ce qui concerne les domaines de l'État et la portion territoriale affectée au service de la colonisation, on constate, depuis la loi du 16 Juin 1851 jusqu'au Décret du 18 Juillet 1890, en passant par le Sénatusconsulte du 22 Avril 1863 et les lois du 26 Juillet 1873 et du 28 Avril 1887, une tendance progressive à accroître ces Domaines en leur attribuant les terres laissées incultes par les indigènes. Entre la loi du 16 Juin 1851 qui, beaucoup plus réservée, ne déclarait dévolus à l'État que les biens désignés par le droit musulman et la manière actuelle de procéder qui incorpore dans les Domaines les biens vacants et sans maître, se place un essai de colonisation exceptionnel auquel on a donné le nom de *cantonnement*. Ce système consistait à ne laisser aux tribus qu'une partie de leur territoire nécessaire à leurs besoins et à coloniser le restant. Comme le séquestre, avec lequel il offrait quelque analogie le cantonnement était défavorable aux indigènes et l'on a abandonné, après quelques essais pratiqués sur un territoire peu étendu, le système de cantonner les tribus en circonscrivant leur patrimoine. Cependant si, faisant abstraction de cette exception temporaire qui avait déjà pris fin antérieurement au Sénatusconsulte de 1863, on rapproche la législation actuelle de celle qui était en vigueur pendant les vingt premières années de la seconde moitié de ce siècle, on constate qu'une tendance à accroître les Domaines et, par suite, à traiter moins libéralement les tribus, a abouti, par une transformation progressive du principe juridique admis au début, à enlever aux indigènes les terrains incultes, destinés à être livrés aux colons comme les autres Domaines cultivables de l'État.

Sur un second point, la progression aboutit, dans la loi, sinon encore en fait, à la suppression de la propriété collective. Reconnue transitoirement par le Sénatusconsulte du 22 Avril 1863, époque à laquelle on la considérait comme pouvant être maintenue temporairement à cause de sa conformité avec les mœurs des tribus les plus éloignées, elle a été abolie par les deux lois subséquentes et n'existe plus de nos jours que par la force des choses dans les tribus où les territoires possédés en commun n'ont pas encore été convertis en propriétés individuelles. Limitée d'abord à la collectivité proprement dite c'est-à-dire aux terres de culture possédées en commun par la tribu entière, la prohibition légale s'est étendue ensuite à certains genres d'indivision où l'on pouvait retrouver la collectivité dans des proportions plus modestes, et les commissaires agraires reçurent de la loi du 28 Avril 1887 la mission de partager les immeubles qui étaient l'objet d'une copropriété entre plusieurs familles.

L'organisation et l'établissement de la propriété privée d'une part, l'accroissement de l'étendue des territoires à livrer à la colonisation d'autre part, sont l'œuvre poursuivie par la législation française en Algérie pendant la seconde moitié de ce siècle.

La propriété privée ne manque certes pas de défenseurs en France; mais si beaucoup de gens la considèrent comme une institution qui est la pierre angulaire de la Société, de nombreux penseurs la rejettent et tendent par leurs écrits vers un état social d'où elle serait exclue. Sans y avoir un intérêt direct comme des ouvriers et des fermiers qui voudraient supprimer la redevance qu'ils payent au propriétaire du sol pour un droit, pour un capital si l'on veut, dont l'origine est parfois peu nette et la provenance nébuleuse, de nombreuses classes de la population sont favorables à la diminution de la puissance que les lois accordent à l'individu sur les immeubles. Cet état des esprits dans la Métropole devrait être pris en considération lorsque, dans une colonie, le Gouvernement se trouve en présence d'une institution juridique et économique qui par elle-même n'offre rien d'injuste, qui repose au contraire sur l'équité, sur l'égalité, sur des principes enfin qui sont chers au cœur de tous les Français et qui ne deviendrait inique que si, pour l'établir, il fallait léser des droits.

Economiquement la propriété individuelle l'emporte sur la propriété collective, telle qu'elle existe chez les Arabes ; c'est un progrès chez des populations denses qui, par un travail individuel rémunéré par la générosité du sol, exigent de la terre tout ce qu'elle peut produire ; mais de ce que la propriété collective des Arabes n'est pas comparable par ses résultats matériels à la propriété privée, il ne s'ensuit pas qu'elle soit elle-même imperfectible et qu'elle ne puisse rendre de grands services à l'Algérie. D'une part, c'est une nécessité pour ces populations peu stables que de posséder en commun des terrains sur lesquels elles engraissent ou élèvent des troupeaux qui eux-mêmes appartiennent à la tribu indivisément ; c'est encore une nécessité à cause de leurs procédés de culture qui ne comportent point de fumure et s'accommodent mieux de l'abandon momentané des terres labourables et des pâturages ; d'autre part, la propriété collective indigène réformée fournirait, par sa grande puissance de travail associé, des résultats qui, si le progrès agricole devenait son auxiliaire, laisseraient loin derrière eux tous ceux des entreprises individuelles. Pour les colons comme pour les Arabes, ce serait une institution qui, sous des formes diverses, porterait des fruits excellents dans la colonie, à côté de la propriété privée qui y a déjà des racines profondes.

*
* *

En principe, les ventes d'immeubles appartenant à des indigènes sont soumises aux mêmes formalités, quant à l'authenticité et à la transcription, que les aliénations des biens fonds des Européens.

S'il s'agit des localités soumises aux opérations de constatation et de constitution de la propriété indigène prévues par les lois agraires, il y a lieu de distinguer deux périodes.

Si les opérations sont terminées et les titres de propriété conférés aux indigènes, les aliénations d'immeubles sont soumises quant à la forme et à l'authenticité des actes ainsi qu'à la transcription, aux règles suivies pour les ventes immobilières en France.

Antérieurement à la délivrance des titres de

propriété, les transactions immobilières sont permises aux indigènes ; mais il faut encore une fois établir une distinction entre les immeubles qu'ils possèdent à titre de propriété privée et ceux qui sont compris dans la propriété collective. Quant à ces derniers, il peut y avoir seulement une promesse de vente suivie ou non d'effet selon les résultats d'une enquête (Loi du 6 Avril 1887). Quant à leurs propriétés privées, les indigènes sont autorisés à les vendre à des Européens avant la délivrance des titres, à la condition d'observer les formalités spéciales prescrites par l'article 6 de la même loi.

Entre eux les indigènes peuvent vendre et acheter leurs biens conformément à la loi musulmane qui n'exige aucune espèce de forme pour les contrats, mais seulement dans les localités où les opérations agraires ne sont pas arrivées à leur terme et jusqu'à la délivrance des titres administratifs de propriété à partir de laquelle leurs immeubles sont soumis à la loi française.

Au 1er Octobre 1885 les titres de propriété indigènes délivrés ou en préparation concernaient 169 Douars et s'appliquaient à une superficie de 1.239.375 hectares.

L'article suivant de la loi du 26 Juillet 1873 désigne, en les divisant en trois groupes, les transactions immobilières auxquelles la loi française est rendue applicable :

Article 2. « Les lois françaises et notamment celle du 23 Mars 1855 sur la transcription, seront appliquées aux transactions immobilières :

« 1° A partir de la promulgation de la présente loi, pour les conventions qui interviendront entre individus régis par des statuts différents ;

« 2° A partir de la même époque pour les conventions entre Musulmans relatives à des immeubles situés dans les territoires qui ont été soumis à l'application de l'ordonnance du 21 juillet 1846 et dans ceux où la propriété a été constituée par voie de cantonnement ;

Les territoires des villes d'Alger, Blida, Oran, Mostaganem, Bône, Constantine et leurs banlieues ont été soumis à l'application de l'ordonnance du 21 juillet 1846.

« 3° Au fur et à mesure de la délivrance des titres de propriété pour les conventions relatives aux autres immeubles ».

Les opérations agraires comportent deux degrés.

Le premier est celui de la délimitation territoriale à laquelle il est procédé conformément au Sénatusconsulte du 22 Avril 1863.

Le second degré est celui de la constatation ou de la constitution de la propriété individuelle dans les territoires délimités ; et, en vertu des lois du 26 Juillet 1873 et du 28 Avril 1887, il y a lieu à constater ou à constituer la propriété privée selon que les biens possédés par les indigènes le sont à titre individuel ou à titre simplement collectif.

La délimitation territoriale est un acte public, en quelque sorte ; du moins, il ne touche qu'à des intérêts généraux, laissant de côté les droits des particuliers dont il ne s'occupe pas encore. Les commissaires délimitateurs reconnaissent et tracent sur leur plan le périmètre du territoire de la tribu, puis ils le répartissent entre les Douars ou Communes ; pour chaque commune, ils indiquent quels sont les Domaines de l'Etat, les biens communaux, la propriété collective, la propriété privée et les dépendances du Domaine public.

Au second degré, les opérations agraires prennent un caractère privé, quoiqu'il y demeure un intérêt général en jeu, puisque, la plupart du temps, elles sont entreprises pour l'ensemble des propriétaires indigènes des localités qui sont désignées par le Gouverneur général civil ; qu'elles aient pour but de constater un droit préexistant de propriété privée ou qu'elles constituent, à l'aide du partage des biens collectifs, de nouveaux droits individuels, elles aboutissent, dans les deux cas, à la délivrance, par l'Administration des Domaines, d'un titre français qui forme le point de départ unique de la propriété, à l'exclusion de tous droits antérieurs.

Le colon européen qui achète un immeuble en Algérie doit, avant tout, s'assurer de la possession de ce titre français par le vendeur.

Si le vendeur ne possède pas ce titre, dont l'octroi clôture les opérations agraires, les conditions de la vente, pour laquelle la forme authentique n'en est pas moins requise, sont énumérées par les deux lois du 26 juillet 1873 et du 28 Avril 1887.

1° Premièrement, s'il s'agit d'un immeuble qui est l'objet d'une propriété privée, les formalités et conditions sont les suivantes :

« Le contrat sera reçu par un notaire. Un plan indiquant les tenants et aboutissants de l'immeuble vendu y sera annexé. Un extrait de ce même contrat sera remis à l'administration des domaines, avec la copie du dit plan.

« Pareil extrait, avec une copie du plan, sera déposé au greffe de la justice de paix de la situation des biens en vue du bornage de l'immeuble.

« L'acquéreur devra consigner au greffe une somme égale au montant des frais présumés des opérations ci-après indiquées.

« Les opérations de bornage seront, à la diligence du greffier, portées au moins vingt jours à l'avance : 1° à la connaissance du public, par l'insertion aux journaux et la publication dans les conditions et aux fins énoncées à l'article 8 de la loi du 26 Juillet 1873, d'une copie du dit extrait mentionnant la date fixée pour le bornage par le juge de paix ; 2° à la connaissance de l'Administration des domaines par un avis spécial adressé au directeur sous pli chargé.

« Le juge de paix, assisté de l'acquéreur, procédera au bornage en présence du vendeur ou lui dûment appelé, conformément aux limites indiquées au contrat et au plan.

« Le procès-verbal de l'opération constatera l'accomplissement des formalités de publicité et contiendra les réclamations et revendications formulées par les tiers intervenants ; la date de sa clôture sera portée à la connaissance du public et de l'administration des domaines, dans la même forme que la date de l'ouverture des opérations.

« Toute nouvelle réclamation ou revendication devra, à peine de déchéance, être formulée entre les mains du greffier, dans le délai de quarante-cinq jours, à dater de celui où la clôture du procès-verbal de bornage aura été rendue publique. Elle sera inscrite à la suite du procès-verbal et avis en sera donné à l'acquéreur et au vendeur, à leur domicile élu, par lettre chargée à la poste.

« A défaut de réclamation ou de revendication, le certificat négatif prévu par l'article 30 sera délivré par le Juge de Paix.

« Au vu du certificat négatif délivré par le Juge de Paix, l'administration des domaines délivrera les titres de propriété, comme il est dit à l'article 30 de la loi de 1873, et le service des contributions directes sera tenu d'établir, au vu de ces titres, la matrice foncière. »

(Article 6 de la loi du 27 Avril 1887).

« Dans le cas où les droits révélés par les réclamants affecteraient non le prix mais les conditions mêmes du contrat, et où ils seraient reconnus fondés par le vendeur, l'acquéreur aura la faculté, soit de persister dans son acquisition, en demeurant soumis aux charges et conditions qui se sont manifestées, soit d'y renoncer, sauf son recours contre le vendeur pour les frais et loyaux coûts exposés et tous dommages-intérêts s'il y a lieu.

« Si, au contraire, les droits qui se sont révélés sont contestés par le vendeur, celui-ci sera tenu d'introduire, dans le délai d'un mois, l'instance destinée à en purger l'immeuble, à peine de résiliation de la vente, le tout à ses risques et périls.

« Si aucune réclamation ou revendication ne s'est

produite dans le délai prescrit, les réclamations et revendications ultérieures n'ouvriront plus au prétendant droit qu'une action sur le prix, s'il n'a pas été payé, et s'il a été payé, qu'une action directe et personnelle contre le vendeur.

« Dans ce cas, le procureur de la République délivrera à l'acquéreur, sur sa demande, un certificat négatif sur papier libre.

« Au vu de ce certificat, le service des domaines délivrera le titre français, lequel enregistré par duplicata et mentionné en marge de la transcription de l'acte de vente notarié, formera le point de départ unique de la propriété à l'exclusion de tous droits antérieurs. »

(Articles 29 et 30 de la loi du 26 Juillet 1873).

2° Secondement, l'immeuble possédé par l'indigène peut rentrer dans la classe des biens collectifs et alors il intervient entre l'acquéreur et le vendeur un contrat de promesse de vente, suivi éventuellement de la délivrance des titres de propriété, aux conditions ci-dessous :

« Les immeubles dépendant des territoires de propriété collective où les opérations prescrites par le chapitre 2 du Titre II de la loi du 26 Juillet 1873 n'ont pas encore été commencées, pourront donner lieu à des promesses de vente au profit d'Européens, à la charge par l'un des contractants de se mettre en instance, dans le délai de trois mois, pour obtenir de l'administration la délivrance d'un titre de propriété. Passé ce délai, faute de requête en délivrance de titre, la promesse de vente sera nulle de plein droit.

« La requête en délivrance de titre sera appuyée d'un extrait du contrat notarié, du plan de l'immeuble et de la consignation des frais.

« Au plus tard un mois après le dépôt de la requête, il sera procédé à une enquête par l'administrateur du territoire ou l'un de ses adjoints. Vingt jours au moins à l'avance, l'ordonnance indiquant le jour de cette enquête sera insérée au « Journal officiel de l'Algérie ».

« Elle sera, en outre, affichée et publiée suivant les formes et aux fins énoncées à l'article 8 de la loi du 26 Juillet 1873, en même temps qu'avis en sera donné à l'Administration des domaines dans les formes prévues par l'article 6.

« Le procès-verbal de cette enquête, qui sera suivi d'un bornage, restera déposé à la mairie pendant le délai de quarante-cinq jours aux fins indiquées aux articles 14 et 15 de ladite loi. La traduction en arabe sera déposée, pendant le même délai, entre les mains du cadi. Ce dépôt sera porté à la connaissance des intéressés par un avis affiché au chef-lieu de la commune et par des publications sur les marchés de la tribu.

« Le lendemain de l'expiration du délai, le commissaire-enquêteur se transportera sur les lieux à l'effet de vérifier l'objet des réclamations et d'arrêter définitivement ses conclusions sur ces réclamations et en général sur tous les droits réels pouvant affecter l'immeuble, objet de la requête.

« L'homologation du procès-verbal de ladite enquête et l'établissement des titres auront lieu dans les conditions déterminées par l'article 20 de la loi du 26 Juillet 1873 et par la loi du 14 Juillet 1879.

« Le service des contributions directes sera tenu d'établir, au vu des titres, la matrice foncière de l'immeuble. »

(Articles 7, 8, 9 et 10 de la loi du 28 Avril 1887).

« L'arrêté d'homologation sera pris dans le délai de deux mois, à partir de la réception du dossier au secrétariat du conseil de gouvernement.

« Immédiatement après l'approbation du Gouverneur général civil, il sera procédé, par le service des domaines, à l'établissement des titres nominatifs de propriété. Ces titres seront accompagnés de plans. »

(Article 20 de la loi du 26 juillet 1873).

Juridiquement, la valeur de ces deux contrats

est différente. Dans le second cas, il y a vente sous la condition suspensive de la délivrance des titres, subordonnée à l'approbation du Gouverneur, et, faute de requête présentée dans le délai de trois mois par l'un des contractants en vue de les obtenir, la vente est nulle de plein droit.

Dans le premier cas, au contraire, il y a vente parfaite entre l'acheteur et le vendeur dès la conclusion du contrat ; seulement le législateur a cru devoir prescrire, en vue de la délivrance des titres, des formalités spéciales comprenant un bornage par le Juge de paix. Si cette vente n'est pas exécutée, elle peut donner lieu à des dommages-intérêts ; en outre, le vendeur est tenu, en cas de réclamation contestée de sa part, de garantir l'acquéreur contre l'éviction.

CHAPITRE IX

ORAN ET SES ENVIRONS

Pour se rendre d'Alger à Oran le voyageur a le choix entre la voie de terre et la voie de mer. Les deux lignes de chemins de fer principales de l'Algérie se dirigent d'Alger l'une vers Constantine et l'autre vers Oran.

Le convoi unique qui part tous les matins d'Alger pour Oran met douze heures à franchir la distance qui sépare ces deux villes. D'autres départs ont lieu en destination des stations intermédiaires comme Blida et Orléansville mais le seul train qui aille jusqu'à Oran quitte Alger de très-bonne heure. Le chemin de fer s'engage dans l'intérieur des terres et dessert les localités importantes des deux provinces telles que Miliana, Relizane et Saint-Denis du Sig qui sont situées à quelques lieues du rivage.

Selon la saison et l'état de la mer, la voie maritime offre plus ou moins d'avantages. Par un ciel presque constamment nuageux, le panorama des montagnes se voile momentanément ou demeure invisible ce qui diminue l'agrément de cette courte traversée.

D'ailleurs, si, entre Marseille et Oran, il existe des services réguliers et postaux de navigation à vapeur, il n'en est pas de même entre Oran et Alger. Probablement à cause du chemin de fer, les communications par mer manquent absolument de régularité. Des deux compagnies qui assurent le service maritime, l'une, la Société Achaque, dont les petits vapeurs côtiers effectuent habituellement des départs bi-mensuels en destination d'Oran, suspend complétement ses voyages pendant l'hiver. La seconde ligne de navigation à vapeur dont les navires vont d'Alger à Oran est la Compagnie transatlantique qui est concessionnaire des services réguliers et postaux entre Marseille et les ports de la côte Algérienne. Ses navires qui partent d'Alger en destination du détroit de Gibraltar, de l'Atlantique et des ports français tels que Bordeaux et le Hâvre, touchent à Oran ; ces départs qui ne s'effectuent pas à jour fixe, sont à peu près hebdomadaires et il y a ordinairement dans le port d'Alger un ou deux navires de cette compagnie en partance pour Oran. Ils n'ont pas, comme les paquebots, d'heure prescrite pour leur départ qui est retardé ou avancé selon le temps que l'on met à les charger, de sorte qu'une traversée de ce genre comporte un séjour de quelque durée dans le port d'Alger.

Sur ces quais couverts de fûts de vin, de dépôts de charbon et de madriers, l'Européen et l'indigène s'entr'aident fraternellement ; tous travaillent en commun avec la même ardeur, poussant les charrettes, roulant les tonneaux, hissant les ballots à l'aide de poulies. Par la force des choses la direction de tous ces travaux solidaires appartient plutôt aux Européens qu'aux indigènes qui restent chargés des plus lourds ouvrages car les équipages des navires sont exclusivement composés de gens du Nord, Français ou Anglais, qui manœuvrent les grues à vapeur et donnent des ordres du haut de leur tillac plutôt qu'ils n'en reçoivent des ouvriers occupés dans le fond des gabares ; cependant tous s'efforcent de commun accord et coopèrent en bonne intelligence au chargement et au déchargement des vaisseaux.

Un navire portant un chargement complet, composé le plus souvent d'énormes futailles de vin d'Afrique, met ordinairement trente heures à accomplir la traversée d'Alger à Oran. C'est presque toujours à la nuit tombante qu'il quitte Alger et sort du port entouré de toutes parts d'arches élevées qui supportent le boulevard de la République et les rampes qui en descendent jusque sur les quais. Le lendemain, le soleil se lève derrière les montagnes de la côte que le vaisseau ne cesse pas de longer à une assez faible distance ; on passe bientôt à la hauteur de Ténès ; le ciel généralement couvert dès le matin pendant l'hiver ne laisse voir les montagnes de l'intérieur que durant les intervalles qui séparent les ondées et les grains que l'on essuie à plusieurs reprises.

A mesure que l'on approche d'Oran, la côte devient plus plate mais elle reste ondulée et visible du navire tandis que les montagnes du continent, plus éloignées ou mieux voilées par les nuées se dérobent aux regards. Dans l'après-midi, une ligne brisée, blanche et indécise, se détache au loin sur les collines du rivage, au fond d'un golfe dont le cap extrême reste à doubler pour arriver dans les eaux d'Oran ; ce port qui se dessine vaguement à travers la brume c'est Mostaganem, ville ancienne qui fait déjà partie du Département oranais. Dans le même golfe qu'on laisse au midi se trouve Arzeu dont le phare s'allume à la nuit tombante ; de loin on aperçoit la montagne des lions, située à l'Est d'Oran, qui se confond à cette distance avec le cap Carbon que le navire doit contourner ; il entre ensuite dans les eaux du golfe d'Oran qu'éclairent les feux de son port ainsi que les réverbères allumés dans les rues ; par le clair de lune, on peut distinguer, à travers l'opacité que diminue sa pâle lumière, le morne de Santa-Cruz, nommé aussi pic d'Aïdour, au pied duquel la ville d'Oran est bâtie ; il s'élève à l'Ouest, dans la direction de Mers-el-Kébir, petit port situé sur le bras occidental du golfe, dont les feux tremblotent dans le vague de l'éloignement.

Comme Alger, Oran est une place forte où foisonnent les militaires : zouaves coiffés du turban, chasseurs d'Afrique à la jaquette bleue, qui portent au côté un long sabre et se serrent la taille dans une ceinture de flanelle rouge, les uns d'origine française, les autres indigènes, musulmans, Arabes, Maures ou Berbères. Les murs de la ville sont en pierre ; cette muraille peu élevée la défend à peine contre des coups de mains de partisans et encore faudrait-il, pour que ces fortifications fussent de quelqu'utilité, qu'ils se présentassent sous la forme de charges de cavalerie. Sans efficacité contre une armée régulière, cette clôture ferme la ville d'une façon bizarre, tantôt la serrant de très-près, tantôt s'éloignant dans la campagne et englobant non seulement des jardins et des rues incomplétement bâties, mais encore des terres de labour, des vignobles, voire même des moulins à vent.

Dans la ville proprement dite, il n'y a nulle trace de ces portiques et de ces arcades qui bordent les rues principales d'Alger et en font le plus bel ornement. Ce qui caractérise la cité oranaise ce sont des rampes, pour les voitures, et, pour les piétons, des escaliers de pierre qui mettent en communication les quartiers supérieurs avec les rues plus basses ; sans cesse, on monte ou l'on descend, pour passer d'une rue dans l'autre, ces escaliers qui, comme les rues elles-mêmes, donnent accès aux maisons des particuliers ou à des magasins.

Portant moins qu'Alger le cachet arabe ou mauresque, Oran ressemble davantage à une ville européenne ; si, pas plus qu'Alger ce n'est une ville entièrement française, c'est moins à cause de la présence de l'élément indigène que par suite du grand nombre d'étrangers qui l'habitent ; partout on parle l'espagnol ou un patois méditerranéen qui en est fortement imprégné et il n'est pas rare d'apercevoir, dans les rues, des inscriptions ou des avis rédigés en espagnol comme en arabe ou en français ; à côté des cafés et des restaurants, on rencontre aussi des « posadas » et les marchands de fruits et de légumes qui colportent leurs provisions à dos d'âne, affectent, dans leurs cris, une prédilection pour la langue de Cervantès.

Bâtie dans une situation merveilleusement belle et pleine de poésie, la ville d'Oran renferme des ruines dignes d'intérêt : du côté du port, une colline est recouverte par les restes d'une ancienne citadelle que, par antiphrase, sans nul doute, on nomme le château-neuf. Malgré leur ancienneté toutefois les hautes murailles obliques qui composent les bastions de cette forteresse où l'on a établi une caserne et des bureaux de l'administration militaire sont aussi solides et aussi lisses que si elles étaient neuves ; garnies de tourelles qui ornent leurs angles, elles témoignent d'un art architectural arrivé à sa perfection : les blocs de pierre sont joints l'un à l'autre avec une rigoureuse exactitude et la quantité de ciment employée est aussi faible que possible. Du côté de la mer, une promenade ombragée s'étend le long de cette colline. Les bastions du Château-neuf qui datent de la domination espagnole, furent commencés dès le 16e siècle et menés une première fois à bonne fin en 1701 ; plus tard, sous le règne de Charles III, ils furent repris et la partie de cette citadelle qui regarde la mer fut réédifiée ; ces ouvrages furent terminés en 1760.

Dans la ville qui est européenne d'aspect et de disposition, on rencontre plus de passants vêtus à la franque ou de soldats en uniforme que d'indigènes costumés à l'orientale, coiffés du turban ou drapés dans leur manteau à capuchon pointu.

Les femmes arabes, qui d'ailleurs sont en fort petit nombre à Oran, se tatouent à l'encre la cheville, les bras, les mains et le visage ; à ces artifices de toilette, elles joignent l'usage du henné, à l'aide duquel elles se teignent en rouge les ongles et les doigts.

Les Israélites d'Oran ferment leurs boutiques le samedi ; à en juger par le nombre de portes et de vitrines qui restent closes le jour du sabbat, leur nombre ne doit pas être moindre qu'à Alger. Parmi eux, les uns sont vêtus d'habits taillés à l'européenne ; les autres, gens à longue barbe et coiffés du fez, ont conservé un costume qui se rapproche de celui des Arabes : bas montants, culottes bouffantes et jaquette serrée autour des reins.

En janvier, à l'époque des visites de nouvel an, des chapeaux hauts de forme, luisants du coup de fer récent, se remarquent de temps à autre, circulant dans les rues ou gravissant les escaliers ; des messieurs en redingote ou même en habit noir accompagnent des dames en robe de soie qui échangent des visites de renouvellement d'année par de douces journées de printemps, troublées seulement par de rares ondées.

L'emplacement occupé par la ville moderne d'Oran est beaucoup plus considérable que celui de l'ancienne cité qui appartenait aux Espagnols. Ceux-ci avaient fortifié avec soin Oran du côté de la terre et de la mer ; colonie pour les déportés, Oran était également le séjour des grands en disgrâce et il semble que les hauts bastions et les murs d'escarpe qui défendaient ce lieu d'exil aient été construits surtout pour le rendre digne de cette destination et de l'appellation ironique de petite cour (corte chica) qu'on lui donnait.

Cette ancienne défense militaire s'appuyait principalement sur trois ouvrages : au Nord et près de la côte le Château-neuf que les Arabes appelaient aussi Château-rouge sans doute parceque les tours en étaient bâties de briques ou de tuiles rouges ; à l'Ouest et vers les pentes du morne de Santa-Cruz, la Casbah ou citadelle ; enfin vers le Sud-Est, en longeant un ravin qui donnait accès à la ville par le midi, les forts de St-André et de St-Philippe. Ces trois principaux points fortifiés formaient idéalement un triangle dont la pointe était tournée vers la mer ; ils étaient rattachés l'un à l'autre par une ligne brisée de murailles et ces travaux étaient complétés par des ouvrages avancés, des redoutes et des fortins.

Les murailles modernes datent des années 1868 et 69 ; elles s'appuyent encore, au midi, sur les anciens ouvrages de la Casbah et de St-Philippe mais elles englobent toute une ville nouvelle qui s'étage en amphithéâtre du côté de l'Orient ; elle renferme quelques monuments récents comme le Palais de Justice et l'Hôtel de ville ; les rues en sont tracées mais bâties à moitié ou au tiers à peine. Sur la hauteur, à côté des arènes, habitent les indigènes, mélange d'Arabes et de nègres au milieu desquels vivent aussi quelques européens. Les rues sont droites et larges, les maisons sans étage ou peu élevées recouvertes de terrasses, dans ce quartier spécial qui est comme un gros village situé dans l'intérieur d'une ville.

Pour bien juger de la topographie d'Oran et de ses environs, il faut faire l'ascension des hauteurs voisines et, en particulier, du morne de Santa-Cruz, aussi nommé pic d'Aïdour, qui est escarpé et rocailleux de la base au sommet ; il borne la ville du côté de l'Ouest et sert de base à sa défense maritime ; le pied du mont est occupé par deux

LE PIC DE SANTA-CRUZ A ORAN.

batteries l'une de deux l'autre de quatre canons braqués sur la mer ; la cime en est recouverte par une construction ancienne qui fut autrefois un château-fort ; un peu plus bas et regardant du côté de la mer se dresse la chapelle où se rendent, pieds nus, les habitants d'Oran qui accomplissent un vœu ou sollicitent de la Vierge une faveur quelconque : triste exemple d'une piété superstitieuse et d'une crédulité naïve. Arrivé au but, le pèlerin se hisse sur le toit de la chapelle, à l'aide d'un cable d'abord, puis en gravissant des échelons en fer scellés dans la muraille ; lorsqu'il a atteint le faîte, il s'agenouille et rampe jusqu'au clocher, dont, à trois reprises, il fait sonner la cloche. Tels sont les rites enfantins de cette pratique dévotieuse.

* * *

Il existe, au pied du morne d'Aïdour, une source d'eau thermale, jaillissant à quelques mètres du rivage de la mer. Peut-être, est-ce à cette particularité que la montagne doit son nom, tiré du mot grec : ὕδωρ, eau. Il ne serait pas impossible que cette appellation donnée à un point de la côte, voisin du port d'Arzeu qui avait un nom grec, θεῶν λιμήν, se fût conservée chez les Arabes pour être transmise sous une forme un peu différente de son origine, de même que le nom de Thessala qui s'applique aux montagnes de l'intérieur les plus rapprochées.

Au sommet du morne, le fort Santa-Cruz, restauré plusieurs fois depuis, fut construit par le Gouverneur Don Alvarez de Bazan y Silva, Marquis de Santa-Cruz, vers 1700. De l'extérieur, on aperçoit, au sommet de l'éperon qui termine le fort du côté méridional, des restes de constructions en briques rouges qui paraissent beaucoup plus anciennes, sans que l'on puisse indiquer avec précision l'époque à laquelle elles remontent. On voit aussi, du côté septentrional, une construction carrée, également en briques rouges, qui semble avoir été originairement une citerne dont on a pu se servir plus tard comme d'une prison destinée à contenir quelques-uns des forçats déportés à Oran. Il ne parait pas que cette piscine ait été voûtée sur sa surface entière, mais seulement à l'un de ses angles de manière à former un promontoire pour faciliter le puisage. La maçonnerie en briques rouges a été réparée avec des tuiles plates comme celles dont se servaient les Romains et, après eux, les Arabes. Il est bien probable que ce sont là des vestiges antérieurs aux différentes prises de possession européennes d'Oran par les Portugais et par les Espagnols.

Du haut du morne, on découvre la majeure partie du golfe d'Oran qui s'ouvre dans la direction du Nord ; quoiqu'il soit au moins aussi large et aussi étendu que celui d'Alger, il paraît plus étroit à cause des hauteurs qui l'environnent et le rétrécissent en apparence, tandis qu'à Alger, le côté oriental qui finit au cap Matifou est une rive plate. Oran occupe le point le plus méridional de la côte de ce golfe et prend surtout de l'extension vers l'Est, par où la campagne est ouverte, tandis qu'à l'Ouest, le mont de Santa-Cruz met obstacle à tout développement.

Le golfe d'Oran s'étend entre le cap Falcon, à l'Ouest, et la pointe de l'Aiguille à l'Est. Pointe de l'Aiguille est le nom que porte, du côté d'Oran, l'extrémité de la péninsule qui sépare les golfes d'Oran et d'Arzeu ; du côté d'Arzeu, une autre pointe de la même presqu'île s'appelle le cap Carbon.

En prévision des attaques dirigées par mer et des tentatives de débarquement, la rive du golfe d'Oran est défendue du côté de l'Est par deux batteries de gros canons ; la première, composée de quatre pièces, est assise sur un petit promontoire au bout de la plage de Sainte-Thérèse ; la seconde, située beaucoup plus loin vers l'Orient, à mi-chemin de la pointe de l'Aiguille à peu près, est aménagée de façon à recevoir des pièces d'artillerie qui, par des tranchées braquées sur la mer, dominent les abords de la rade et défendent l'accès de la côte.

Pour tous ces noms qui s'appliquent à la topographie, tels que pointe de l'Aiguille et pic d'Aïdour ou de Santa-Cruz, nous avons choisi, parmi de nombreuses dénominations usitées ou tombées en désuétude, soit celle qui nous a paru la plus rationnelle, soit celle qui est employée le plus généralement, en écartant les termes qui, usités anciennement, se retrouvent encore dans les livres mais ne seraient plus guère compris des contemporains. En effet, les endroits habités, les hauteurs et les cours d'eau des environs d'Oran sont désignés par des appellations qui sont tantôt d'origine espagnole, tantôt arabes, tantôt purement françaises. On n'a souvent que l'embarras du choix et il importe de se décider en évitant les confusions qui peuvent facilement provenir de la pluralité des noms propres.

Par un chemin moins escarpé que celui du morne d'Aïdour, on gravit les collines qui, situées en retraite vers l'intérieur, dominent le château fort et le mont de Santa-Cruz, dont elles sont séparées par un ravin. Cette montagne un peu plus élevée porte le nom d'Almeida. Le sentier traverse un bois de sapins et de broussailles où s'ébattent, en Janvier, des merles et quelques grives. Tout en haut une coupole blanche est le but d'un pèlerinage pour les sectateurs de Mahomet ; un vieil Arabe a la garde de ce sanctuaire que l'on appelle le marabout de Sidi Abd-el-Kader.

Du sommet de cette colline la vue s'étend au loin jusqu'aux montagnes de l'intérieur et sur Mers-el-Kébir dans le golfe d'Oran ; on voit aussi, dans la campagne, une grande nappe d'eau semblable à un bras de mer : c'est le lac de Misserghin qui, grossi par les pluies, recouvre, en hiver, une vaste étendue de la plaine.

C'est des rochers voisins de la coupole blanche du marabout qu'on a la plus belle vue sur Oran et, plus tard encore, pendant la descente, le sentier présente de jolis coups d'œil, tantôt sur la campagne, tantôt sur les différents quartiers de la ville qui s'offrent aux regards successivement ou simultanément.

Au loin, la montagne des lions arrondit sa masse verte et les rochers gris qui composent la péninsule qui sépare les deux golfes d'Oran et d'Arzeu la continuent vers la mer : les rubans poudreux des routes découpent les terrains verts ou bruns de la campagne, selon que la végétation les recouvre ou qu'ayant été piochés, labourés et ensemencés, ils attendent encore la levée des semailles. Cette plaine, où sont éparpillées les demeures des colons, est bornée au Sud par la ligne bleue des montagnes et à l'Ouest par la nappe d'eau du lac de Misserghin qui reflète, comme un miroir, les rayons du soleil. De temps en temps, et à de longs intervalles, car les convois sont rares, le panache blanc d'une locomotive décrit sur ce territoire plane une courbe sinueuse : ces trains sont les courriers de Tlemcen, de Sidi-bel-Abbès ou d'Alger.

Au pied de la colline d'Almeida, s'entr'ouvre le vallon sur les pentes duquel s'étagent les maisons d'Oran, au milieu desquelles sont plantées quelques tours et notamment deux beaux minarets de mosquée, l'un sur le flanc le plus proche, l'autre sur la pente qui lui fait face : cette dernière offre une superficie beaucoup plus étendue que la première et, de ce point de vue, l'aspect d'Oran, avec ses maisons blanches, mouchetées des couleurs plus foncées des toits et des fenêtres, correspond assez bien à celui d'un livre entr'ouvert, dont l'un des feuillets, celui qui fait face au spectateur, est beaucoup plus long et beaucoup plus large que l'autre, plus rapproché. Le boulevard Malakoff et la place Kléber sont comme la nervure de cette charnière immobile : vers la colline, les fortifications et la caserne de la Casbah en sont les postes avancés ; du côté de la mer, les tours rondes et massives du Château-neuf, entourées des bastions construits au siècle dernier par les Espagnols, s'appuient sur un mamelon exposé à la brise où flotte l'oriflamme tricolore de la France ; à l'Est, s'étendent les rues nouvellement tracées et les quartiers récemment bâtis ainsi que les faubourgs extérieurs et la bourgade où se sont cantonnés les indigènes, en dedans des murailles ; enfin, si l'on ramène ses regards dans la direction du Sud, on rencontre, sur la face opposée du ravin, les fortifications de Saint-Philippe et l'on a jeté sur Oran un coup d'œil d'ensemble dont, à quelques variations près, on retrouve l'effet et l'impression persistante en descendant du mont d'Almeida.

Une route qui longe la mer quitte Oran par l'Ouest et laisse à droite le port, puis la plus petite des deux batteries du morne de Santa-Cruz. Bientôt la ville disparaît derrière la montagne et l'anse de Mers-el-Kébir, terminée par un ancien fort, se découvre jusqu'à un promontoire dont l'extrémité est détachée par une tranchée qui, taillée dans le roc, livre passage à la route ; sur la rive de cette baie une petite ville est bâtie ; elle est habitée par des pêcheurs et la route qui y mène en longeant la mer passe auprès de gisements de cette terre glaise de couleur grise dont les industriels se servent de préférence pour la fabrication des briques réfractaires. Auprès de ces gisements sont installées des fabriques de poteries et de produits similaires, carreaux et briques pétris d'argile et cuits au four, qui résistent à un feu violent. De ces fours en activité s'échappent d'épaisses colonnes de fumée noire et, tout à côté, sont rangés en tas, les produits de cette industrie locale. Ces établissements fabriquent, en outre des carreaux, des tuyaux et des tuiles, des jarres et d'autres ustensiles de ménage.

Ensuite la route passe auprès d'anciennes constructions fort curieuses : ce sont des murs bâtis grossièrement en pierres cimentées à l'aide d'un mortier épais ; les matériaux de ces murailles, terminées dans le haut par quelques restes de voûtes, semblent avoir été rassemblés sur la grève même, parmi les galets que les flots poussent sur le rivage et recouvrent de leur écume. La plupart des pierres sont petites et des enfants les remueraient sans effort : cependant les murs sont larges et les commencements de voûtes solides ; on se trouve donc en présence d'une construction destinée à résister à des attaques extérieures, peut-être à servir d'entrepôt. Lui donner une date n'est pas chose aisée, car si la grossièreté de cette bâtisse porte à la déclarer très-vieille, il ne faut pas oublier que la barbarie n'a pas d'âge et qu'à toutes les époques elle se signale par des productions imparfaites qui révèlent l'impéritie de leurs auteurs. Ce qui paraît le plus digne de remarque, c'est l'exiguïté des matériaux employés en même temps que la qualité inférieure du mortier, répandu à profusion entre les petites pierres. Ces ruines lilliputiennes sont partiellement obstruées par la terre qui les recouvre.

Derrière cette colline se cache un fortin moderne qui complète, avec un autre fortin construit sur la hauteur, à l'Ouest, la défense militaire de Mers-el-Kébir : c'est un enclos entouré de fossés et de murailles en pierres de taille, garnies de nombreuses meurtrières ; risquer, par l'une de ces meurtrières, un regard dans l'intérieur serait indiscret ; mais nous nous sommes laissé dire que la cour de ce fortin contenait, rangés en pyramides, comme dans les musées d'antiquités et d'armures, des tas de noirs boulets. Si nous mentionnons ce détail, c'est un peu dans la crainte que le progrès ne les y oublie, tout en désirant qu'ils ne soient appelés à porter la mort dans les rangs d'aucune armée et qu'ils restent à jamais, en tant que projectiles homicides, voués à l'arsenal.

Après avoir traversé Mers-el-Kébir, on passe auprès de son vieux château-fort qui date du temps de la domination espagnole ; ces vieux bastions, qui n'ont rien de tartare ni de mauresque, sont au contraire des ruines franques restées sur ce rivage africain comme l'empreinte de la domination ibérique dont les traces sont si marquées à Oran dans les caractères ethniques et dans le langage de la population. L'Europe est là, tout près, représentée par l'Espagne, ennemie jurée de l'Islamisme, par les ports de Malaga et de Carthagène ; le paysage africain en a gardé une couleur castillane.

Aussitôt après le cap dont le bout est tranché par la chaussée, on aperçoit le phare Falcon qui restait caché par les hauteurs de Mers-el-Kébir ; il termine de ce côté le golfe d'Oran.

La route continue à longer le rivage de la mer, suspendue qu'elle est sur des falaises rocheuses qui tombent à pic dans les ondes bleues de la Méditerranée.

Bientôt le paysage change ; les collines fuient vers l'intérieur et une large plaine, fertile, cultivée, plantée de vignes et de figuiers s'étend jusqu'au cap au bout duquel se dresse la colonne blanche du phare. La route quitte la mer pour prendre le milieu de cette plaine qu'elle coupe en deux jusqu'au village d'Aïn-el-Turck ; elle laisse à gauche les collines revêtues de leur toison de broussailles vertes, les mamelons que les touffes arrondies des arbustes rendent crépus comme des crânes de nègres ; à droite, la déclivité de la plaine aboutit à une large plage sablonneuse dont le ruban jaune s'allonge jusqu'auprès du cap Falcon : telle, auprès de Ténédos, la côte sur laquelle les Grecs venus au siège de Troie avaient tiré leurs trirèmes. Cette belle plage, unique sur les bords du golfe, est malheureusement trop éloignée d'Oran pour être le rendez-vous de ses baigneurs.

Au delà d'Aïn-el-Turck la route devient moins bonne ; elle n'a plus guère d'ailleurs d'autre utilité que de mettre le phare en communication par terre avec Oran, car cette région, recouverte de dunes et de broussailles, est inhabitée. Le sable, aggloméré en masses compactes qui ondulent des deux côtés de la route, en a la possession exclusive. Après avoir traversé ces dunes, on atteint la presqu'île rocailleuse où s'élève le phare, construction neuve au pied de laquelle se trouvent un observatoire et un sémaphore.

En revenant, après avoir dépassé la pointe de Mers-el-Kébir, on a devant soi le morne de Santa-

Cruz et les pentes boisées du mont d'Almeida qui s'éloignent vers l'intérieur ; auprès de la mer, une herbe fraîche forme des pelouses sur des pentes arrosées par les flots. Cette Afrique verdoyante, d'où sont bannis et l'élément turc et le goût tartare de l'architecture qui prédominent dans les constructions de caractère sur les rives du golfe d'Alger, offre aux regards, avec ses montagnes, ses bois, ses châteaux de pierre brune crénelés et garnis de meurtrières, le spectacle d'un paysage rhénan plutôt que l'ardente image d'une côte brûlée par le soleil du désert et soumise, naguère encore, à l'autorité musulmane. Cependant le ciel qui, à la chute du jour, s'empourpre à l'Orient d'une chaude couleur de rubis rappelle, par ce crépuscule méridional, que ces bois de sapins et les rochers gris du morne n'appartiennent pas à un paysage du Nord.

* * *

La cité oranaise fut bâtie au neuvième siècle ou plutôt reconstruite sur l'emplacement d'une ville plus ancienne, par les Maures andalous venus d'Espagne. C'est de cette époque que date son nom moderne d'Oran. Selon d'autres indications, la fondation d'Oran par les Khalifes Ommiades d'Espagne aurait eu lieu vers le commencement du dixième siècle.

Quant à l'origine de la ville plus ancienne, détruite par les Vandales, qui paraît avoir existé à Oran du temps de la domination romaine, on suppose qu'elle pourrait être carthaginoise ou même tyrienne et le grand nombre de monnaies puniques en étain recueillies sur le territoire d'Oran donne du poids à cette hypothèse [1].

Toutefois, l'on ne peut rien affirmer de précis à cet égard tandis que l'existence d'une ville qui aurait occupé l'emplacement d'Oran à l'époque romaine semble à peu près certaine. Selon Ptolémée et Pline, il y avait sur les bords des golfes d'Oran et D'Arzeu deux villes nommées *Portus magnus* et *Portus divinus*. On place *Portus magnus* à Mers-el-Kébir et *Portus divinus* qui s'appelait en grec Theôn-Limèn, (Θεῶν λιμήν) à Arzeu. Entre ces deux ports, était située une ville du nom de Kouïza qu'on suppose être Oran. Pline l'ancien l'appelle *Quiza xenitana peregrinorum oppidum*.

Il y avait plusieurs siècles que cette appellation de Quiza avait cessé de s'appliquer à la ville d'Oran ou à ses ruines lorsque le Marquis de Santa-Cruz édifia au sommet du morne d'Aïdour

---

1. Fey, Histoire d'Oran.

le château-fort qui porte son nom. Entre ces deux époques, se place une grande partie de l'histoire de la cité oranaise : la domination arabe d'abord, la conquête portugaise ensuite et finalement l'établissement de la colonie espagnole.

Comme appartenant aux annales de la domination arabe, on cite la fin tragique du Khalife almoravide Tachefine.

Engagé dans sa lutte contre la secte des Almohades ou, comme l'indique l'origine de leur nom arabe, partisans de l'unité divine, ce souverain, abandonnant la défense de Tlemcen, s'était réfugié à Oran en 1144 ou 1145.

Ibn-Abi-Zérâ, auteur d'une histoire de Fez et du Moghreb connue sous le nom de *Cartas*, raconte l'épisode de sa mort de la manière suivante :

« Etroitement bloqué dans Oran par les Almo-
« hades, Tachefine-Ibn-Ali sortit de nuit avec ses
« troupes pour surprendre l'ennemi ; mais ayant
« été accablé par les nombreux cavaliers et fantas-
« sins des assiégeants, il prit la fuite. A ce moment
« il se trouvait sur une colline élevée qui dominait
« la mer et, croyant courir sur un terrain uni, il
« alla se jeter dans un précipice vis-à-vis du *ribat*
« d'Oran. Le lendemain on découvrit son corps
« sur le bord de la mer et on en détacha la tête
« pour l'envoyer à Tînmelel, qui était la localité

« d'où les Almohades s'étaient répandus sur l'em-
« pire du Moghreb ». (V. Histoire des Berbères par
le Baron de Slane).

Un autre historien arabe, Ibn-Khaldoun, narre
le même événement d'une façon un peu différente
quoique les deux récits concordent dans les points
principaux :

« Découragé par ses revers, Tachefine-Ibn-Ali
« se décida à gagner Oran et en l'an 539 (1144-5)
« il partit pour cette ville où, après avoir renvoyé
« à Maroc son fils et successeur désigné, l'Emir
« Ibrahim, il attendit pendant un mois l'arrivée
« de son amiral, Mohammed-Ibn-Meïmoun, qui
« lui amena enfin d'Alméria une flotte de dix
« navires et vint mouiller à peu de distance du
« camp de son prince.

« Rassemblant alors tous les corps de son
« armée, Abd-el-Maumèn marcha sur Oran et
« réussit à surprendre les Almoravides dans leur
« camp.

« Tachefine voyant la déroute de ses troupes
« s'enferma dans un *ribat* (couvent fortifié ou
« redoute) qui se trouvait près de là et il y fut
« cerné par les Almohades qui allumèrent plu-
« sieurs feux à l'entour de l'édifice. Quand la nuit
« fut venue, il monta à cheval et sortit du fort
« mais étant tombé dans un des précipices dont la

« montagne est sillonnée, il y perdit la vie. Cet
« événement eut lieu le 27 de Ramadan 539 (Mars
« 1145). Sa tête fut envoyée à Tînmelel. » (V. Ibn-
Khaldoun, traduction du Baron de Slane, tome II,
page 178).

Ces deux narrations diffèrent suffisamment pour que les historiens modernes s'appuyant sur les récits d'autres chroniques, aient cru nécessaire d'en exclure l'une des deux. Tandis que selon l'auteur du Cartas le Khalife almoravide aurait péri dans une sortie nocturne effectuée dans le but de débloquer Oran où il était assiégé, d'après Ibn-Khaldoun, au contraire, il se serait, après la déroute de son armée campée non loin d'Oran, enfermé dans un château-fort, et c'est en essayant de s'échapper la nuit pour regagner l'Espagne qu'il aurait été précipité au fond d'un abîme.

Quelle que soit la vérité historique, il est intéressant de constater que, vers le milieu du douzième siècle, Oran était une ville importante et une place forte entourée de murailles et protégée par un *ribat* ou couvent fortifié.

Le récit d'Ibn-Khaldoun a prévalu sur celui du Cartas. Sa narration laconique a été complétée par des récits de chroniques qui, tenant un peu de la légende, entourent la mort de Tachefine de circonstances plus romanesques. Bloqué dans le *ribat*, le Khalife aurait tenté de s'échapper à cheval pendant la nuit portant en croupe sa femme favorite Aziza ; mais ayant été reconnu et poursuivi par les soldats almohades durant cette course nocturne qui l'emportait sur les collines qui bordent la mer entre Oran et Mers-el-Kébir, il aurait trouvé la mort en roulant au fond d'un précipice.

Telle est la légende plus émouvante des chroniques citées par M. Walsin Esterhazy. Ce qui suit est, sauf quelques changements de peu d'importance, le récit même de cet historien :

« Tachefine-Ibn-Ali sortit, disent les Chroniques,
« par une nuit obscure pour échapper à la
« surveillance des vedettes d'Abd-el-Maumèn. Il
« était monté sur sa belle jument *Rikhawa* (rapide
« comme le vent) ayant en croupe une de ses
« femmes qui avait toujours été la compagne de
« ses fatigues et de ses dangers ; il se dirigeait
« vers Mers-el-Kébir où un bâtiment l'attendait
« pour le transporter en Espagne ; mais il
« n'échappa point à la vigilance des gardes.
« Découvert par les sentinelles du camp almohade,
« il aima mieux mourir que de tomber vivant
« entre les mains de ses ennemis, et il se précipita
« du haut d'un rocher escarpé. Le lendemain, son
« corps, celui de sa femme Aziza et celui de sa

« jument furent trouvés sanglants et déchirés au
« bord de la mer ».

Du côté de la mer, un sentier contourne les contreforts du morne de Santa-Cruz. C'était ce chemin qui, lorsque la route moderne n'existait pas encore, mettait en communication Oran avec la rade de Mers-el-Kébir et, vraisemblablement, c'est celui que suivit le Khalife almoravide pendant la nuit fatale où il trouva la mort.

En effet, ce chemin qui, depuis la construction de la route est à peu près abandonné, offre encore, en quelques endroits, une largeur suffisante pour que deux cavaliers puissent s'y croiser ou chevaucher de front ; anciennement, quand il était plus fréquenté, cette largeur devait être la même sur tout son parcours et, comme il reste horizontal, contournant le mont d'Aïdour jusqu'au village de Ste Clotilde où il arrive par un ravin dans lequel il descend brusquement, c'était agir témérairement, il est vrai, mais non follement, que de le parcourir au galop. Poursuivi par les Almohades, Tachefine n'avait plus que cette chance de salut et, malgré l'obscurité de la nuit, malgré le précieux fardeau qu'il portait en croupe, il se décida à la tenter. Toutefois le sort ne lui fut pas favorable ; avant d'atteindre le ravin par où il descend à Ste Clotilde et puis au rivage, le chemin cotoie, en corniche, des falaises à pic dont le pied baigne dans la mer ; la route moderne passe en bas, de façon que, dans l'état actuel, les corps de ceux qui seraient précipités d'en haut n'atteindraient probablement plus le rivage mais tomberaient sur la chaussée, d'où, peut-être ils rebondiraient encore, cependant, jusque dans la mer ; autrefois, le rocher descendait en ligne droite et à peu près perpendiculaire du sommet à la base et, si la légende est vraie, c'est dans cet abîme que l'on nomme *salto del cavallo*, le saut du cheval, que furent précipités le Khalife, son épouse Aziza et leur monture qui était la jument favorite de Tachefine. [1]

De même que le cas s'est présenté pour un grand nombre de héros et d'hommes de guerre, l'incertitude dut planer longtemps sur le sort de Tachefine car selon Ibn-Khaldoun, l'historien arabe, il existait un autre récit qui, sans affirmer que Tachefine avait péri, se bornait à dire que le Khalife avait disparu à Oran et que, depuis lors, on ne l'avait plus jamais revu.

Au demeurant, quelle source de considérations poétiques et philosophiques n'offre pas cette tragique histoire du Khalife almoravide Tachefine !

---

(1) Fey, Histoire d'Oran. — Ernest Mercier, Histoire de l'Afrique septentrionale. — Monographie de Méquinez par M. Houdas.

Deux fois, dans l'espace d'un siècle, le Nord de l'Afrique a vu se produire ce phénomène politique et religieux d'une secte réformatrice supplantant chez les Musulmans des rivaux amollis par la prospérité ou souillés, aux yeux des puritains et des fanatiques, par le contact des infidèles. De même que les Almohades, leurs farouches compétiteurs, les Almoravides, soumettant leur existence à une discipline sévère, avaient commencé par épurer la religion et les mœurs, par proscrire le luxe, par prêcher la guerre sainte contre les ennemis de l'Islam qu'au fond du désert ils abhorraient sans les connaître mais sous l'influence desquels ils ne tardèrent pas à tomber en Espagne. Quand la souche almoravide, transplantée au delà du détroit de Gibraltar, eut pris racine dans la péninsule ibérique, les défauts de cette dynastie et de ses défenseurs devinrent bientôt les mêmes que ceux des roitelets arabes qu'ils avaient détrônés. Amollis au contact de la civilisation ibérique, s'adonnant, avec moins de grâce toutefois que leurs prédécesseurs, aux plaisirs, à la musique et à la poésie, commençant à supporter la présence et le contact des Chrétiens, enrôlant dans leurs armées un corps de milice chrétienne qu'ils opposaient à leurs coréligionnaires révoltés, ils ne représentaient plus, pour les populations africaines, la vraie et la pure tradition islamique, ils étaient devenus odieux à ceux-là mêmes qui les avaient aidés à s'élever et à sortir du Moghreb.

Aussi, à peine leur domination était-elle établie, qu'un nouveau courant naissait et qu'un nouveau torrent de réformateurs fanatiques et sauvages se précipitait dans le lit d'où venaient de sortir les flots de guerriers déversés sur l'Espagne par la secte almoravide.

Et dès lors quel contraste entre Abd-el-Maumèn, ce chef rude et implacable des Almohades grossiers et sanguinaires, ce disciple et ce continuateur d'Ibn-Toumert, l'apôtre contrefait de l'unité divine, l'iman disgracié de la nature qui vivait de massacres et se grisait de sang ; quel contraste entre Abd-el-Maumèn et Tachefine-Ibn-Ali, ce prince adouci par le contact de l'Espagne qu'il avait gouvernée sous le règne de son père, éclairé par les reflets d'une civilisation qui avait pour foyers Cordoue et Séville, acceptant avec scepticisme le concours des chrétiens dans les luttes qu'il avait à soutenir en Afrique ! D'un côté la culture de l'esprit, la civilisation, la noblesse et la délicatesse des sentiments qui, au moment de la fuite, l'emportent dans le cœur de Tachefine sur tous les autres soucis ; mais aussi, chez ce prince amoureux et victime de son amour, une philosophie qui rendait sa politique inaccessible aux intelligences grossières et imbues de fanatisme ; de l'autre côté, une tourbe de sauvages, de nègres et de montagnards bornés, menés par une bande de sectaires ; mais aussi un principe puissant et, inscrite sur l'étendard de cette multitude, une vérité qui est le fondement de la religion musulmane : l'abolition de tous les fétiches, le renversement de toutes les idoles et la proclamation de l'unité divine.

Pour passer de ce tragique épisode de l'histoire de la domination arabe aux premières entreprises des Ibériens contre la côte d'Afrique, il faut franchir une période de plus de deux siècles et demi.

C'était à l'époque ou Tamerlan, l'Empereur tartare, venait d'ébranler d'un terrible choc la puissance déjà redoutable des Turcs. A cette heureuse diversion sont imputables, partiellement au moins, les succès remportés par les Chrétiens sur la côte barbaresque ; et, quoique la prise de Tétouan par les Espagnols soit antérieure de quelques années à la bataille d'Angora, l'abattement produit chez les Musulmans du Moghreb par les dissensions des Orientaux et par l'abaissement de Bajazet, n'a pas peu contribué au triomphe de leurs ennemis. Cependant une autre cause d'affaiblissement pour les États barbaresques provenait de la division des possessions musulmanes de l'Afrique septentrionale en trois royaumes soumis à trois dynasties : les Hafsides à Tunis, les Mérinites au Maroc et, à Tlemcen, les Zeyanites, plus faibles que les deux autres et unis par des liens de vassalité aux Mérinites et aux Hafsides, leurs voisins et leurs compétiteurs. Si l'on y ajoute le royaume de Grenade, affaibli et se tenant sur la défensive, on retrouve, divisé en quatre tronçons perpétuellement en lutte, les uns contre les autres, cet empire islamique jadis redoutable qui était une menace pour l'Europe du côté de l'Occident mais qui, ainsi morcelé, prêtait le flanc aux attaques audacieuses et aux entreprises hardies.

En 1415, le Roi Jean Ier de Portugal organisa une expédition dont le but était de détruire les repaires des pirates barbaresques. La flotte portugaise qui, soit qu'elle fût retardée par les vents contraires, soit qu'elle cherchât à égarer les Musulmans sur les points de la côte où le débarquement devait avoir lieu, vogua pendant plus de deux semaines entre les rivages de l'Espagne et de l'Afrique, s'empara le même jour d'Oran et de Mers-el-Kébir, dans le royaume de Tlemcen, et de Ceuta sur la côte du Maroc. C'est au 14 Août 1415 que les historiens placent la date de cette double conquête.

Cette première occupation portugaise d'Oran dura jusqu'en 1437, époque à laquelle la ville retomba au pouvoir des Musulmans.

Mais pendant le cours du quinzième siècle, la ville fut de nouveau possédée par les Portugais durant six années, de 1471 à 1477. Les Portugais, qui s'en étaient emparés sans coup férir sous le règne d'Alphonse V, y demeurèrent étroitement bloqués par les indigènes pendant toute cette période ; en 1477, trente deux ans seulement avant la prise d'Oran par l'expédition espagnole du cardinal Ximenès, ils se résolurent à l'abandon complet de la place et se rembarquèrent du consentement du Roi Jean II qui la rétrocéda aux Maures. (V. Fey, Histoire d'Oran, page 53).

C'est en 1505, sous le règne de Philippe-le-Beau, Duc de Bourgogne, qui était devenu maître de la Castille par la mort d'Isabelle-la-Catholique, mère de Jeanne, son épouse, que les Espagnols s'emparèrent de Mers-el-Kébir. Le 27 Mai 1509, une expédition conduite par le cardinal Ximenès enleva Oran qui devint le rempart de l'Espagne en Afrique et un boulevard contre les entreprises des Maures qui, chassés de la péninsule ibérique, auraient tenté d'y rétablir leur domination. En s'emparant d'Oran et des autres ports de la côte barbaresque, les Espagnols avaient aussi pour but de détruire les pirates auxquels ils servaient de repaire et de défendre les rivages de l'Espagne contre les actes de brigandage et les déprédations de ces corsaires hardis ; mais ils n'avaient aucune pensée colonisatrice et ne se servirent, dans la suite, d'Oran que comme lieu de déportation pour les forçats.

La domination espagnole sur Oran dura près de trois siècles car ils ne quittèrent définitivement cette place qu'en 1792. Dans la première partie du XVIIIme siècle, sous le règne de Philippe V, cette occupation subit une interruption de vingt-quatre ans. En l'année 1708, les Espagnols, chassés par les Turcs venus d'Alger, se retirèrent en Espagne et la ville tomba aux mains de Mustapha-Bou-Chelaghram, bey de Mascara. Mais en 1732, Philippe V résolut de la reconquérir et confia au Comte de Montemar une armée de 28 mille hommes qui, ayant débarqué à peu de distance à l'Ouest de Mers-el-Kébir, culbuta les Arabes et s'empara d'Oran le 1er juillet 1732. Le Bey, Bou-Chelaghram, fut contraint à la retraite et le fort de Mers-el-Kébir ne tarda pas à capituler.

La dernière période de la domination espagnole sur Oran dura soixante années : de 1732, année en laquelle le Comte de Montemar s'en empara, à 1792, époque de sa cession au Dey d'Alger qui la confia, en fief, à Mohammed-el-Kébir, Bey de Mascara.

Les causes du départ des Espagnols furent la pénurie du trésor, car Oran n'avait pas cessé, depuis la conquête, d'être une charge pour le Gouvernement, les complications européennes qui absorbèrent l'attention et les forces de l'Espagne, les tremblements de terre qui, pendant l'automne de 1790, renversèrent une partie de la ville et jetèrent le désarroi dans l'administration en même temps que la terreur dans les esprits ; enfin les attaques des tribus de la province de l'Ouest qui, sous les ordres du Bey de Mascara, assiégeaient la ville en ruines et ses remparts ébranlés par les secousses du sol.

En évacuant la place, les Espagnols se réservèrent, par un traité conclu avec le Dey d'Alger, le droit d'y établir une factorerie et un privilège pour leur pavillon de commerce.

Depuis lors, Oran n'a pas cessé, jusqu'en 1830, de faire partie de la Régence d'Alger.

*
* *

Une jolie promenade des environs d'Oran est celle qui consiste à contourner les monts d'Aïdour et d'Almeida ; c'est une partie de montagne un peu fatigante, peut-être ; mais elle offre l'avantage de ne pas être trop longue.

Pour partir d'Oran, on descend sur le port par la rue d'Orléans et l'on quitte la ville en suivant le rivage de la mer par la nouvelle route qui mène à Mers-el-Kébir ; on rencontre dans cette partie du trajet, quelques carrières de pierre qui entament le morne de Santa-Cruz ; en haut, on voit non seulement les remblais de la batterie de S* Grégoire, mais encore la chapelle et le vieux château-fort, amas disgracieux de constructions lourdes, couronnement maussade et pesant de la colline aux pentes pierreuses. La route longe les sinuosités de la côte : elle domine d'une certaine hauteur les rochers bruns baignés par les flots qui les ont ravinés et y ont creusé des grottes et des arches. On a vue sur la mer qui est rarement déserte : les petites barques, aux voiles blanches, des pêcheurs d'Oran et de Mers-el-Kébir y sont éparpillées ou réunies au même endroit comme une bande de légères mouettes ; quelquefois un navire à vapeur, arrivant d'Espagne ou gagnant le détroit de Gibraltar, fend les vagues à une faible distance.

Quand on a dépassé les eaux thermales et les rochers escarpés qui tombent brusquement dans la mer, on quitte la route pour suivre un chemin qui s'en détache et conduit au village de Ste Clotilde. De là, on aperçoit le fond d'un vallon qui descend du mont d'Almeida et un sentier qui le gravit en zigzag jusqu'à la crête. C'est ce chemin qu'il faut suivre pour atteindre le plateau d'Almeida, cette esplanade élevée d'où l'on domine Oran et le territoire qui l'environne jusqu'aux montagnes de l'intérieur.

Le sentier qui conduit de Ste Clotilde à l'esplanade d'Almeida longe d'abord des vignobles abrités au fond du vallon contre les coups de vent du nord ; au mois de février, on taille les vieux pampres de la vigne et l'on pioche la terre entre les plants ; des perdrix, brunes comme le sol, s'effarent et s'envolent à tire d'aile d'un coteau à l'autre ; prématurément amoureuses et accouplées en prévision des prochaines couvées, elles accompagnent leur fuite d'un vacarme de cris perçants comme pour se plaindre d'être troublées dans leurs tendres ébats.

Après que les vignobles ont été dépassés, les cultures cessent et les pentes du ravin, abandonnées à la brousse ne sont plus utilisées que comme pâturages. Alors la côte se raidit et, pour rendre la montée plus douce, le sentier se porte tantôt à droite, tantôt à gauche jusqu'à ce que, de crochet en crochet, il atteigne la cime. En haut, une tranchée sépare en deux la crête de la montagne et l'on a vue, d'un côté sur la campagne d'Oran, de l'autre sur Mers-el-Kébir ou plutôt sur Masalquivir puisque telle est la manière, plus sonore et plus agréable à l'oreille, dont les Espagnols, observant en cela une habitude qui a laissé de nombreuses traces dans leur pays, prononçaient le nom de cette forteresse qui appartint successivement au Portugal et à l'Espagne ; Masalquivir aligne ses maisons blanches à l'abri d'une autre colline rocheuse qui s'avance dans la mer et plante dans la baie la colonne de son phare, au bout d'une presqu'île en retour vers Oran.

On descend de l'esplanade d'Almeida vers la Casbah par un bon chemin qui suit les pentes boisées de sapins de la montagne et aboutit, en longeant la vieille citadelle, à la porte de la ville par où l'on sort pour gravir les flancs du morne de Santa-Cruz.

Dans les vergers des environs d'Oran, les amandiers recouverts par la floraison de véritables rideaux de mousseline sont des promesses de futures récoltes à côté des limoniers et des orangers encore surchargés de leurs fruits d'or de l'automne dernier.

Cette poétique anticipation du printemps produit sur les sens et sur le cœur une impression de plus en plus vive et de plus en plus profonde à mesure que l'on s'avance dans la vie. L'enfance, indifférente, y est à peu près insensible ou du moins elle n'y prend qu'un plaisir inconscient ; après la jeunesse, trop courte et seule accessible aux jouissances pures de la poésie, l'âge mûr passe, absorbé par d'autres soucis ; enfin, arrive la vieillesse, tremblante et craintive, pour laquelle, aux joies du renouveau se mêle l'amer plaisir des souvenirs et l'effrayante perspective de la fin de toutes choses ; seuls quelques êtres chargés d'années et courbés sous le faix d'une trop longue existence peuvent éprouver l'ennui de voir s'épanouir, en flots neigeux, les fleurs des amandiers.

Vers la pointe de l'Aiguille, une promenade un peu plus longue que celle de l'ascension du mont d'Almeida par le village de Ste Clotilde mérite également d'être entreprise par tous ceux qui sont désireux d'admirer les sites les plus beaux des environs d'Oran, la mer, les collines, les rochers, les ravins, la nature entière, sauvage et fruste, éclairée et vivifiée par un soleil dont l'hiver ne parvient pas à pâlir ou à attiédir les rayons.

On quitte Oran par une porte donnant vers l'Est, la plus proche, de ce côté, du rivage de la mer. Un chemin raboteux et rocheux, mais accessible pourtant aux voitures comme aux cavaliers, se dirige vers la montagne des lions. Dans cette partie voisine de la côte, le sol, mêlé de pierres, est loin d'être aussi fertile que celui de la plaine au midi d'Oran. La plus grande partie des champs reste inculte, abandonnée aux palmiers nains et aux broussailles ; cependant, de temps en temps on rencontre une ferme, des vignes et des terres labourées ou ensemencées de céréales ; des assolements entiers sont recouverts de petits pois, plantés en ligne, qui commencent à être en fleurs en janvier ; ailleurs des fèves de marais, répandues avec la même profusion mais toujours alignées avec régularité, fleurissent également.

On laisse à droite une vieille bastide ornée de tourelles en aiguille et ces petites flèches gothiques lui donnent l'air d'une réduction de la cathédrale de Tournay qui a valu à cette antique cité l'appellation de ville « aux cinq clochers ».

Plus loin, on passe auprès d'un petit village arabe dont les masures, construites en pierre, sont isolées les unes des autres. Alors, le chemin tourne vers la gauche et conduit, par un brusque changement, au milieu d'un paysage différent : la plaine, les montagnes de l'intérieur dont on apercevait dans le lointain la chaîne colorée d'une teinte verdâtre, les hauteurs d'Oran, Santa-Cruz et Mers-el-Kébir que l'on avait derrière soi et la montagne des lions elle-même vers laquelle on s'avançait, disparaissent tout d'un coup et l'on se trouve au sommet d'une crête d'où se découvre toute la partie Orientale du golfe d'Oran jusqu'à la pointe de l'Aiguille qui le termine de ce côté comme le cap Falcon le limite à l'Occident. Mais vers l'Ouest, la vue s'arrête à un promontoire intérieur formé par des rochers et des terres d'une couleur rouge de rouille ; cette aspérité de la sinuosité du golfe forme une anse dans laquelle ne s'abrite aucune embarcation. La montagne des lions domine cette baie, le long du rivage de laquelle on ne tarde pas à apercevoir quelques points blancs : ce sont les maisons de la bourgade de Chrystel, sise au pied des hauteurs qui s'élancent dans la mer et y forment le cap qui sépare les deux golfes d'Oran et d'Arzeu.

Jusqu'à Chrystel, le chemin, tantôt raboteux ou coupé de crevasses, tantôt sablonneux et pesant est presque impraticable pour n'importe quel véhicule ; il n'est accessible qu'aux cavaliers et aux piétons.

Il traverse des pâturages où poussent des buissons, des genêts en fleurs, de rares cyprès et quelques tamarisques ; au bord d'un filet d'eau qui coule en murmurant au fond d'un ravin croît de la lavande. Des chèvres en troupeau paîssent au milieu de ces broussailles et broutent avec avidité les jeunes pousses des arbustes ; au centre de cette verdure, des coins de terre meuble sont couverts d'un gazon de pâquerettes, dont la neige blanche se détache sur le fond vert de même que les plaques de couleur jaune formées par les rameaux en fleurs des genêts. Des merles en grande quantité et des grives aussi nombreuses mais moins bruyantes choisissent ces pentes boisées de taillis épais pour y camper quelques jours ; la grive, timide et discrète, s'envole de loin en poussant son cri strident et métallique qui égare l'ouïe et l'empêche de discerner la direction d'où il vient ; le merle, au contraire, bavard et provocateur, se pose sur la cime des buissons ou ne cache qu'à demi son plumage noir dans les fourrés, sautillant de branche en branche comme s'il était enfermé dans une cage.

Avant d'atteindre Chrystel qui est beaucoup au delà de la montagne des lions, le sentier qui descend en serpentant, arrive à une métairie entourée de jardins cultivés, de bananiers et de figuiers ; il passe auprès d'une source qui arrose les racines d'un beau caroubier, arbre dont le feuillage ressemble un peu à celui du frêne et qui a pour fruit une gousse remplie d'une pulpe comestible.

Longtemps avant d'arriver au village arabe, on aperçoit au bord de la mer une estacade en bois reliée, par des chevalets construits avec des poutres, au sommet d'un des pics voisins sur lequel s'élèvent quelques constructions. Ces chevalets supportent des cables en fer qui aboutissent à l'estacade et servaient il y a quelques années à faire descendre jusqu'à la mer des baquets contenant le minerai extrait d'une mine qui se trouve à la cime d'une des collines. Ces baquets glissaient le long des câbles soutenus par les chevalets et, descendus pleins de minerai, ils remontaient vides, après avoir déversé leur contenu dans des embarcations placées à l'extrémité de l'estacade. Les cables sont cassés et les chevalets, plus ou moins disloqués, paraissent hors d'usage ; c'est qu'en effet on a cessé de s'en servir, la mine n'ayant plus, sans doute, de minerai à transporter.

Entourée de jardins et de champs cultivés, la bourgade de Chrystel, habitée par des Arabes qui s'adonnent à l'agriculture, est sise au pied du mont qui renferme cette mine. Plusieurs de ses habitants parlent un français passable ; au demeurant, c'est en vain que l'on chercherait une hôtellerie dans ce village ; il n'y existe, en fait d'établissement public où l'on pourrait prendre un peu de repos, qu'un café maure fréquenté par les habitants de la localité.

Au retour, quand on a dépassé la crête que le sentier franchit pour remonter sur le plateau qui s'incline vers la ville, le soleil éclaire la rive du golfe de ses derniers rayons. Il empourpre le ciel depuis les montagnes de l'intérieur jusqu'à la mer et se couche derrière les hauteurs de Santa-Cruz, un peu au sud du marabout de Sidi Abd-el-Kader ; avant même qu'il ait disparu l'ombre envahit la ville d'Oran, cette cité consacrée par la conquête française au héros de la campagne d'Egypte, à Kléber dont l'une de ses places publiques porte le nom. Au fond de ce golfe magnifique, au pied de ces montagnes taillées par la nature de façon à tenter le pinceau des artistes, le sang du vainqueur d'Héliopolis, versé sur le sol égyptien par la main d'un fanatique sectateur du prophète, a fourni à la France pour laquelle il a vaillamment combattu et à la République qu'il a défendue contre ses ennemis Vendéens une moisson inespérée.

CHAPITRE X

TLEMCEN

Le département d'Oran possède un réseau de voies ferrées relativement étendu.

Premièrement, un chemin de fer relie Oran à Aïn-Témouchent, sur la route directe de Tlemcen.

Secondement, à Sainte Barbe-du-Tlélat, l'une des premières stations de la voie ferrée d'Oran à Alger, une ligne se détache qui, par Sidi-bel-Abbès et Tabia, se poursuit vers le Sud jusqu'à la gare de Raz-el-Ma. C'est Tabia qui est le point de raccordement de l'embranchement qui mène à Tlemcen.

Troisièmement, un chemin de fer part d'Arzeu dans la direction du midi ; il coupe à Perrégaux la ligne d'Oran à Alger, poursuit sa route vers le sud en desservant Mascara et se termine à Aïn-Séfra, vers la frontière du Maroc, qui descend obliquement sous la province d'Oran.

Quatrièmement, une voie ferrée de communication entre Mostaganem et Tiharet, coupe encore une fois la ligne d'Oran à Alger à l'est de la précédente et rattache l'une des villes de la côte aux régions méridionales.

On va d'Oran à Tlemcen en cinq heures et demie par la voie ferrée. La ligne directe serait celle qui, contournant le lac de Misserghin par le Nord, se poursuivrait dans la direction de l'Ouest jusqu'à Tlemcen ; mais, de ce côté, le railway qui relierait l'ancienne capitale du Royaume zeyanite au chef-lieu de la province n'est pas achevé ; il s'arrête à Aïn-Témouchent et, depuis ce point jusqu'à Tlemcen, le trajet se termine en diligence.

Vers le milieu du huitième siècle, soit cent vingt-cinq ans environ après l'hégire, les Beni-Ifrène, tribu de l'Ouest de l'Algérie, fondèrent Tlemcen. Il existait déjà alors dans les mêmes régions une autre tribu, celle des Zénètes, qui était en rivalité avec celle des Beni-Ifrène.

Après la période almoravide et la chute de l'empire almohade, les Beni-Zian, de la tribu des Abd-el-Ouahédites, d'origine zénète, fondèrent un royaume à Tlemcen. Yarmoracène, un de leurs rois, régna comme vassal des khalifes Hafsides de Tunis.

Tlemcen soutint un long siège pendant les premières années du quatorzième siècle ; le Sultan Mérinite du Maroc, Abou-Yacoub, qui l'assiégeait, y avait bâti une ville appelée Mansourah, dont il subsiste des ruines. Ce long siège se termina par la mort du sultan marocain qui fut assassiné.

A la fin du quatorzième siècle, les murailles de Tlemcen avaient été en partie démolies et c'était devenu une ville démantelée que ses souverains ne se donnaient plus la peine de défendre contre les incursions des sultans marocains. A partir de cette époque, des liens de vassalité s'établirent entre les Emirs de Tlemcen et les sultans mérinites, auxquels ils payèrent tribut ; ensuite les Zeyanites devinrent vassaux des Hafsides.

Les tombeaux des Beni-Zian ont été découverts par M. Brosselard, près des rues Haédo et Sidi-Brahim, à Tlemcen.

Après la conquête d'Oran par les Espagnols, les Emirs de Tlemcen se reconnurent vassaux et tributaires du Roi d'Espagne.

Baba-Aroudj, frère de Caïreddin-Barberousse, s'était établi à Tlemcen, où il fit périr, en les noyant dans un bassin qui servait de réservoir en temps de siège, les membres de la famille Zeyanite dont il put s'emparer ; lui-même fut chassé de Tlemcen par les Arabes alliés aux Espagnols qui le mirent à mort en 1518.

Depuis les commencements de la Régence d'Alger jusqu'en 1830, Tlemcen ne cessa pas, sauf de courtes interruptions produites par des révoltes, de faire partie du Beylic de l'Ouest dont le chef, qui résidait le plus souvent à Mascara, portait le titre de Bey et relevait du Dey d'Alger dont il était le vassal et auquel il payait tribut.

La voie ferrée qui existe entre Oran et Tlemcen allonge sensiblement la route qui, d'ailleurs, est fort pittoresque. Tout d'abord le train, qui part de bon matin, suit la ligne d'Oran à Alger jusqu'à la station de Ste Barbe-du-Tlélat où les voyageurs changent de voiture. Jusque là, l'horizon qu'on découvre n'est pas nouveau : c'est la plaine d'Oran qu'on a contemplée des hauteurs de Santa-Cruz ; ce sont ces collines elles-mêmes, le plateau d'Almeida et le pic d'Aïdour, dont l'élévation paraît s'accroître à mesure qu'on s'en éloigne et qui deviennent comparables à la première chaîne des montagnes de l'intérieur dont on atteint les contreforts à Ste Barbe-du-Tlélat.

Puis, la scène change ; l'horizon côtier s'évanouit et ce joli décor, encore empreint d'une fierté morose et castillane, rentre dans la coulisse : la voie ferrée gravit les premières montagnes vers

Sidi-Brahim et Sidi-Belbès ; ces deux centres entourés d'immenses plaines occupent une région des plus fertiles et des mieux cultivées ; de larges ondulations sont plantées de vignes et, à perte de vue, la terre brune des vignobles est piquée, en lignes droites et obliques, par les ceps dont les sarments viennent d'être taillés ; le blé, moins hâtif que dans la plaine d'Oran, forme des pelouses vertes et des gazons touffus ; des pierres, rassemblées en tas dans les assolements, témoignent sinon de récents défrichements, du moins de travaux consciencieux et courageux, entrepris dans l'intérêt de l'amélioration des cultures ; l'obstacle qui gêne la charrue et la brise, fût-il un bloc granitique énorme comme un dolmen ou un menhir, est extirpé de la terre et va rejoindre, en un point déterminé, la masse inutile et encombrante des pierres qui s'empilent, à la longue, les unes sur les autres, pareilles aux murailles des forteresses cyclopéennes et pélagiques.

A Tabia, nouveau changement : changement de direction de la voie et changement d'aspect du paysage. On quitte, pour aller à Tlemcen, la ligne de Sidi-Belbès qui continue vers le Sud jusqu'à Raz-el-Ma et la locomotive, épargnant cette fois aux voyageurs l'embarras d'un transbordement, s'engage dans la direction de l'Ouest. Les broussailles, parsemées de pins poussés irrégulièrement, ont conservé la possession des coteaux, des vallons et des terrains unis ; la période de défrichement commence à peine ; on brûle encore le bois, avant de s'occuper de l'extirpation des pierres ; au milieu de la verdure sombre de la brousse, des taches noires, laissées par les incendies accidentels ou allumés par les pionniers, jettent un manteau de deuil sur cette contrée plus fruste ; d'autres taches noires plus petites, groupées sur les versants des collines deviennent aussi plus fréquentes : ce sont les tentes, élevées au centre et pointues à l'instar de l'ogive maure que les indigènes tissent en poils de chèvres ou de chameaux ; originairement brunes, la fumée les a absolument noircies ; l'Arabe qui dresse sa tente en Algérie en incline les pans vers l'extérieur en forme de toit pour faciliter l'écoulement de la pluie mais il n'y a point d'ouverture en haut et au centre pour permettre à la fumée de s'échapper ; dans d'autres contrées où il pleut moins et où la température est moins basse en hiver, la tente du Bédouin ne revêt pas cette forme conique ou similaire ; elle conserve aussi sa couleur brune parcequ'on y fait moins de feu.

On a effectué des sondages dans cette région qui n'est encore qu'à demi exploitée ; on a cherché apparemment si des nappes d'eau du sous-sol pourraient subvenir aux besoins de l'irrigation ; précaution inutile, à en juger par la facilité avec laquelle y poussent des essences d'arbres qui croissent de préférence dans les terrains humides. Les masses grouillantes des troupeaux de chèvres et de moutons fourmillent entre les buissons de ces pentes agrestes, pâturages entamés par la cognée et la pioche des défricheurs.

Bientôt, cependant, des plantations d'oliviers signalent l'approche de Tlemcen ; quelques tunnels ont eu raison des obstacles que des rochers plus abrupts opposaient à l'arrivée du chemin de fer à sa destination.

Lorsqu'on atteint Tlemcen en chemin de fer, comme la gare est hors des murs, on passe pour entrer en ville sous la porte de Bou-Médine. C'est, en effet, celle qui regarde, à l'Orient, vers cette petite cité arabe, ville sainte comme Tlemcen et, comme elle, but de pèlerinages. C'est sous la porte de Bou-Médine que passent les omnibus des hôtels et les voitures publiques qui stationnent en dehors de la gare, dans l'attente de l'arrivée du train. Par la rue de Sidi-bel-Abbès, on monte vers l'esplanade du Méchouar, dont on ne tarde pas à apercevoir les murailles crénelées à gauche.

Cette enceinte élevée a été restaurée il y a

quelques années ; les créneaux qui l'ornent dans la partie qu'on en aperçoit d'abord en arrivant du chemin de fer, cessent bientôt et les grands murs nus et bruns continuent seuls au delà, suivant une ligne brisée, formant un polygone irrégulier concave et convexe. Les angles sortants portent à leur sommet quelques tourelles dans le goût des anciens remparts d'Oran. L'intérêt de cette lourde construction est plutôt historique qu'artistique ; elle remonte au règne de l'Emir Aboul-Abbas, de la dynastie zeyanite (1430 à 1461).

Sous ce règne, une sédition fut provoquée pendant la nuit du 27 Ramadan 850 par le prince Achmed, fils d'En-nacer, fils de Mouley Abou-Hammou.

« Cet événement fut un des motifs qui déter-
« minèrent le roi à construire autour du palais et
« des édifices qui en dépendaient le grand mur
« qui existe encore. Ce fut un embellissement
« ajouté à la ville de Tlemcen mais dont le Sultan
« ne retira jamais aucune utilité [1]. »

Ces termes, dont se sert un historien arabe, semblent indiquer que l'enceinte du Méchouar ne fut terminée que peu de temps avant la fin du

---

1. Histoire des Beni-Zian par l'abbé Bargès.

règne d'Aboul-Abbas qui fut détrôné en 866 et périt l'année suivante.

Vers l'extérieur cette enceinte se confond avec les murs modernes de la ville du côté méridional. Elle renferme diverses constructions occupées par l'autorité militaire, une caserne et des habitations où résident quelques officiers. Une rue traverse le Méchouar et aboutit dans la campagne ; on y entre par une porte surmontée d'un campanile à colonnettes où est installée une horloge qui sonne les heures. Dans sa partie supérieure, ce portique est hexagonal, c'est-à-dire qu'il se compose de la moitié d'un dodécagone formant voûte et les six côtés de ce demi dodécagone sont supportés par des boiseries peintes en vert sombre faites de troncs ou de branches d'arbres pareils à ceux que l'on coupe dans la brousse des terrains à défricher. Ces pièces de bois presque noires ont la grosseur des perches que l'on abat d'ordinaire dans les taillis mis en coupe réglée. Tel est le portique du Méchouar, plus semblable à l'entrée d'une ferme qu'à celle d'une forteresse, original cependant et aussi éloigné de la gaieté un peu burlesque de l'ogive maure que de la sévérité du plein cintre.

Au Sud, Tlemcen s'ouvre sur les vergers qui l'environnent par la porte des Carrières et à l'Occident par la porte de Fez ; au Nord, il y a deux portes : la porte du Nord et celle d'Oran, entre la porte de Fez et la précédente ; enfin, à l'Est, il y a une porte dont le linteau n'est orné d'aucune inscription, entre celles du Nord et de Bou-Médine. On la nomme en arabe Bab-el-Giad, ce qui veut dire la porte des coursiers. Quant au Méchouar, cet ancien palais fortifié, citadelle intérieure, il donne sur la campagne par une porte des murailles de la ville qui est située, au Midi, entre les portes de Bou-Médine et des Carrières.

Il existe par conséquent deux issues vers chacun des points cardinaux, excepté l'Occident, où il n'y a que la porte de Fez ; à savoir : au Sud, la porte du Méchouar et celle des Carrières ; au Septentrion, les portes du Nord et d'Oran ; à l'Orient, la porte de Bou-Médine et sa voisine vers l'angle Nord-Est.

Entre le Méchouar dont l'emplacement occupe une portion notable de la région méridionale de la ville et les portes des Carrières et de Fez, s'étendent un quartier indigène et une caserne de cavalerie ; au nord du Méchouar et de son esplanade, s'ouvrent les rues plus modernes et droites du quartier Franc, qui mènent à la place de la Mairie puis aux portes du Nord et d'Oran. A l'angle Nord-Est de la place de la Mairie s'amorce la rue de Mascara bordée des boutiques des marchands levantins. C'est le bazar de Tlemcen, où l'on vend des babouches jaunes et rouges, larges et assez vastes pour chausser des pieds d'Hercules ou bien étroites et brodées d'or pour enfermer des pieds mignons ; les étoffes multicolores de soie et de laine y abondent ainsi que les passementeries, les broderies, la maroquinerie, les harnais, les armes, les yatagans effilés et les gaines de poignards.

Dans l'angle Nord-Est de la ville, entre les portes de Bou-Médine et d'Oran se trouve le principal quartier des indigènes, les vieilles rues étroites et tortueuses, les mosquées aux minarets carrés, ornés de dessins en relief où la forme ogivale répétée à l'infini compose un réseau de mailles en briques appuyé sur des colonnettes, le marché de la place Bugeaud où les tas d'oranges, de dattes, de raisins et de figues sèches s'étalent sous les tentes des débitants indigènes auprès des piles de pains ronds et appétissants des boulangers arabes, l'ensemble enfin d'échoppes, de masures badigeonnées à la chaux, de vieux monuments en ruine et de murs à demi démolis où vivent, croissent et multiplient les sectateurs de Mahomet.

En parcourant ce quartier, de la rue Lamoricière à celle de Mascara, de la place Bugeaud à la porte d'Oran, on rencontre des maisons disséminées par ci, par là, dont le rez-de-chaussée est occupé par des ateliers de tissage, ce qui paraît être, en même temps que la fabrication des babouches, une des principales industries de Tlemcen.

Tlemcen est une ville arabe ; ou, du moins, cette vieille cité n'a pas encore perdu le caractère prépondérant d'une ville musulmane algérienne.

D'autres diront que c'est une ville berbère, parceque ses fondateurs et ses habitants, depuis le moyen-âge jusqu'à nos jours, n'étaient pas originaires de l'Arabie et qu'ils avaient plutôt leurs attaches dans le pays même. Peu importe ; il n'est pas nécessaire de scruter les parchemins et les généalogies des Zénètes ou des Beni-Ifrène pour savoir que la majorité de la population de Tlemcen est de langue, de mœurs et de religion arabes ; ce sont là des caractères ethniques, corroborés par d'autres, physiques et corporels et infusés directement par la race durant une domination séculaire.

C'est donc une ville arabe pour celui, surtout, qui arrive d'Oran, ville européenne ; mais les Européens y font de rapides progrès et l'indigène recule, menacé jusque dans ses propres quartiers que leur vétusté désigne à la pioche des démolisseurs.

Selon un recensement récent la population de Tlemcen est de 29.680 habitants, dont 3.600 Français, 4.775 Israélites, 19.541 Musulmans, 1.628 étrangers.

Son site, moins sauvage à la vérité puisque ses environs sont renommés dans toute l'Algérie par leur fertilité et l'abondance des fruits qu'ils produisent, rappelle les montagnes de la Judée ; au moyen-âge, quand, à l'abri de ses épaisses murailles, elle bravait les attaques aussi tenaces qu'impétueuses des Marocains, ce devait être une Jérusalem entourée des jardins de Damas. Ses oliviers, la couleur grise et la forme des rochers qui la supportent ou la surplombent, ses vergers arrosés par des sources fraîches et limpides, ses murs élevés et perpendiculaires, composés de solides assises de blocs jaunes concouraient, par un heureux mélange, à tracer les limites de cette double similitude. De Jérusalem, la Tlemcen du moyen-âge avait les fortifications, les rochers abrupts et les oliviers ; de Damas, elle avait la fraîcheur, les eaux courantes, la fertilité et les arbres fruitiers.

Moins bien partagée que Jérusalem, Tlemcen a vu disparaître ses murailles ; il n'en existe plus que des ruines ; mais ses vergers lui sont restés.

L'enceinte de murs en pierres de taille, neuve et d'un joli effet qui l'entoure, date du second empire ; c'est la nouvelle parure dont la France a orné les restes de l'ancienne capitale du royaume zeyanite.

Entre Oran et Tlemcen la différence de climat n'est pas aussi sensible que l'altitude de la seconde de ces deux villes le laisserait supposer. Tlemcen, qui est bâtie à plus de huit cents mètres au-dessus du niveau de la mer, renferme dans ses jardins des arbres qui, de même qu'à Oran, commencent à bourgeonner en février ; les amandiers sont en retard d'une quinzaine de jours seulement sur ceux de la côte. Entre Alger, Oran et Tlemcen la différence est, à en juger par des observations recueillies successivement pendant le cours d'un hiver, la suivante : Alger est plus humide ; pendant le mois de décembre 1892 il y pleuvait presque tous les jours ; à Oran, où les ondées sont plus rares, l'air est plus sec mais le vent plus piquant ; à Tlemcen, où les eaux de source coulent partout en abondance, la température est presque aussi douce que sur le rivage de la Méditerranée ; l'air des montagnes y est saturé d'eau ; soir et matin, des brouillards qui s'élèvent de la plaine et des gorges voisines l'enveloppent de nuages qui se fendent vers le milieu de la journée et laissent luire les chauds rayons du soleil.

L'hiver de l'Afrique septentrionale est généralement pluvieux. Tous les ans, la neige tombe, d'assez bonne heure, dans les régions les plus hautes des montagnes mais à Alger et à Oran, la saison des frimas n'est représentée que par quelques tempêtes de vent et de pluie accompagnées des éclats de la foudre et du tonnerre, comme en été.

A Tlemcen, Mars et les cataractes dont il est le dispensateur sont à redouter mais la saison hivernale peut être considérée comme ayant atteint son terme dès la fin de février : depuis longtemps les grives ont commencé à reprendre le chemin du nord, fuyant, à tire d'aile, la chaleur comme elles avaient fui le froid en automne ; et elles ont été remplacées par les premières hirondelles, ces « messagères du rapide printemps ».

La romance connue les a chantées dans ces vers gracieux :

« Hirondelles légères,
« Dans les cieux éclatants,
« Vous êtes messagères
« Du rapide printemps.

« Car, pour vous, la patrie
« Sera toujours, toujours
« Où la rose est fleurie
« Où naissent les beaux jours. »

Les roses de Tlemcen sont, en effet, fleuries ainsi que les violettes. Sur les minarets des mosquées, des cigognes sont perchées, immobiles et pensives, à côté de leur nid. Pour ces dernières, la patrie est partout où il existe de vieilles tours et d'anciens clochers ; elles y transportent avec joie leurs dieux lares.

Par son costume et par ses habitudes, la population indigène imprime son cachet à la ville, sujet d'étonnement et d'admiration, de découvertes incessantes, d'observations curieuses pour les étrangers qui n'ont jamais visité l'Orient, source de rapprochements intéressants, de comparaisons faciles et de recherches minutieuses pour les voyageurs qui ont, antérieurement déjà, parcouru le monde musulman et les villes principales de l'Islam.

Des hommes, drapés dans leurs burnous, ont le chef encapuchonné ; d'autres, jambes nues et le turban enroulé autour de la tête, portent des jaquettes composées de lozanges de laine de diverses nuances ; sous ces manteaux d'arlequin, dans lesquels des morceaux de drap rouges, bleus verts et jaunes se rattachent les uns aux autres par des lignes courbes traçant sur un fond brun d'élégantes arabesques, ils se serrent la taille dans des ceintures d'étoffe, veuves à ce qu'il semblerait, des crosses de pistolets et de poignards dont elles seraient probablement ornées si le port des armes n'était pas prohibé. Mais comme il est bel et bien interdit de s'affubler de telles panoplies monténégrines, tout l'attirail de guerre des indigènes coiffés du fez ou du turban se borne à une mince badine ou, tout au plus, au bâton de voyage.

De très bonne heure, les femmes commencent à s'orner les poignets et la cheville de bracelets et de cercles d'argent ciselé ; de toutes jeunes filles, juives plutôt que musulmanes, car elles seraient déjà en âge, cependant, de se voiler, sont parées de bijoux, de bagues et de pendants d'oreille ; ceux-ci ont la forme de cercles aussi larges que des bracelets, ornés de turquoises et de corail. On porte aussi, sur la poitrine, des colliers de pièces de monnaie d'or. La tête est coiffée d'un bonnet de velours rouge en forme de cône, duquel s'échappe la tresse des cheveux.

A Tlemcen, les femmes musulmanes cachent les traits de leur visage sous leur manteau relevé par dessus la tête ; elles n'adaptent pas sur leur figure un voile attaché et retenu par des fils noués derrière la nuque ; mais leur manière de se draper dans leur péplum de laine couleur crème en ne laissant entr'ouverte qu'une fente devant les yeux les dissimule encore plus que le voile qui, par lui-même, ne cache que le bas du visage, excepté celui des dames turques qui le recouvre entièrement. Par la petite fente qui subsiste devant les yeux, c'est à peine si le regard peut passer pour guider la marche ; c'est sans doute pour ce motif que les femmes se font quelquefois assister par un homme ou un jeune garçon qui les conduit par la main ; toutefois l'éphèbe qui s'acquitte de cette besogne est souvent, en même temps qu'un guide, un bâton de vieillesse.

Des villageoises, venues en ville pour y effectuer des achats, se procurer des provisions ou y apporter des produits de la campagne, sont reconnaissables à leur démarche rustique, à leur manière moins habile et moins gracieuse de se draper, à la couleur plus bronzée de leur peau, au tatouage compliqué et profond de leurs bras, de leurs joues hâlées par l'air vif des montagnes, de leur menton et de leur front, que, d'ailleurs, elles se montrent moins attentives à cacher que les citadines. D'ordinaire, ces femmes et ces filles indigènes attachent sur leur poitrine des plaques d'argent ovales ou triangulaires, perforées d'arabesques ; ces amulettes, dont la forme revêt parfois une certaine bizarrerie, sont leurs ornements préférés. Portées souvent par couples, elles sont rattachées ensemble par une chaînette d'argent ; leur dessin, purement géométrique, ne vise à la reproduction d'aucun objet vivant ou inanimé. Ce sont là, pour employer une expression du vieux français qui remonte au moyen-âge, les « benoîtes affiques » ou les colifichets sacrés qui servent de parure aux beautés des Douars.

Dans les rues étroites des quartiers indigènes, moins régulières et moins bien alignées que celles des nouveaux quartiers francs, on rencontre nombre de jolis bambins au minois rose, les cheveux teints en roux à l'aide du henné ; on les pare d'ornements qui, par un rapprochement curieux, semblent avoir été tirés des musées où l'on conserve, dans la Grèce moderne, les antiquités découvertes à Mycènes ; on retrouve à Tlemcen les bandelettes d'or et les diadèmes de la ville des Atrides ; ce sont, ici, des couronnes légères et de forme conique qui continuent et terminent en pointe les bonnets en velours rouge sur lesquels elles s'adaptent. Tous ces bambins, très-précoces et très-éveillés comme le sont en général les enfants en Orient, sont vêtus de robes jaunes, vertes ou rouges, de vestons lignés de bleu, de blanc et de rose ; ils se livrent à leurs jeux et prennent leurs ébats dans les rues tortueuses, auprès des vieilles masures blanchies à la chaux où ils demeurent, emblèmes de gaieté et d'une folâtre insouciance, à côté de ces maisons décrépites. Rarement, les cavaliers qui passent ou les ânes surchargés qui circulent les dérangent et mettent en fuite leur essaim bruyant.

Aux costumes locaux portés par les bourgeois, les artisans, les gens de la campagne, font pendant les uniformes de l'armée.

Un uniforme que l'on rencontre assez rarement, quoiqu'il y ait à Tlemcen un régiment qui le porte, est celui des chasseurs d'Afrique ; ces escadrons de cavalerie légère sont campés à quelque distance de la ville, sur un versant où ils vivent sous la tente ou bien, près de la route de Fez, autour du champ des manœuvres. C'est donc seulement par occasion qu'on aperçoit l'uniforme des chasseurs: pantalon rouge, képi blanc, veston bleu et ceinture rouge. En ville, ce sont les officiers de cavalerie légère, en veston bleu à brandebourgs noirs, qui sont les plus nombreux. On les rencontre souvent à pied ou à cheval ; ils se promènent ou chevauchent de compagnie, vivant entre eux, songeant à la France et aux amis absents, regrettant, semble-t-il, la patrie et ceux auxquels ils pensent. Dans

TYPE MAURESQUE.

ces lointaines garnisons, un peu de tristesse et de mélancolie tempère souvent la raideur militaire.

A Tlemcen, l'infanterie est représentée par les tirailleurs bleus, casernés en face du Méchouar. Ils sont coiffés d'un bonnet rouge entouré d'un turban, portent des guêtres blanches, des pantalons bouffants et un veston à passementeries. Ce sont des Maures à la peau bronzée dont la plupart ont des faces de mulâtres ; quelques-uns sont de race sémitique mais en beaucoup moins grand nombre. Ces noirs fils de la Berbérie et du Moghreb ont l'air martial sous les armes quand, la bayonnette au canon, ils montent la garde au pied des murs du Méchouar ; par contre, ils ont, au repos et dans les rues de la ville, une nonchalance tout orientale que l'on remarque rarement chez des soldats français. Telles sont les allures désœuvrées de la soldatesque turque ; très différents des zouaves, les tirailleurs de Tlemcen ont conservé comme un arrière-goût des mœurs des derniers janissaires. D'autres ont le même uniforme mais sont coiffés du fez seul ; ceux-ci comptent parmi eux des types de race aryenne.

Sur ce tableau d'ensemble se détachent quelques types que leur originalité ou la fréquence de leur rencontre dessine plus profondément.

Au premier plan, voici un costume d'homme qui mérite quelques détails : souliers Molière à talons hauts, culottes bleues bouffantes et bas gris montants ; veston de drap bleu orné de passementeries, à manches fendues, garnies de boutonnières et de boutons en métal ; toque ronde et ceinture en étoffe de laine rouge ; dans la ceinture, qui sert de gousset, une montre retenue par une chaîne pesante en or.

Ce costume convient bien à un homme de haute taille et d'un âge mûr ; l'embonpoint, quand il n'est pas exagéré, ne nuit pas à son effet ; un manteau de nuance plus foncée, jeté sur les épaules, en est quelquefois le complément.

Porté par des hommes plus jeunes ou plus maigres, il subit quelques modifications : la toque est plus légère, la culotte moins bouffante, la ceinture plus étroite et le veston plus collant. Il offre, avec l'habillement des Syriens, beaucoup d'analogie ; entre Tlemcen, point de départ d'Abd-el-Kader, cet adversaire héroïque de la France dans l'Ouest, et Damas, sa dernière résidence, c'est un rapprochement de plus.

La Mauresque, elle aussi, réclame une courte description. Comme toutes les Musulmanes, elle est vêtue d'un péplum de laine couleur crème qui, en promenade ou en voyage, enveloppe la stature entière, cachant les mains et le visage ; il se termine par une pointe qui fait partie de la coiffure et le maintient sur la tête, l'empêchant de glisser sur les épaules.

Arrivée chez elle ou en visite, la Mauresque écarte le péplum ; rien ne cache plus, dès lors, ni les traits de sa figure ni sa coiffure pointue qui est un bonnet en velours rouge, brodé d'or, en forme de pain de sucre ; légèrement penché sur la tête, ce joli cône d'un travail fin et délicat, retient par sa pointe le péplum pendant la promenade. Il est complété, au-dessus du front, par une couronne de petits sequins qui s'y rattache, et cette ligne de pièces d'or descend en s'inclinant de droite à gauche.

Un visage rond plutôt qu'ovale, des narines larges, le nez court, une bouche lippue, des joues pleines, une gorge puissante et une forte carrure caractérisent la Mauresque. Ses oreilles sont impitoyablement percées de trous destinés à recevoir les anneaux qui composent sa parure ; chaque oreille en supporte jusqu'à trois : l'un fixé dans le lobe inférieur et les deux autres passés dans la partie supérieure du cartilage ; outre ces anneaux légers, mais d'une largeur peu commune, une chaînette d'or descend du front sur la poitrine, soutenant un bijou d'argent incrusté de rubis et d'émeraudes ; elle va rejoindre un collier composé de deux rangées de larges sequins.

Les bras tatoués sont chargés de bracelets d'argent repoussé ou cisclé et les mains, larges et potelées, teintes de henné, sont couvertes de bagues, également en argent. Les sourcils, artificiellement rejoints par une ligne noire, impriment du cachet à la physionomie et lui donnent de la sévérité.

Dans un coin, une négrillonne de quatre ans dénoue un paquet d'oripeaux parmi lesquels, très-sérieuse, elle se dispose à choisir les ornements de sa toilette ; c'est une jolie miniature, un vrai bijou d'ébène, une poupée en chocolat qui va s'attifer elle-même et apporter à cette opération tous les soins attentifs que mettent à habiller leurs bébés en carton les petites filles de tous les pays. Très absorbée par son triage, elle se laisse observer un instant : c'est un exemple assez rare du mélange de deux races que cette mignonne moricaude, car, sous ses cheveux crépus, sous le bronze de sa peau, c'est le sang nègre qui prédomine. La mulâtresse continue plus souvent, dans sa descendance, l'évolution vers la race blanche, commencée par sa mère, la négresse de sang pur ; mais il arrive que le mulâtre choisisse son épouse dans sa race maternelle. Cette négrillonne aux petits pieds nus est, sans doute, le produit d'une pareille union. Si elle entend du bruit, elle ouvrira de grands yeux étonnés pour regarder celui qui la dérange. Mais elle est affairée et sa grave besogne l'occupe trop pour que les promeneurs l'interrompent. Tantôt, quand elle aura retrouvé ses vieux colifichets, elle attachera des nœuds aux touffes frisées de sa chevelure et un joli ruban rose autour de son cou. Cela lui ira à ravir.

Les jours de fête et de repos comme le samedi et le dimanche, les rues droites des quartiers francs présentent de leur côté, à la chute du jour, à cette heure où, pour un instant, la température se rafraîchit, un coup d'œil particulier. Au milieu des bandes d'enfants qui s'y ébattent, des fillettes et des femmes circulent, la tête encapuchonnée dans un châle de laine rouge ; d'autres, assises sur le seuil des portes, recouvrent également leur abondante chevelure noire d'une capeline tricotée, teinte des sucs de la cochenille et de la garance. Sous ces mantilles pourpres se dérobent souvent à une attention trop prolongée des traits fins et réguliers, des profils de belles juives, des nez aquilins ou busqués. Des duègnes, qui s'en parent aussi, évoquent, par un visage sévère et labouré de rides, la figure glabre du grand poète de l'Enfer, de Dante Alighieri,

De jeunes indigènes, vêtus de blanc, coiffés du fez, passent par groupes de cinq ou six ; ils portent les cheveux courts et, en outre, par un artifice de toilette fort en usage en Orient, ils prolongent la hauteur de leur front à l'aide du rasoir.

Des courriers postaux, leur service achevé, se promènent solitaires ; chaussés de bottes molles en maroquin rouge, ils laissent flotter sur leurs épaules un ample burnous de même couleur. Ce sont eux qui, montés sur de blancs coursiers arabes, vont porter dans les villages les lettres et les journaux du jour.

Grâce à ces foules qui s'entremêlent, pour peu que la nuit tombe, les rues deviennent méconnaissables. Tout en flânant, on revient, sans s'en apercevoir, vers les quartiers arabes et le bourdonnement d'un *tarabouc* ne tarde pas à signaler la présence du monde musulman. C'est le prélude d'une fête, des chants et de la danse. Sur cet instrument en terre cuite, recouvert d'une peau d'âne, s'acharnent les mains des batteuses de tambour.

Ces tableaux empreints de poésie, joints à la joie brillante du renouveau qui, avant de se ternir sous des ondées diluviennes et des orages caniculaires, dura une quinzaine de jours, nous ont inspiré les vers suivants que nous dédions ;

A TLEMCEN

La couronne de fleurs dont Tlemcen s'est parée
  Luit à son front de feux étincelants ;
La campagne alentour gaîment s'est décorée
  Au souffle tiède du printemps.

Les brouillards dissipés, la ville est dévoilée ;
  Et, secouant les rideaux de peupliers,
Le vent ne chasse plus au fond de la vallée
  Que la neige des amandiers.

La rapide hirondelle
Décrit aux cieux d'azur
Sa courbe qui se mêle
En un dédale obscur ;
Son babil la désigne ;
On la voit, comme un dard,
Gagner en droite ligne
L'antique Méchouar.
Ses créneaux séculaires
Bientôt abriteront
Son nid fait de poussières ;
Bientôt l'habiteront
De jeunes hirondelles
Dont le gazouillement
Réveillera, sur elles,
De l'assoupissement
La cigogne pensive
Juchée au minaret.
La gardienne attentive,
Sentinelle en arrêt,
Réfléchit et médite ;
Songe-t-elle au départ,
A délaisser, bien vite,
L'antique Méchouar ?
Hélas ! Que ne peut-elle
Voler comme le vent

Imiter l'hirondelle
S'enfuir légèrement !
— Reste, triste cigogne,
Demeure aux minarets ;
Ni Strasbourg, ni Cologne
Ne valent les cyprès
Des cités algériennes.
Renonce à tes vieux nids
Des flèches alsaciennes
Et demande aux petits
Des noires hirondelles
D'apporter de là bas
De fréquentes nouvelles.
Elles ne trompent pas ;
Et leurs vœux par l'histoire
A ces mots sont liés :
« Les Français et la gloire
« N'y sont pas oubliés. »

Au front de la cité resplendit la couronne
  Que le printemps tresse de mille fleurs
Et les vergers, dont la ceinture l'environne,
    Sont pleins d'éclatantes couleurs.

Dans les ruisseaux bavards l'onde fraîche murmure
  Rebondissant de rochers en rochers
Et les champs de blé font des écrins de verdure
    A ces rivières des vergers.

Dans l'intérieur de la ville animée
La rue a pris son aspect de printemps ;
Les toits n'ont plus d'aigrette de fumée
Comme aux jours froids de l'hiver et des vents.
La Tlemcénienne a quitté sa mantille

Teinte avec soin de sanglantes couleurs ;
Elle a couvert son front de jeune fille
De franges d'or, et de soie et de fleurs.

.*.

Jolis bambins, bouffis comme des anges
Essaim joyeux qui prenez vos ébats
Vous égayez par vos bonnets étranges,
Ces chaperons pointus comme des mâts,
Cônes ornés de riches broderies
Où le velours et l'or entremêlés
Font s'ébahir les dames éblouies.
Et vous enfants, jouant aux osselets,
Au seuil usé des *gamis* orgueilleuses
Vos jeux sont-ils plus vieux que les versets
De l'Alcoran ? Fillettes sérieuses
Qui grandissez au pied des minarets,
Reines déjà des chansons et des fêtes,
N'avez-vous pas sous vos cheveux châtains
Sous ces bonnets dont vous coiffez vos têtes
D'anciens bijoux, souvenirs plus lointains ?

.*.

De Raphaël la muse chaste et pure
A dessiné ces types de beauté ;
Et ses pinceaux n'auraient pu les exclure
Tant l'art en eux trouve la vérité.
Mais du Titien c'est la palette ardente
Qu'il eût fallu pour peindre ces cheveux
Châtains dont la teinte sombre et brûlante
A son pendant dans l'éclat de beaux yeux.

.*.

Sous le manteau des dames musulmanes
C'est le Coran qui cache son trésor,
Les ornements, les turquoises persanes
Et les colliers formés de pièces d'or ;

Ces longs péplums de bure couleur crème
Sont les gardiens d'inviolables secrets ;
Le Musulman adore ce qu'il aime..........
Et les imans chantent aux minarets.

⁂

Au souffle du printemps, la campagne agitée
   Voit bourgeonner les figuiers aux troncs gris ;
L'olivier s'enhardit et sa feuille argentée
      Frémit, pareille aux cœurs épris.

L'un des premiers, le tremble a repris sa parure
   Qu'émeut déjà le zéphyr plus ardent ;
Timide avant-coureur, il orne la nature
      De ses rondes feuilles d'argent.

CHAPITRE XI

DU COUSCOUS AU CAÏMAC.
LES CAFÉS MAURES

De même que les Allemands ont pour plat national la choucroute et les Italiens le macaroni, le mets favori par excellence des Algériens est le *couscous* qui, du reste, est également le régal des Marocains. A Tlemcen, l'une des villes algériennes les plus voisines de l'Empire du Moghreb, on ne peut manquer de goûter quelquefois de ce mets qui est le plat de résistance de la cuisine européenne et indigène.

Le *couscous*, que l'on prononce couss-couss, se prépare avec de la semoule cuite à l'eau, sur laquelle on verse, après l'avoir égouttée, de la graisse de bouillon. Pour ce faire, on place la semoule cuite dans un cabas de paille tressée qui a la forme d'un pain de sucre dont on a recoupé la pointe ; c'est ce cône tronqué qui sert à tamiser le bouillon dont la graisse s'amalgame autour des grains de semoule et compose ainsi les globules du couscous. Ce mets se mélange avec la sauce des plats de viande que l'on sert en même temps et on l'emploie aussi, avec de la viande hachée, pour farcir des courges.

En Algérie, comme ailleurs en Orient, la cuisine possède en outre, de nombreuses ressources qui lui sont à peu près spéciales. Le *pilaf* en est une des plus communément répandues. La base du pilaf est le riz bouilli, sur lequel on verse une sauce aux tomates et qu'on mélange soit avec des morceaux taillés menus de viande de bœuf et de mouton, soit avec de la volaille découpée ; il y a du pilaf aux rognons, du pilaf aux foies de volailles, du pilaf aux ortolans, aux becfigues, aux crabes, aux écrevisses, aux huîtres, aux moules, aux coquillages assortis qu'en italien on désigne sous l'appellation générique de fruits de la mer, aux grives, aux merles et aux bécassines. Les montagnes de pilaf ou de riz bouilli qui recouvrent les tables orientales recèlent tour à tour dans leurs flancs toutes ces différentes espèces de viandes et de gibiers. Quand le riz est imbibé d'une sauce au piment et qu'on le sert avec du poulet en fricassée, ce genre de pilaf se nomme *curry*, plat que l'on dit indien mais que le goût britannique a répandu dans beaucoup de contrées méditerranéennes.

Le riz du pilaf a pour cousine germaine la *polenta* italienne, cette farine de maïs que les tables algériennes ne dédaignent pas non plus et qui y figure sous la forme de soufflets dorés et appétissants.

Les macaronis de fabrication locale ou napolitaine y occupent aussi, parmi les farineux, la place respectable à laquelle ils ont droit; mais, sous ce rapport, c'est surtout par la permanence et la variété des espèces de légumes que la cuisine algérienne se distingue. Tout l'hiver presque, sauf peut-être en Janvier, mois pendant lequel ils sont moins abondants, les petits pois verts se vendent au marché et se consomment communément; les fèves sèches, les lentilles, les haricots verts et écossés fournissent d'inépuisables ressources.

Parmi les autres légumes, les salades, les endives, les laitues, les choux-fleurs, les choux-cabus, les radis, les navets, les fèves de marais, les asperges, les tomates, les artichauts, les carottes, les cardons, les épinards, les oignons, les poireaux, le persil, les céleris et le cresson de fontaine ne font sur les marchés comme sur les tables que de courtes absences ; avec les pommes de terre nouvelles, ces légumes frais se trouvent toujours en nombre suffisant pour fournir les éléments des hors-d'œuvre, des assaisonnements et des salades russes. En automne et au printemps ce contingent est renforcé par les aubergines et les courges que l'on vide de leurs graines pour les farcir. Aux aubergines on doit aussi d'excellents beignets.

Les purées de pois et de marrons accompagnent souvent les viandes de boucherie et la côtelette de mouton Soubise, à la purée de pommes de terre, n'est pas l'un des moins fréquents parmi les mets algériens.

Parmi les gibiers, la première place appartient au sanglier ; c'est le gros gibier algérien par excellence ; à Alger comme dans l'Ouest, on sert de succulentes côtes de marcassin et des filets de sanglier au Madère non moins tendres. Les grives, les perdreaux, les lapins, les cailles, les alouettes, les bécasses, les bécassines, les lièvres, tout le petit gibier à poil et à plume des régions tempérées, est une autre source d'approvisionnement pour les tables pendant l'automne et l'hiver.

Les poissons tiennent dans l'alimentation la place qui leur revient : les sardines frites et autres fritures de menu fretin, qui rentrent dans la cuisine provençale à l'huile, sont recherchées des gourmets ; les rougets, les anchois, les anguilles, les soles, les maquereaux, le mulet, le turbot, le bar sont fournis par les pêcheries des côtes algériennes ainsi que les coquillages et particulièrement ces fruits de la mer qu'on appelle, en Provence, *clovisses* ou *braires*. A cela, il faut joindre la morue séchée et la brandade qui en dérive, ce mets favori de Thiers, le grand Marseillais qui fut Président de la République après avoir été l'historien du Consulat et de l'Empire.

A ce point de vue, Tlemcen ne le cède pas aux ports de mer et son marché aux poissons, sur la place de la Mairie, est abondamment garni.

A moins d'être frais, les fromages du pays ne sont pas très recommandables, à cause de leur fumet excessif et irritant ; mais les fromages blancs à la crème sont rafraîchissants et hygiéniques.

En Algérie, les boulangers aiment à donner à leurs pains blancs la forme de couronnes que les ménagères sorties le matin en quête de provisions se passent au bras de la même manière que les collégiens qui reviennent de la distribution des prix portent leurs couronnes de lauriers. Qu'ils soient longs comme des cannes d'incroyables ou ronds comme des ceintures de sauvetage, ces pains pétris et cuits à la française, ne le cèdent en rien aux pains arabes, saupoudrés d'anis ou de riz concassé dont on peut se procurer aisément des échantillons à Tlemcen. Fréquemment, dans les rues de la ville, on croise des indigènes qui portent sur la tête une planche où sont posées les galettes rondes qu'ils vont faire cuire au four voisin. Quelques fioritures y sont burinées dans la pâte. Leur goût relevé par l'anis n'est pas désagréable et leur croûte est moins dure que celle des pains blancs des boulangers européens.

Pendant la morte saison, les mandarines et les oranges fraîchement cueillies, les grenades, les dattes sèches, rondes et entières ou entassées dans des cabas où elles se coagulent en pâte, les figues bleues ou grises, les amandes, les raisins secs, les noix et les noisettes ne cessent pas de garnir les étalages des fruitiers ou les vitrines des détaillants. Les oranges surtout se renouvellent constamment et ceux qui les vendent y laissent adhérer quelques feuilles vertes, preuve de leur cueillette récente.

D'espèces diverses, les oranges ont l'écorce tantôt mince, tantôt épaisse et propre à la fabrication du curaçao; moins savoureuses, les oranges purpurines figurent aussi en tas sur les marchés.

Parmi les différentes sortes de dattes sèches, les plus délicieuses sont les dattes transparentes dites du Fars, qui est une province de la Perse. Les brunes sont les plus communes; les unes sont grasses et adhérentes au noyau; les autres, plus sèches sont beaucoup plus légères et le noyau joue à l'intérieur comme une noisette dans son écale; souvent, ces dernières sont véreuses malgré leur bel aspect. Il y a aussi des dattes violettes d'une espèce plus forte; la peau en est ratatinée comme celle des prunes sèches, auxquelles elles ressemblent. Il y a, en outre, des dattes rondes, plus rares, et d'autres plus allongées que l'on exporte plus communément. Toutes ces variétés et tous ces procédés de conservation ne sont pas connus en Europe, où, généralement, on ne voit que les dattes rangées en boîtes et celles qui sont empaquetées dans des cabas.

Outre les différents procédés de conservation les plus usuels auxquels on doit les dattes en régimes, en boîtes, à l'état sec ou en pâte, on fabrique aussi, en Orient, une mixture de dattes et d'amandes dont on farcit des peaux de chevreau entières ou découpées en morceaux, de façon que, dans le cuir recousu, soit renfermée la ration d'une seule personne. Ce mélange aggloméré se conserve et se transporte ; il sert de nourriture aux Bédouins du désert dans l'alimentation desquels la datte joue un rôle fort important.

La confiture de dattes est un entremets délicat ; on l'obtient par la cuisson du fruit frais, mais arrivé à maturité complète. En joignant à la datte confite une crème sucrée nommée *caïmac* par les Turcs, on compose un plat doux qui est le triomphe de l'art culinaire oriental.

La récolte des dattes est une périlleuse entreprise qui coûte annuellement la vie à quelques grimpeurs hasardeux ; pour s'élever sur le tronc rugueux des dattiers en haut desquels les régimes de dattes mûres s'abritent sous la couronne de palmes, les cueilleurs se passent entre les deux pieds une corde qui leur aide à accomplir la dangereuse ascension ; de plus, ils tiennent des deux mains un second lien qu'ils lancent successivement au-dessus de leur tête dans les rainures laissées par la racine des feuilles disparues sur le tronc de l'arbre qu'ils embrassent ainsi par le haut et le bas, la corde des pieds s'appuyant sur la partie antérieure, tandisque celle des mains s'accroche de l'autre côté de l'arbre, sur des aspérités invisibles pour le grimpeur. Celui-ci monte en se hissant à la force du poignet et en s'appuyant sur ses chevilles pendant que, d'un bond de la corde qu'il tient des deux mains il cherche, au-dessus de sa tête, un point d'appui plus élevé. Arrivé en haut, il recueille les dattes dans un tablier qu'il porte attaché à la ceinture et il descend avec son fardeau, une fois qu'il a dépouillé l'arbre de tous ses fruits. La besogne du grimpeur se borne souvent à détacher les dattes de la couronne à laquelle elles adhèrent pour les faire tomber au pied du dattier sur des toiles tendues d'avance pour les recevoir. Lorsque, même, il ne se charge pas des dattes, sa tâche réclame autant de sang-froid que d'agilité. Des négresses, inaccessibles au vertige, ne dédaignent pas de s'y livrer en s'élevant à la cime de dattiers dont la tige menue et flexible rend un hommage aussi éclatant à leur intrépidité qu'à la légèreté de leur poids.

Avec ou sans le concours du *couscous,* tel qu'il a été décrit conformément aux procédés de fabrication d'Oran et de Tlemcen, les repas algériens se distinguent autant par l'abondance que par la variété des ressources culinaires. Ils sont arrosés de vins d'Afrique, blancs ou rouges, dont il serait superflu de vanter les qualités ; le bouquet des vins des meilleurs crus algériens, parmi lesquels ceux de Tlemcen occupent l'une des premières places, ressemble tantôt à celui des vins de Bourgogne, tantôt à celui des crus de la Gironde et cette comparaison méritée est le plus bel éloge qu'on puisse faire d'eux.

Plusieurs clos algériens ont des noms connus, sinon en Europe, du moins en Afrique ; à Alger, les vins que l'on vend en bouteilles sont désignés par des étiquettes qui indiquent leur lieu de provenance. Dans la province d'Oran, le vin de Tlemcen est presque le seul qui soit coté à part ; les autres sont vendus sous l'appellation générique de vin rouge ou blanc d'Algérie ; on y joint quelquefois la mention de l'année de la récolte. Outre ceux qu'on exporte, il en est qui sont destinés à la consommation locale et débités dans les buvettes ; ces vins sucrés rappellent les produits italiens et ne se conservent pas.

Entre ces liqueurs communes et les vins fins qui se vendent en bouteilles cachetées, se placent les crus ordinaires de l'année qui sont généralement consommés comme vins de table dans les hôtels et les maisons françaises. On les boit purs ou coupés d'eau et un mélange par parts égales est ce qui convient le mieux en mangeant.

En Algérie le prix du vin est modique ; c'est une boisson qui est à la portée de toutes les bourses ; l'artisan et l'ouvrier en consomment journellement. A Oran surtout, où elles sont encore plus nombreuses qu'à Alger, les buvettes ne désemplissent pas. Des hommes du peuple, attablés ou debout près du comptoir, y prennent leur absinthe ou leur verre de vin. On débite du vin au litre pour huit, six et même quatre sous. Une bouteille cachetée de vin de l'année coûte un franc ; on paye un franc cinquante, deux francs et au delà pour les produits des récoltes antérieures. Le prix du vin rouge est proportionnellement plus bas que celui du vin blanc.

Dans les principaux cafés d'Alger et aussi dans quelques établissements d'Oran, on consomme de la bière qui coûte de six à huit sous le verre ; la bière en bouteille se trouve plus répandue dans les buvettes mais on en consomme beaucoup moins que du vin parce que, eu égard aux prix courants de ce dernier, la bière est une boisson chère.

On vend à Tlemcen, au prix d'un franc la bouteille, un vin blanc du pays qui offre beaucoup de ressemblance avec le Sauterne. C'est le vin français duquel son goût le rapproche le plus. Quoique, pour être connu et apprécié, il n'ait besoin d'être comparé à aucun autre, comme c'est en quelque sorte un produit nouveau qui n'a pas sa place marquée sur les cartes de restaurant, à côté du Grave, du Pisporter, du Nuits et du Johannisberg, force est bien de lui chercher des analogies parmi les autres vins blancs. Les crus espagnols, liquoreux, sucrés et alcooliques, desquels il tient cependant, n'en donneraient qu'une idée inexacte et il s'éloigne encore bien davantage des vins froids et aigrelets du Rhin et de la Moselle. La douceur mielleuse du Château-Laffite, ce cru si distingué, si onctueux et si apprécié de la Gironde, lui est également étrangère. Il a du corps, de la chaleur et du bouquet comme le vin moderne de Falerne qui, en Italie, figure sur la carte de quelques hôtels et descend en ligne directe, rien n'empêche de le supposer, des fameux crus de l'antiquité chantés par le poète latin des odes, des satires, des épîtres et de l'art poétique. Sans être un vin de liqueur, c'est à la fin du dîner ou hors des repas, accompagné de biscuits et de gâteaux, qu'il s'apprécie le mieux ; c'est aussi le meilleur procédé à employer pour le déguster et faire ainsi la connaissance de ce produit algérien qui ne jouit pas encore d'une notoriété universelle. L'examen démontrera, sans nul doute, que le vin blanc de Tlemcen est apte à tenir une place et même plusieurs places dans les menus les plus recherchés.

Avant d'aller visiter les cafés arabes, il est bon de rappeler quelles sont les consommations qu'on y débite, les ustensiles dont on s'y sert, les meubles et les objets que l'on y voit ou que l'on pourrait y voir ; car si, en Orient, les costumes et les habitudes diffèrent selon les localités, en revanche les relations qui s'établissent entre les régions du monde oriental transportent d'une ville à l'autre des usages plus spéciaux à certaines contrées. Les Musulmans eux-mêmes voyagent et émigrent et leurs habitudes les suivent ; des établissements nouveaux sont fondés à l'instar de ceux qui existent le plus communément dans des pays éloignés et c'est ainsi que tel café paraît plutôt turc qu'arabe, plutôt égyptien qu'algérien, en raison du monde qui le fréquente et de la nationalité du patron.

Le tabac et le café sont les deux principaux articles de consommation.

Le tabac, vendu sous une infinité de marques et de formes, se fume en cigarettes, en narghilé ou en chibouque. Le tabac algérien qui lui-même est renommé et, sous le nom de tabac maure, rivalise avec les produits exotiques, se roule facilement en cigarettes mais son goût est un peu fade. L'une des qualités les plus recherchées est le *chébli* qui fournit un tabac haché très fin, d'une teinte jaune pâle. Dans l'Ouest, à Oran et à Tlemcen, on trouve fréquemment chez les détaillants du tabac noir de la Havane mais le fin tabac turc de Latakié, qui est très apprécié par les amateurs, ne se fume pour ainsi dire pas en Algérie.

La chibouque, qui ne doit pas être confondue avec le narghilé, est une pipe composée de trois parties qui se démontent : un fourneau évasé de terre cuite, rouge ou noire, auquel s'adapte un long tuyau de bois de mérisier ; le fourneau des plus belles chibouques est agrémenté de dorures et l'embouchure est faite d'un morceau d'ambre qui peut se dévisser. Le tabac qui se fume dans la chibouque est coupé fin et approximativement le même que celui de la cigarette ; la fumée, aspirée vivement, arrive directement aux lèvres par le long canal du tube de mérisier. Généralement trop longue pour être tenue simplement à la main, la chibouque repose sur le sol où son fourneau s'appuie sur un plateau de cuivre qui en recueille la cendre.

Le narghilé est un appareil plus compliqué ; on ne peut le fumer qu'étant couché ou assis. C'est une carafe de verre clair, remplie d'eau aux trois quarts ; au-dessus du goulot s'adapte le fourneau qui communique au moyen d'un tuyau avec le fond de l'eau de la carafe dans laquelle il plonge. Dans le fourneau on dépose des morceaux de côtes de tabac ou de tombac et par dessus quelques braises incandescentes de bois de senteur. Le fumeur aspire par un second tuyau en caoutchouc dont l'extrémité aboutit, sans plonger dans l'eau, à l'intérieur de la carafe et la fumée conduite dans l'eau par le premier tuyau remonte, en agitant le liquide qui bouillonne, jusque dans la section supérieure où elle s'engouffre dans l'orifice du second tube pour arriver refroidie aux lèvres du fumeur.

Entre le narghilé et la chibouque, il y a des intermédiaires ; c'est-à-dire qu'il existe des pipes, ayant un tuyau de bois et un fourneau, construites de telle façon que la fumée passe au travers d'un petit réservoir de liquide avant de pénétrer dans le tube qui, dans ce cas, est généralement une tige de roseau. Mais cet appareil, qui est une espèce de combinaison de la chibouque et du narghilé, d'où l'on pourrait déduire l'un et l'autre, ne se rencontre guère que dans les campagnes.

En supposant qu'il soit antérieur, la chibouque et le narghilé qui en sont sortis chacun de leur côté, se sont développés séparément de telle façon qu'ils sont devenus absolument différents l'un de l'autre.

Dans les cafés maures, les Arabes fument le narghilé dont l'eau bouillonne en ronflant au passage de la fumée ; et, sur la terrasse des cafés européens où l'on vend de la bière, de la grenadine, du cassis, de l'absinthe et d'autres liqueurs, les consommateurs attablés l'apprécient de même. La cigarette aussi est fort en honneur chez les indigènes mais il est beaucoup plus rare de rencontrer un Arabe le cigare aux lèvres ou d'en apercevoir qui fument le cigare sur les bancs des cafés maures, où l'on sert des tasses de moka aux consommateurs assis dans des poses nonchalantes.

Le café, que l'on croit originaire de l'Arabie, est par conséquent un produit connu de longue date en Orient où, depuis qu'on le cultive aux Indes, en Amérique et en Afrique, il arrive de ses différents lieux de provenance sous la forme de grains séchés, contenus dans des sacs ou renfermés dans des tonneaux.

Cet arbuste ou plutôt cet arbre, car il atteint dans les plantations quatre ou cinq mètres de haut, est pour ainsi dire inséparable de la race nègre qui le plante, le taille, l'entretient et en récolte les produits en Amérique et aux Antilles. C'est qu'en effet le caféier exige, pour se développer et pour rapporter, des conditions climatériques qu'il ne rencontre que dans la zone torride ou sur sa limite, dans le voisinage immédiat des deux tropiques du Cancer et du Capricorne. Dans ces régions incendiées par la durée des étés et par des rayons solaires tombant d'aplomb pendant les heures médianes de longues journées, le nègre est à peu près le seul travailleur qui résiste au climat.

Ceux qui ont visité les régions où on le cultive s'accordent à dire que cet arbre, à feuillage persistant, dont la feuille est de dimension moyenne, produit une baie verte d'abord, rendue rouge par la maturité, fort semblable à une cerise, dans laquelle sont renfermés par une enveloppe de chair filamenteuse deux grains de café collés l'un à l'autre et contenus dans une pellicule cassante. Une fois récoltées, les baies rouges du caféier, souvent mêlées de feuilles et de poussière, sont lavées et plongées un certain temps dans l'eau ; après quoi elles sont étendues sur une aire et exposées aux rayons du soleil qui dessèche leur enveloppe rouge, la brunissant et la noircissant ensuite jusqu'à ce que les grains contenus à l'intérieur s'en détachent d'eux-mêmes ou puissent être facilement décortiqués. Les grains de café dépouillés de leur brou et de leur pulpe sont livrés au commerce et ils franchissent une première étape qui les rapproche de la consommation lorsque, par les soins de l'épicier, du cafetier ou du particulier, ils ont été brûlés par différents procédés de torréfaction.

C'est en ce point que commence à apparaître une distinction, selon que le café doit être servi à la turque ou à la franque, termes consacrés pour désigner la manière dont la décoction est préparée en Orient et en Occident.

Pour le café à la franque, les grains noircis par la torréfaction sont réduits en miettes au moyen de l'ustensile de cuisine qui s'appelle moulin à café ; le café broyé en rognures peu volumineuses est étendu sur un filtre d'étoffe ou de métal et l'eau bouillante, que l'on verse par dessus, s'écoule en s'imprégnant de ses sucs pour s'égoutter ensuite au travers du filtre ; l'opération terminée, le breuvage se trouve dans le récipient placé sous le philtre et, sur le philtre, où l'eau chaude a été versée, il ne reste que le marc humide. Le café ainsi obtenu sera, sans nul doute, le plus exquis du monde pourvu qu'il soit de bonne provenance et de première qualité.

Pour le café à la turque, le grain torréfié doit être pulvérisé aussi menu que possible soit à l'aide d'un moulin qui le réduit en farine aussi ténue que de la poussière, soit au moyen du mortier et du pilon. La cafetière, sans couvercle et large par sa base, est garnie d'un long manche ; elle est remplie d'eau puis placée sur le feu et dès les premiers symptômes d'ébullition, on y verse une quantité de poudre de café correspondant à la quantité d'eau contenue dans la cafetière ; bientôt après, l'ébullition se produisant tout-à-fait, on agite le liquide avec une cuillère et, à l'aide du manche que l'on a déjà saisi dans la main gauche pendant que l'on remuait la cuillère de la main droite, on retire du feu le café, qui est fait et couvert d'une mousse brune ; il est immédiatement versé dans les tasses au fond desquelles il dépose son marc. Pour le sucrer, on jette, sur le feu, dans l'eau de la cafetière quelques grumeaux de sucre blanc en poudre, coagulé.

En Turquie, on sert ce café dans une tasse de petite dimension que l'on pose sur un plateau à côté d'un verre d'eau et d'une assiette de *loucoums*. On nomme ainsi une pâte transparente et gommée qui ressemble un peu à de la guimauve. Il y a des loucoums aux oranges, au jus de citron, aux framboises et aux fraises. Dans les vallées du Bosphore, sur les pelouses vertes, les cafetiers les servent à leurs clients assis en plein air sur des escabeaux, en même temps que le café à la turque.

Dans les cafés égyptiens, il est préparé de la même façon mais, pour l'offrir au consommateur, on le verse dans une tasse à pied, en porcelaine, qui a exactement la même forme qu'un coquetier. Le plus souvent, le coquetier est en deux pièces :

17.

la partie supérieure, qui est la tasse en porcelaine dans laquelle est contenu le café, correspond à celle dans laquelle on met l'œuf à la coque ; le pied, que l'on tient pour boire entre l'index et le pouce est en métal précieux, en or, en argent, en filigrane orné de pierreries, quelquefois aussi en porcelaine comme la portion supérieure, et il est lui-même évasé de façon à contenir la tasse dans laquelle on boit.

Dans les cafés de Tlemcen, où, comme au Caire, les Arabes vont écouter, assis sur des bancs de bois sculpté, les conteurs qui récitent les légendes et narrent les hauts faits d'Antar, le café est servi dans des tasses de porcelaine, de dimension moyenne, telles que celles dans lesquelles on le boit en Europe à la fin du dîner ; elles sont munies d'un dessous séparé, orné comme la tasse de fleurs peintes. Parfois, ces établissements ont une terrasse en plein air ; parfois, un corridor leur donne accès. Au bout du couloir se trouve la salle entourée d'un large divan recouvert de tapis sur lesquels les indigènes en burnous blancs sont couchés à côté des consommations qu'on vient de leur servir. A gauche, en entrant, un feu de braises chauffe les cafetières dans une niche où sont rangées les tasses. A droite une fontaine d'eau pure coule en murmurant. Le plafond est soutenu par des piliers très-bas, réunis par de larges arcades ogivales. La muraille est garnie d'un lambris de couleur verte ou bien de carreaux de faïence peinte. Les Arabes jouent aux échecs, boivent du vin blanc, servi dans des verres à pied. C'est là une curieuse dérogation aux habitudes des clients ordinaires des cafés maures en même temps qu'une infraction aux préceptes de la religion musulmane. D'autres causent, assis en cercle sur le divan et l'un d'eux qui fume un narghilé paraît être l'objet de leur attention et de leurs prévenances. Dans la conversation animée, les houppes noires et bleues des bonnets rouges s'agitent vivement, lancées d'une oreille à l'autre par les mouvements brusques de la tête et du visage qui se détourne pour faire face aux interlocuteurs.

Les femmes musulmanes ne fréquentent pas les cafés arabes ; cependant, jouissant d'un privilège d'artistes, des chanteuses et des danseuses y attendent, pendant le jour, qu'il soit l'heure de commencer à secouer les grelots du tambourin. Chiromanciennes, bohémiennes, diseuses de bonne aventure, elles fréquentent à visage découvert la société des hommes.

La nuit, à la lueur vacillante des torches de résine ou bien sous les rayons immobiles des lampes à pétrole, ces cafés sont le théâtre des évolutions des danseuses qui mêlent à leurs ébats chorégraphiques des tours d'adresse et de prestidigitation. Monotone dans sa lascivité, la danse arabe ne met le plus fréquemment en scène les danseuses que successivement et une à une. A tour de rôle, chacune d'elles fait valoir ses charmes devant la foule des spectateurs, par des poses gracieuses, par le mouvement saccadé des hanches, par le frémissement de la peau et des chairs qui, sous l'impression d'une émotion vive, s'agitent avec frénésie tandis que les pieds foulent rapidement et nerveusement le sol dont ils se détachent à peine. Les ressources de la danse une fois épuisées, plutôt que de tomber dans les écarts, les voltiges et les tournoiements des ballets des scènes de théâtre, les danseuses répètent leur mimique en la compliquant de gestes nouveaux et de poses que provoquent soit une baguette qu'elles tiennent à la main, soit une bouteille vide qu'elles portent sur la tête. Une bougie allumée est plantée dans le goulot et, de leur bras arrondi, elles rendent à la bouteille l'équilibre qu'elle menace souvent de perdre, au point de choir et de se casser. Habiles dans ce comique divertissement, elles dansent malgré leur fardeau bizarre et, sur leur poitrine et leur gorge frémissantes, le cliquetis des colliers de pièces d'or ne discontinue pas.

Les chanteuses, auxquelles se joignent souvent de jeunes garçons, prennent place au nombre de deux ou trois sur un divan au fond de la salle. Tantôt jetant leurs notes à plein gosier, tantôt murmurant à peine, elles interprètent et composent les mélodies traînantes de la musique arabe qui tremblotent et s'allongent indécises pour tomber des sommets élevés où les a lancées une voix pleine et gutturale jusque dans l'éloignement profond de sonorités assourdies et nasillardes. A la fin de ces phrases musicales interminables, les battements de mains cadencés et les : ah ! prolongés de l'auditoire éclatent en signe d'approbation et accompagnent, en la ponctuant, cette poésie vivante et mélodieuse.

Dans l'assistance quelques Européens sont parfois mêlés aux Arabes. Ce sont les *Roumis*, terme par lequel on désigne en Algérie tous les étrangers des diverses nationalités de l'Europe. En Egypte, par contre, la population indigène distingue entre les *Roumis* et les *Franguis* et l'on entend par *Roumis* les Grecs et même aussi parfois les Turcs, assimilés aux Hellènes, comme successeurs des Grecs du Bas-Empire, auxquels s'appliquait auparavant l'appellation de Roumis, parcequ'ils étaient les derniers représentants de l'autorité romaine, disparue de l'Occident dès les premières années du cinquième siècle. Roumi qui voulait dire primitivement Romain en est ainsi arrivé à signifier Grec ou Turc en Orient et aux Roumis on opposait, en souvenir des Croisades, les Franguis ou Francs de l'Occident. Mais en Algérie le mot Roumi désigne tous les habitants des contrées européennes qui furent romaines dans l'antiquité ; usuellement, tous les étrangers européens indistinctement. Comme on l'oppose à indigène on l'oppose aussi à Musulman et, par cette antithèse, il devient à peu de chose près, synonyme de Chrétien. C'est, en somme, un terme sur le sens duquel les Orientaux ne sont pas d'accord puisqu'en Algérie il signifie, dans un sens vulgaire, tantôt Chrétien, tantôt Européen et qu'en Egypte il ne s'applique strictement qu'aux Hellènes. Toutefois, comme il est d'un usage fréquent, il n'est pas inutile de le connaître, ne serait-ce que pour savoir qu'il n'a rien d'injurieux.

CHAPITRE XII

ENVIRONS DE TLEMCEN.
MANSOURAH

Dans la campagne de Tlemcen les ruines abondent. Presque toutes sont des restes d'anciennes murailles en pierres de taille qui servaient d'enceinte à la ville au moyen-âge. Elles sont formées d'énormes blocs cubiques superposés et portent bien le cachet de cette époque barbare où la force seule était tenue en honneur.

Par leur destination militaire, ces constructions ne se prêtaient d'ailleurs pas au déploiement de talents artistiques. Deux causes concourent, en outre, à diminuer l'impression que produisent ces ruines éparses dans la campagne de Tlemcen.

L'une provient des matériaux dont elles se composent, car, en règle générale, il existe un rapport étroit entre la perfection artistique du talent des architectes et la qualité de leurs matières premières. Ces anciennes murailles sont faites d'assises de pierre grise et friable ; les blocs de ce grès jaunâtre sont mélangés avec d'autres cubes de ciment coagulé ou de pierre artificielle contenant des galets, des cailloux et des fragments de poterie rouge. Ceux-ci, moins solides que la pierre grise naturelle, se sont émiettés davantage ; ils sont parfois, dans leur état actuel, un faible support pour la maçonnerie supérieure.

En second lieu, ces vieilles fortifications aux gigantesques assises, sont partout perforées de trous creusés de préférence aux jointures et aux angles des blocs dont elles sont bâties. On ne serait porté à y voir qu'une intention destructrice si des tuiles insérées dans ces perforations n'indiquaient qu'elles ont été utilisées comme meurtrières dans des luttes où les armes à feu jouaient un rôle qui était inconnu au temps de la fondation du royaume zeyanite. Ces murailles qui abritaient les défenseurs de la ville n'offraient par elles-mêmes qu'une résistance passive; c'était leur destination primitive, voulue par leurs constructeurs ; ces trous perforés après coup les avaient transformées en redoutes qui, au besoin, crachaient au loin le fer et la mort.

L'enceinte crénelée de Tlemcen remonte à la fin du douzième siècle. Ces murailles aux assises colossales, dont les ruines émerveillent encore par leur solidité, ont été construites sous le règne d'Aboul-Hassan, vice-roi almohade de Tlemcen et terminées dans l'espace de quinze années. Leur achèvement qui date de l'année 1185 est antérieur d'un demi siècle environ à l'avènement d'Yarmoracène, de la dynastie zeyanite. Ce prince commença à régner vers 1239.

Cent quatorze ans après leur édification, les murailles de Tlemcen eurent à subir les assauts de l'armée marocaine d'Youssef-ben-Yacoub, aussi appelé Abou-Yacoub, Sultan mérinite, qui fonda Mansourah d'où il tint Tlemcen étroitement bloquée pendant huit ans (1299 à 1307). Ce siège que l'on nomme dans l'histoire le grand siège de Tlemcen mit la cité zeyanite à deux doigts de sa perte. Il se termina par la mort d'Abou-Yacoub qui périt assassiné à Mansourah et la dynastie d'Yarmoracène sortit victorieuse de sa lutte contre les Mérinites.

Après le départ des Marocains, Abou-Hammou-Mousa Ier, Emir de Tlemcen, releva les murailles et restaura les ouvrages de défense, de sorte que la ville était de nouveau en état de supporter un long siège lorsque le Sultan mérinite Aboul-Hassan vint la bloquer trente ans plus tard. Cette fois le sort des armes fut défavorable aux zeyanites et Tlemcen fut emportée le 28 Ramadan 737 (1337). L'Emir Abou-Tachefine périt en défendant l'entrée de la citadelle avec ses fils et son vizir.

Depuis lors, les fortifications de Tlemcen, qui étaient en partie démolies dans la seconde moitié du quatorzième siècle, ont été restaurées probablement à plusieurs reprises. L'histoire mentionne qu'au commencement du quinzième siècle, les Emirs zeyanites avaient remis de nouveau les murailles en bon état.

Antérieurement à Aboul-Hassan, sous le règne duquel fut achevée la grande enceinte, Tlemcen, sous la domination des Almohades alliés aux zeyanites, se composait de deux villes séparées l'une de l'autre par l'espace d'un jet de pierre.

L'une, située au Levant, s'appelait Agadir ou citadelle en langue berbère.

L'autre cité portait le nom de Tagrart, qui signifie camp retranché dans la langue des Zénètes, parcequ'elle occupait l'emplacement du camp du roi almoravide Youssof-ben-Tachefine qui avait assiégé Tlemcen en 462 de l'hégire.

Quand les travaux du mur d'enceinte qui réunit

ensemble Tagrart et Agadir furent terminés vers 1185, les deux cités ne formèrent plus qu'une ville dont la population approchait de cent mille âmes [1].

Telle est la genèse historique des anciennes fortifications de Tlemcen, d'où il est naturel de conclure, conformément à l'impression qu'elles laissent sur le visiteur, que ces ruines renferment des vestiges antérieurs à l'époque d'Aboul-Hassan de même qu'il est visible que des travaux plus récents les ont restaurées depuis les commencements du royaume fondé par les zeyanites.

Entre les portes du Nord et d'Oran, à l'extérieur de l'enceinte actuelle, se trouve un assemblage de ruines qui se rattachent aux murailles de l'ancienne cité. On les atteint au bout de quelques minutes en sortant par la porte du Nord et en descendant la route, à gauche de laquelle elles s'élèvent.

Deux tours rondes en émergent, déchiquetées au sommet par le temps et par les destructeurs humains. Construites en pierre grise comme les murailles elles reposent sur le roc dont la surface a été nivelée au moyen de briques cuites et de carreaux rouges, pour recevoir les fondations.

[1]. Histoire des Beni-Zian par l'abbé Bargès.

Devant ces deux tours, s'élève une construction qui ressemble à quelque grossière imitation d'un pylône égyptien. Il se compose de deux tours carrées, réunies par un mur dans lequel est percée une porte. Si, venant de l'extérieur on passe sous cette porte, on a derrière soi le pylône et, en face, les deux tours rondes séparées par un espace de quelques mètres qui, lui-même, donnait accès dans une vaste cour délimitée par des murs élevés, ornés de créneaux. De ces murs, celui de droite qui, partant de la tour occidentale, se dirige du Nord au Sud, subsiste seul avec, au fond, un pan de muraille sur laquelle s'appuyait une voûte qui, probablement, était celle d'un portique garnissant le côté méridional de ce rectangle à ciel ouvert.

A droite et à gauche du pylône extérieur, se détachaient, laissant entre eux et les quatre tours rondes et carrées un passage libre, des murs qui, vraisemblablement, étaient ceux des fortifications de la cité zeyanite. Celui de l'Est décrit une courbe flanquée de deux tours carrées.

Cet assemblage de constructions qui donnait accès dans la ville était, en même temps, un lieu public tel qu'un temple, un marché, un forum ou un tribunal. Comme l'antique *agora*, sa destination était multiple et il semble qu'il était disposé pour être fréquenté, en tout temps, par les habitants de l'extérieur comme par les citoyens de Tlemcen.

Pour visiter les ruines d'Agadir, on sort de Tlemcen par la porte dont le nom arabe est Bab-el-Giad ; son linteau n'est orné d'aucune inscription. On y descend par la rue toujours très-mouvementée de Mascara qui part de la place de la Mairie.

Après être sorti de la ville on continue sa route en infléchissant vers la gauche ; les chemins qui se détachent sur la droite conduisent à la gare. Au bout d'une courte promenade, on arrive au minaret d'Agadir qui se dresse isolé à quelques mètres du chemin, au milieu d'un champ cultivé. Il est construit en briques et ressemble beaucoup à ceux des mosquées de Tlemcen ; carré comme eux, il est agrémenté d'un réseau, en relief, de lignes ogivales. La mosquée à laquelle il appartenait est entièrement détruite et c'est à peine si les ondulations du terrain voisin laissent deviner les grandes lignes du plan de ce temple musulman complétement rasé. La partie inférieure du minaret est en pierre ; quelques-unes de ces pierres de taille portent des inscriptions funéraires en latin, témoignant qu'elles ont antérieurement appartenu à un champ de repos situé, probablement, sur l'emplacement où fut construite la mosquée.

La plus facile à lire de ces inscriptions est ainsi conçue :

D. M. S.
M. Trebius Zabullus vix. an. XLV.
M. Trebius Januarius fratri piissimo fecit.

Ce qui indique qu'avant d'avoir été encastrée comme elle l'est dans la maçonnerie du minaret, cette pierre appartenait à la tombe d'un certain M. Trebius Zabullus.

En effet l'inscription signifie :

M. Trebius Januarius, à son frère très-pieux M. Trebius Zabullus qui mourut à l'âge de 45 ans.

Des deux frères Trebius, l'un s'appelait Januarius, Janvier ; les Italiens diraient Gennaro ; l'autre se nommait Zabullus, peut-être parcequ'il avait été au Zab ou qu'il y était né. Ce dernier prédécéda à l'âge de quarante-cinq ans ou dans sa quarante-cinquième année, selon que l'on prenne *vix* comme adverbe ou comme abréviation de *vixit* ; et son frère Januarius lui éleva ou lui fit (*fecit*) de ses propres mains un modeste monument funéraire.

Cette inscription latine date, sans doute, du moyen-âge.

Au delà du minaret, on retrouve les anciens bastions de la Tlemcen Zeyanite, des murs élevés composés de blocs de pierre de taille grise, pareils, pour leurs dimensions, à ceux des autres ruines des environs ; des tours carrées et crénelées servaient de travaux de défense avancés à ces hauts bastions, construits des deux côtés de l'une des portes de l'ancienne cité.

Au moyen-âge, les fortifications de Tlemcen englobaient une superficie beaucoup plus étendue que celle de la ville moderne, dont le mur d'enceinte date du second Empire français. Au Nord, au Sud, à l'Est et à l'Ouest de la ville actuelle, circonscrite par sa muraille neuve, il subsiste des ruines crénelées des fortifications du moyen-âge.

Prenant pour point de départ le massif de ruines qui se trouve au Nord, à l'extérieur des portes modernes du Nord et d'Oran, on peut suivre, en se dirigeant vers l'Est, la ligne des anciens murs qui est, à cet endroit, sensiblement parallèle à celle des murs construits dans la seconde moitié de ce siècle. Elle dépassait l'angle Nord-Est de la ville moderne et continuait vers l'Orient en contournant toute la colline d'Agadir, dont les terres étaient soutenues par une haute muraille de blocs cubiques. A l'angle Nord-Est de l'ancienne ville, on voit l'entrée d'un souterrain ; de là, les anciens murs infléchissent vers le Sud et, comme leurs restes le démontrent, ils continuaient à s'appliquer contre le talus de la colline qui regardait vers l'Orient. On peut en suivre les débris jusqu'à la sortie du chemin qui passe au pied du minaret d'Agadir. Cet endroit de l'enceinte en ruines, défendu extérieurement par une ligne de tours crénelées, était probablement l'une des portes de l'ancienne cité, de même que le massif de constructions situé non-loin de la porte moderne d'Oran. C'était la porte orientale comme l'autre était la porte du Septentrion.

De là, l'enceinte crénelée continuait à contourner la colline et atteignait bientôt un cours d'eau qui coule au pied des tours qui servaient d'ouvrages avancés à cette porte de la ville. Du moment qu'elles ont atteint ce cours d'eau, les ruines des anciennes fortifications le suivent en le remontant et décrivent désormais une ligne brisée dont la direction oblique va du Nord-Est au Sud-Ouest. Elle est coupée en deux tronçons par la gare du chemin de fer, dont une partie est située sur l'emplacement de l'ancienne Tlemcen. Le cours d'eau qui baignait au Sud-Est les fondations des anciennes murailles descend des collines rocheuses qui sont au Midi de Tlemcen ; il s'engouffre sous une voûte pour passer sous le terre-plein de la gare mais, au delà de celle-ci, on le retrouve, de même que les vieilles murailles crénelées qui en suivaient toutes les sinuosités. Elles le quit-

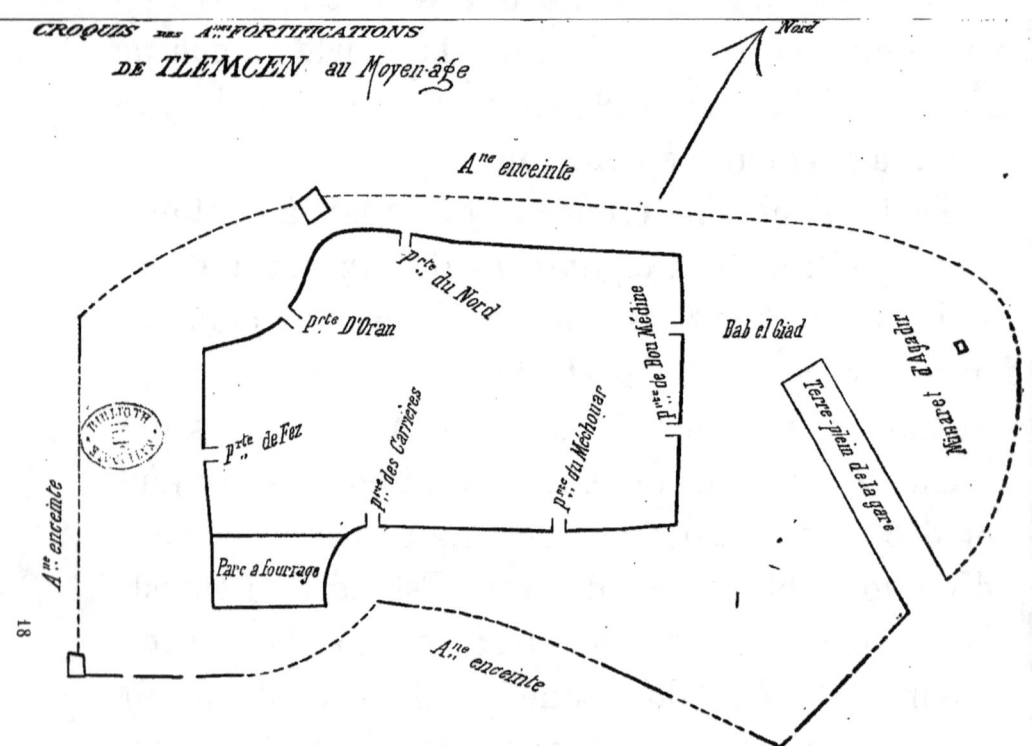

taient cependant après l'avoir longé jusqu'en un point qui est au Midi de l'angle Sud-Est de la ville actuelle et elles s'en écartaient dans la direction de l'Occident, à peu près parallèles, au Sud, à la muraille moderne comme elles lui sont parallèles au Nord.

Arrivées à leur angle Sud-Ouest, qui s'avançait davantage vers Mansourah que l'angle correspondant de la ville actuelle, elles prenaient la direction du Nord pour aller rejoindre, à l'aide d'une courbure, le massif de l'ancienne porte du Septentrion. C'est de ce côté occidental, le plus exposé aux attaques des assiégeants marocains, qu'il en subsiste le moins de vestiges.

Il n'existe pas de route contournant extérieurement cette ligne des ruines des anciennes fortifications du moyen-âge. Lorsqu'on veut les visiter sur tout le pourtour, on est obligé de suivre tantôt des chemins, tantôt des sentiers fort étroits, tantôt des chaussées de pierres concassées. Soit qu'on passe au pied des murs, soit qu'on les aperçoive seulement d'une certaine distance, à l'intérieur ou sur la limite de jardins clôturés de haies vives, on parvient cependant à en faire le tour et à se convaincre que la Tlemcen du moyen-âge était une cité beaucoup plus étendue et, partant, beaucoup plus considérable que la ville moderne ; qu'à l'abri de ses hautes murailles, elle pouvait soutenir de longs sièges ; et l'on cesse de s'étonner de la stérilité momentanée des efforts tentés contre elle par des souverains aussi puissants que les Sultans du Fez qui commandaient à une armée nombreuse et construisaient eux-mêmes une place forte telle que Mansourah. La puissance colossale de résistance que donnaient à Tlemcen son étendue et sa population explique seule la durée des sièges qu'elle eut à soutenir et la nécessité où se trouvaient ses agresseurs de s'établir solidement à côté de la proie qu'ils convoitaient pour éviter les conséquences d'un retour offensif. Il semble, en effet, que cette grande force de résistance passive de la capitale zeyanite, que le Maroc étouffait, la secouât parfois de convulsions redoutables pour les assaillants.

Vers l'Ouest, plusieurs promenades commencées à la porte de Fez, donnent une idée de la topographie des anciennes fortifications de Tlemcen. Il en est de même au Nord, près de la porte moderne d'Oran où les ruines déjà décrites de la vieille porte du Septentrion réclament une visite spéciale.

Pour voir la ligne méridionale des murs du moyen-âge, on sort par la porte des carrières et, tournant à droite, on suit quelque temps l'enceinte moderne jusqu'à l'angle qu'elle forme en infléchissant directement vers l'Ouest. Là, on prend à gauche un chemin qui longe extérieurement, à peu de distance, les vieilles murailles crénelées de la cité zeyanite; en continuant à suivre cette direction, on arrive au ruisseau qui servait de limite au Sud-Est et passe sous le terre-plein de la gare. On descend son cours par un chemin qui est sur sa rive droite, d'où l'on a constamment en vue les anciennes murailles qui s'élèvent sur la rive gauche. Près de la gare, où le ruisseau s'engouffre sous une voûte, il est nécessaire de s'écarter un instant des ruines pour contourner le terre-plein en passant sous le pont du chemin de fer. Au delà, un sentier sur la gauche ramène au frais vallon au fond duquel coule le cours d'eau; sur la rive opposée on recommence à apercevoir les vieilles murailles et les tours carrées. Le sentier qui se détourne un peu pour s'approcher de deux métairies mène à l'ancienne porte orientale qui est près du minaret d'Agadir.

Une autre fois, on peut quitter l'enceinte moderne par la porte que les Arabes nomment Bab-el-Giad et gagner de là en infléchissant vers la gauche, par des chemins qui s'éloignent dans la campagne, la vieille porte du Septentrion. Là encore, on a presque constamment en vue les tronçons des fortifications anciennes. Si, au lieu d'obliquer à gauche, on veut contourner la colline d'Agadir, plus basse que celle où la ville actuelle est bâtie, on trouve aussi, sur la droite, un sentier étroit qui conduit, en passant devant l'entrée voûtée du souterrain, au point où l'on aboutit en suivant le cours d'eau qui disparaît sous le terre-plein de la gare et l'on revient à Tlemcen en passant au pied du minaret.

Ces indications, destinées surtout à être comprises sur les lieux, s'imposent par l'utilité qu'elles présentent pour le voyageur désireux de se rendre un compte exact de la topographie de Tlemcen au moyen-âge.

*
* *

Une bonne route conduit de la porte de Fez aux ruines de Mansourah ; on peut la suivre à pied ou en voiture jusqu'aux restes de cet ancien camp fortifié des Marocains qui se transforma pendant le long siège de Tlemcen en une ville puissante. Sa fondation remonte aux premières années du quatorzième siècle, époque à laquelle la capitale zeyanite eut à soutenir un siège dont elle sortit victorieuse ; plusieurs fois, dans la suite, Mansourah fut réoccupée par les Marocains qui s'emparèrent de Tlemcen et soumirent à leur joug le royaume des Beni-Zian.

Avant d'y arriver, on voit à gauche de la route un arc de triomphe en briques de forme ogivale ; c'est une construction récente et peut-être une allusion au nom de Mansourah, dont les ruines sont proches.

Elles occupent une superficie étendue qui paraît être celle d'une ville de cent mille habitants. Situées à l'Occident de Tlemcen, elles sont traversées par la route qui, de la porte de Fez, se dirige vers la frontière du Maroc. Elles forment un vaste quadrilatère rectangulaire de tours et de murailles adossé au chaînon méridional des montagnes de la région ; vers le Nord, il se prolonge dans la campagne plantée de vignes. Le grand minaret est près de la ligne occidentale de tours, à gauche de la route quand on vient de Tlemcen.

MANSOURAH

Mansourah ! C'est le nom de la ville orgueilleuse
Qui menaçait Tlemcen, aux bastions crénelés.
Ses ruines sont debout. La cité victorieuse
N'est plus qu'un long carré de remparts ébranlés.
Du Maroc c'est l'orgueil mêlé de noire envie
Qui batit cette enceinte, étrange monument
De colère et de force à la haine asservie.
Le cadran des Chrétiens marquait l'an treize cent.

....

Mahomet eût maudit ces luttes éternelles
Et son cœur eût saigné du sang de ces croyants
Accourus des déserts pour vider leurs querelles
Dans des combats meurtriers sans cesse renaissants.
Le prophète eût gémi sur cette erreur fatale
Qui divisait son peuple. Hélas ! dans ses écarts
Il ne connaissait plus que la force brutale.
Le salut de Tlemcen était dans ses remparts
Qui bravaient les assauts du Maroc en furie,
Dans ses tours et ses murs couronnés de créneaux
Dans ses vaillants soldats, sa milice aguerrie
Ses armes, ses greniers, ses vastes arsenaux.
Ses murailles de roc étaient sa sauvegarde ;
Ses bastions abritaient et la science et les arts ;
La gloire rayonnait comme un soleil qui darde
De ses hauts minarets, des tours de ses remparts.
— C'en était trop. Le cœur du Sultan Mérinite
Fut mordu par l'envie. Impatient, il jura
De réduire à merci la cité zeyanite ;
En face de Tlemcen, il fonda Mansourah
Que, dans l'égarement de sa haine ambitieuse,
Il nomma, fol espoir étouffé dans son sang,
La ville des vainqueurs, la cité victorieuse.
C'était là que le tigre avait jeté son camp.
....

Tlemcen lui résistait. Sa solide muraille
Défiait tous les assauts. La sape et le bélier
N'étaient contre ces blocs que des fétus de paille
Et l'homme une fourmi luttant contre un pilier.
Fatigué d'opposer à ces créneaux de pierre
Ses tours, ses ponts-levis, tous ses engins de bois,
Le Sultan résolut d'émerveiller la terre
Et de jeter l'effroi dans Tlemcen aux abois.
« Ce siège, pensa-t-il, commencé par envie
« Finira par l'envie au cœur des ennemis.
« A fonder Mansourah je consacre ma vie :
« Ses tours vont s'aligner. Vois, Tlemcen, et frémis.
....

« Renverser un Etat, quelle gloire éphémère !
« Culbuter des remparts, quel triste passe-temps !
« A mon orgueil il faut, victoire plus amère,
« Un triomphe entouré d'autres abaissements.
« La prise des cités exige sans nul doute
« La patience, l'ardeur et l'intrépidité ;
« Mais à de tels travaux je préfère une route
« Menant plus sûrement à l'immortalité.
« Conquérir ; honneur vain. Fonder, voilà la gloire.
« Renverser et détruire est l'œuvre d'un instant ;
« Le nom des fondateurs appartient à l'histoire ;
« Pour réduire en poussière il suffit d'un enfant.
« Tlemcen ne cède pas ; j'en ferai la copie
« Et de ses minarets, son Emir déloyal
« Verra, non sans pâlir de colère et d'envie,
« Un décalque plus beau que n'est l'original.
« Tlemcen ne s'ouvre pas ; c'est bien, je la dédaigne.
« Mes palais seront plus splendides que les siens.
« Seule ma création est digne de mon règne
« Ses murs surpasseront les remparts tlemcéniens.
« Je veux que du Maroc mes cités délaissées
« Reconnaissent ici ma supériorité
« Que Tlemcen et que Fez, toutes deux éclipsées,
« Décernent à mon nom son immortalité. »
. . . .

Il se tut. A son geste une ville était née.
De terre semblait croître une légion de tours
Sur l'enceinte en carré par l'équerre alignée.
Un peuple se pressait lui prêtant son concours
Tirant ses matériaux des carrières voisines
Equarrissant les blocs aux blocs superposés
Jetant les fondements de gigantesques ruines
Que couronnent encor leurs créneaux espacés.
Ce cadre est oublié ; cette solide enceinte
Est vide de cité. Seule une haute tour
Fend l'air de ses débris. Elle a subi l'atteinte
Du temps, ce destructeur qui sape nuit et jour.
Le vent impétueux qui du désert dévale

> S'acharne à renverser l'orgueilleux pan de mur
> En vain ; le minaret, flèche de cathédrale,
> Se dresse, menaçant le firmament d'azur.

———

Vers l'Ouest, Mansourah n'est pas la seule forteresse qui ait menacé Tlemcen au moyen-âge ; il existe, en outre, entre les deux villes, d'autres ruines qui paraissent être celles de travaux stratégiques avancés.

Sortant par la porte de Fez, on suit quelque temps la grand'route qui, plus loin, passe au travers des ruines de Mansourah. A gauche, on laisse une esplanade qui est un marché au bétail ; on y vend tantôt des bêtes de somme telles que des chameaux, tantôt des bêtes de boucherie ou de trait comme des bœufs et des veaux ; on y aperçoit des chameliers arabes, armés du fusil passé en bandoulière et enveloppé dans une gaine d'étoffe, venus à Tlemcen avec des files de chameaux à la démarche gauche et hésitante. Ce sont là des éléments de la composition des caravanes qui desservent le commerce de l'intérieur africain dans les régions plus reculées où les chemins de fer n'ont pas encore pénétré.

Au delà de l'emplacement de cette foire au bétail, on découvre sur la gauche une élévation couverte de ruines vers laquelle se détache un chemin de campagne. Comme la grand'route il mène au rectangle formé par les tours carrées de l'ancienne forteresse du Sultan du Fez mais un sentier qui infléchit vers la colline conduit à des cavernes enfumées, habitées par des Bédouins qui y ont dressé leur tente. Ces noires excavations ont miné la colline dont un pan s'est effondré. Au-dessus, subsiste un enclos dont les épaisses murailles circonscrivent un carré percé de portes. Les pilastres de ces issues portent des traces d'ornementations dont des carreaux rouges en terre plastique ont fourni les matériaux. Cet enclos devait être un poste avancé de Mansourah où, peut-être, on remisait une partie des engins du siège, tels que les tours de bois ; c'était aussi un refuge pour les soldats marocains repoussés des remparts de Tlemcen par les sorties des assiégés. Le nombre et la largeur des portes dont deux, voisines l'une de l'autre, sont tournées vers Tlemcen, le laisserait supposer. Une fois abrités dans ce quadrilatère, les assiégeants pouvaient reprendre haleine et fabriquer à leur aise de nouvelles machines de guerre, sans être obligés de regagner Mansourah si le retour offensif des Tlemcéniens n'était pas assez vigoureux pour les déloger de la position.

Les rochers voisins qui se dressent au Sud se continuent vers l'Ouest en longeant les tours de la ville fondée par les Marocains. La chute d'un torrent qui tombe de leur crête forme une brillante cascatelle dont la blanche écume glisse entre des buissons verts. Ce panache cristallin vit et s'agite dans son écrin de broussailles comme une plume d'autruche plantée au front de la montagne entre deux rameaux de laurier dans lesquels se joue le zéphyr.

Plus près de Tlemcen, vers laquelle ramène un sentier rocheux qui longe un filet d'eau courante, d'autres ruines de constructions massives attestent de nouveau la persistance des efforts dirigés par les Marocains contre les fortifications dont il subsiste aussi, de ce côté, des vestiges aux abords desquels s'étend un verger d'oliviers. Là, commencent les travaux de défense qui appartenaient à Tlemcen, tandis que les constructions précédentes, souvent disputées pendant les luttes obsidionales, étaient l'œuvre des assiégeants. Un fort, aux assises colossales, autour duquel croissent des figuiers, était à l'angle des murailles de la cité zeyanite.

Le sentier, qui oblique vers la gauche, revient, en longeant des jardins, vers l'enceinte moderne de la ville. Au printemps, les buissons de ces jardins où les lilas et les orangers fleurissent, où les roses s'épanouissent, donnent asile à des rossignols et ces rois des oiseaux chanteurs, amateurs des frais bocages et des ruisseaux d'onde pure, charment l'oreille par les variations sonores de leurs chansons. Leur gosier infatigable emplit l'air de cascades harmonieuses que les échos répercutent et qu'ils se renvoient l'un à l'autre, émules d'un art dont ils gardent le secret. Soudain ils s'arrêtent; ils interrompent leurs joutes musicales; ils font trêve à leurs rivalités et volètent de branche en branche. Ce sont bien les gentils rossignols des climats européens; ils ont les pattes délicates et fines, le plumage lisse et roux comme l'écale des noisettes que la maturité détache de leur gaine barbue.

Pour ne pas rentrer en ville par la porte de Fez, on remonte par un chemin qui en contourne l'angle Sud-Ouest. On laisse à gauche l'esplanade de la foire au bétail et l'on passe auprès d'un ancien réservoir d'eau, de forme carrée, construit avec des blocs de pierre grise semblables à ceux des fortifications du moyen-âge. Ce bassin qui alimentait la ville assiégée n'est pas le seul dont il subsiste des vestiges en assez bon état. Un autre réservoir à ciel ouvert bien conservé est à l'Est, le long des murailles qui font face à la gare.

Un chemin qui ne s'écarte pas de l'enceinte

actuelle de Tlemcen contourne la ville par le Midi et il mène à la sortie du Méchouar par où on regagne le centre.

* * *

Le chemin qui forme avec la grand'route une bifurcation, à l'Occident de la porte de Fez, arrive à l'angle Sud-Est des ruines de Mansourah et il longe quelque temps la ligne de tours qui fermait au Sud la ville marocaine. C'était le côté le plus court ; les quatorze tours qui le défendaient ne suivaient pas une ligne rigoureusement droite et il en était de même à l'Occident, où la muraille était légèrement convexe ; de façon qu'au point de vue strictement géométrique, la figure décrite par ce boulevard de pierres brunes de grandes dimensions, tel qu'une pyramide égyptienne éparse sur le pourtour d'une ville évanouie, était un polygone irrégulier, convexe et concave à la fois ; au coin du Nord-Ouest, notamment, se dessine un angle rentrant bien marqué. Toutefois, il vaut mieux le désigner moins scientifiquement par le terme de quadrilatère rectangulaire qui en donne une idée plus juste et correspond à la réalité puisque, sans être un rectangle parfait, ces fortifications avaient au moins l'aspect d'un rectangle à cause de leurs quatre côtés qui correspondaient aux quatre points cardinaux et suivaient des lignes droites ou brisées légèrement, se coupant à peu près à angle droit. Du Nord au Sud, les côtés de ce carré long, qui faillit être un rectangle, s'étendaient davantage que dans la direction opposée de l'Est à l'Ouest.

Au Sud comme au Nord et à l'Est, le mur d'enceinte, qui était crénelé, a presque complètement disparu ; les tours seules subsistent ainsi que les châteaux forts qui défendaient l'entrée des portes. Le côté le mieux conservé regarde l'Occident ; là, non seulement les tours mais une partie de l'enceinte sont restées debout et ceci est conforme à la logique du raisonnement car une place de guerre prise pour base d'opérations par les Sultans marocains devait être moins souvent battue en brèche du côté de l'Ouest, tourné vers la frontière marocaine d'où venaient les renforts et les approvisionnements, que sur ses autres flancs. Le mur et les tours de l'Est, par contre, étaient vis à vis de Tlemcen et les plus exposés, malgré les travaux de circonvallation qui entouraient cette ville assiégée ; le mur d'enceinte oriental a été renversé et une partie des tours s'est écroulée. Il en reste sur les quatre faces de Mansourah une grande quantité mêlée à des castels plus vastes qui avoisinaient les portes et renforçaient les angles ; parfois leurs vestiges se réduisent à quelques assises amorcées dans la muraille, à des soubassements, à des blocs cubiques renversés sur le sol ; elles étaient primitivement et sont encore à plus forte raison depuis qu'il en manque, séparées par des intervalles irréguliers, de façon qu'il est presque aussi difficile d'effectuer le dénombrement de celles qui restent debout que de présumer combien il y en avait lors de la fondation de Mansourah, c'est-à-dire à une époque qui remonte à peu près à six siècles en arrière. Innombrables elles étaient parce que, de dimensions diverses, elles ne pouvaient être rangées toutes ensemble dans la même catégorie ; innombrables elles sont demeurées parceque la destruction les a atteintes à des degrés différents et que, tandis que l'une est encore presque intacte, telle autre a complétement disparu. Entre le nombre difficile à indiquer de celles qui existaient dans le principe et le chiffre qu'il est encore plus malaisé d'établir de celles qui subsistent, il y a un écart flottant qui met obstacle à la précision et explique les divergences de calcul. Au moyen-âge, les tours de Mansourah étaient innombrables, au moins pour un poète flatteur, quoique leur nombre ne dépassât guère une centaine ; elles sont encore innombrables, mais il en reste un peu moins de cent. Plus exactement, elles étaient et sont encore plus que jamais impossibles à compter ; mais, en aucun temps, elles n'ont exclu, par leur quantité, l'idée du nombre.

En ne distinguant pas entre les châteaux forts des angles, ceux des portes et les autres castels plus petits, on compte actuellement, sous les réserves ci-dessus, quatorze tours au Sud, vingt-huit à l'Ouest, vingt-quatre au Nord et vingt à l'Est, soit quatre-vingt-six sur tout le périmètre.

Comme les murs d'enceinte qu'elles dominaient de haut, ces tours étaient crénelées ; elles comptaient trois étages au moins, soutenus par des voûtes de maçonnerie en briques ou, à défaut de celles-ci, divisés par des planchers de bois qui s'appuyaient sur le rebord intérieur des assises ou sur des poutres insérées dans des mortaises pratiquées dans la pierre. Des escaliers et des échafaudages de bois, dont il ne reste plus d'autre trace que ces excavations d'appui, devaient occuper l'intérieur et permettre aux guerriers de combattre du haut de la plate-forme garnie de créneaux et entourée d'un parapet ; de là, ils lançaient leurs traits et leurs projectiles mais, primitivement, ces tours n'étaient percées d'aucune meurtrière ou ouverture quelconque sauf la porte qui était basse et suffisante seulement pour livrer passage à l'un des blocs de pierre de taille dont se composaient les assises supérieures.

Ainsi défendue Mansourah pouvait résister à un siège aussi longtemps que Tlemcen ; ses murailles étaient hautes et solides et l'on s'épuisait vainement à les battre en brèche à l'aide des engins connus à cette époque du moyen-âge ; il aurait fallu pour les saper et pour jeter bas ces constructions superbes les galeries souterraines et les étançons de bois destinés à devenir la proie des flammes, à l'aide desquels Tamerlan réduisit en poussière les remparts de Smyrne ; mais le conquérant tartare ne parut qu'un siècle plus tard et le peuple de guerriers qu'il traînait derrière lui n'inonda pas l'Afrique comme il avait dévasté l'Asie.

A l'endroit où la route de Tlemcen coupe la ligne occidentale des fortifications de Mansourah, on peut plus facilement qu'en d'autres points accessibles se rendre compte et de la hauteur du mur d'enceinte crénelé et de l'élévation des tours.

Le mur comprenait, depuis les fondations jusqu'à la base des créneaux et abstraction faite de ceux-ci, onze ou douze assises de pierres équarries, hautes chacune de quatre-vingt-dix centimètres environ, ce qui donne, pour les murailles, une hauteur de dix à onze mètres. Les tours, sans leurs créneaux, comptaient deux assises de plus que le mur, ce qui porte leur élévation à une douzaine de mètres.

*
* *

Remarquables par leurs ruines, les environs de Tlemcen ne le sont pas moins par leurs curiosités naturelles. De quelque côté qu'on dirige ses pas, le hasard mène à la découverte de chutes d'eau, de torrents qui bouillonnent à la crête des rochers et descendent en luttant contre les pierres et les cailloux de leur lit jusqu'aux campagnes cultivées où ils arrosent, divisés en une quantité d'embranchements, de canaux et de rigoles, les champs de blé en même temps que les racines séculaires des oliviers. Le volume d'eau qu'ils charrient est diminué par toutes ces saignées qui répartissent en minces filets des rivières assez considérables. L'agriculture enrichie au détriment de la beauté des chutes et des cascades rend au pittoresque une partie de ce qu'elle lui doit par la profusion de la verdure qu'elle répand en flots ondoyants sur les coteaux des montagnes.

De Tlemcen à Aïn-Fezza, la première station du chemin de fer par où l'on arrive de Tabia et de Sidi-bel-Abbès, une route suivant comme la voie ferrée la chaîne méridionale des montagnes conduit, en passant, à la plus jolie cascade des environs. Pour faire cette promenade qui dure environ trois heures, y compris le temps qu'on perd à se reposer au pied de la cascade, le mieux est de prendre le train à Tlemcen et de descendre à la station d'Aïn-Fezza. On revient alors pédestrement à Tlemcen par une route qui longe en corniche les pentes escarpées du massif montagneux ; on a presque continuellement en vue le remblai de la voie ferrée qui disparaît par instants dans des tunnels.

Comme les autres colonies françaises du Nord de l'Afrique, Aïn-Fezza consiste en une rue large, bordée de maisons ; dans la plupart des centres un peu considérables, deux rues pareilles se coupent à angle droit et forment en se rencontrant une grande place carrée. De la gare d'Aïn-Fezza on atteint par une avenue la grand'route, qui est en même temps la rue principale du village et l'on tourne à gauche pour se diriger vers la cascade située entre l'ancienne capitale zeyanite et Aïn-Fezza.

Bientôt on aperçoit dans le lointain le minaret d'Agadir qui émerge de la verdure des bois d'oliviers, les toits rouges de la gare et les minarets de Tlemcen. La cascade, qui est beaucoup plus près, au fond d'un hémicycle de montagnes, ne commence à être visible qu'à partir du moment où l'on a perdu de vue Tlemcen et Agadir que dérobe désormais un épaulement interposé par le changement de direction de la route. Tout d'abord on ne voit de la cascade qu'un ruban de neige d'une éclatante blancheur, appliqué immobile sur le flanc gris de la montagne ; cette ligne d'eau qui bouillonne remue à peine ; elle brille et s'enfle parfois comme une légère étoffe de satin que la brise tenterait de détacher du rocher.

La route qui s'attache aux flancs de la montagne et suit l'ovale décrit par cette vallée passe au pied de la cascade, d'où l'on aperçoit une seconde chute d'eau cachée jusque là. Descendant toutes deux obliquement dans le même hémicycle, elles se rejoignent dans la cascade qui en est en même temps le confluent. En haut, les deux bras de la cascade représentent les branches d'un Y ; celui de gauche est le ruban immobile aperçu de loin ; celui de droite, plus tumultueux, se divise en plusieurs panaches d'écume qui tombent gracieusement en gerbes argentines. Rejointes, les deux chutes d'eau continuent à descendre en bouillonnant la pente abrupte de la montagne, dans laquelle leur torrent, désormais unifié, a creusé des cavernes et des grottes ornées de stalactites ; puis elles s'écoulent en passant sous la route ; l'arche métallique du pont de la voie ferrée les franchit également.

Dans une courte poésie improvisée au bas de la colline nous avons essayé de donner, par la rime et la mesure du vers, une image de cette particularité singulière de la cascade qui, de double devient une. Les deux premières strophes qui se lisent d'abord séparément n'en forment qu'une lorsqu'on fait suivre chacun des quatre vers de la seconde strophe de chacun des quatre vers correspondants de la première strophe. De leur assemblage résulte une troisième strophe qui représente le mélange des deux chutes d'eau confondues en une seule cascade et la quatrième strophe complète l'idée de la fusion qui s'est opérée entre les deux torrents ; elle y ajoute celle de la plus grande puissance acquise par la cascade depuis la jonction des deux chutes.

Voici cette poésie, dans laquelle la césure rimée des vers de dix syllabes facilite la juxtaposition :

A LA CASCADE

I

Un panache de neige
Au souffle du zéphyr
Exhale son soupir
Résonnant en arpège.

II

Un flot d'argent
Roule tranquille
Ru qui scintille
Au gré du vent.

III

Un flot d'argent, un panache de neige,
Roule tranquille au souffle du zéphyr,
Ru qui scintille, exhale son soupir
Au gré du vent résonnant en arpège ;

IV

Et la cascade qui bondit
Blanchit les rocs de son écume
Enflant sa voix, torrent qui fume,
En un murmure qui grandit.

Pour obtenir un symbole figuratif, une sorte de dessin typographique de la cascade et de ces deux chutes d'eau qui associent leurs bouillonnements harmonieux de façon à descendre mélangées dans le lit d'une seule rivière, il faut écrire ces vers de la manière suivante :

Un flot d'argent	Un panache de neige
Roule tranquille	Au souffle du zéphyr
Ru qui scintille,	Exhale son soupir
Au gré du vent	Résonnant en arpège ;

Et la cascade qui bondit
Blanchit les rocs de son écume
Enflant sa voix, torrent qui fume,
En un murmure qui grandit.

Les deux premiers quatrains, entre lesquels subsiste un angle vide, représentent les deux cascades qui convergent l'une vers l'autre ; et le troisième quatrain figure la continuation de la chute d'eau par le mélange des deux courants.

De la cascade, on revient à Tlemcen par la route et le paysage environnant est l'un des plus pittoresques que l'on puisse contempler.

On peut aussi commencer cette promenade par Tlemcen ; alors, on sort de la ville par la porte de Bou-Médine et au lieu de se diriger vers l'entrée de la gare, on oblique à droite pour aller passer sous le viaduc du chemin de fer ; aussitôt après, on tourne à droite et cette route mène à la cascade. En continuant à la suivre jusqu'à Aïn-Fezza, on découvre de jolis points de vue sur la campagne qui environne Tlemcen.

* * *

Sortant de la ville par l'une des deux portes du côté Sud, on suit le chemin qui est à droite du lavoir et l'on monte vers les collines qui dominent Tlemcen. Dans les derniers jours d'Avril, les haies de rosiers qui bordent les chemins qui les gravissent sont couvertes d'une profusion de roses épanouies ; comme elles, les bouquets ronds des fleurs de sureau, les grappes des acacias et des cytises emplissent l'atmosphère de leurs parfums pénétrants. Des moulins mus par des chutes d'eau utilisent successivement la force motrice des ruisseaux qui descendent des montagnes.

En haut, des cavernes enfumées qui ouvrent leur gueule noire vers le Sud sont habitées par des indigènes. Ce hameau souterrain creusé dans les flancs d'un morne de pierre grise abrite quelques familles arabes qui vivent là sous leur toit de rochers et de terre amoncelée. L'entrée de quelques-uns de ces antres est fermée par des murs de pierres jointes ensemble sans ciment; ils ne masquent qu'une partie de l'ouverture ; dans le haut l'air et la fumée circulent librement. Auprès du hameau des tas de broussailles sèches sont préparés pour servir de combustible. Ces Troglodytes sont des Bédouins semblables à ceux qui vivent sous la tente ; ces frustes, ces simples sont des pasteurs comme les nomades mais de plus ils sont agriculteurs. La Société leur doit souvent de la reconnaissance pour un travail fourni généreusement et pour un désintéressement qui se fonde sur une absence presque complète de besoins ; à ces primitifs qui se contentent de l'abri dont la nature gratifiait les hommes des âges préhistoriques, elle doit de plus le respect car à la simplicité de leur existence se mêle un peu de cette philosophie qui apprécie à leur juste valeur les richesses et tout ce qu'elles procurent. La civilisation et ses bienfaits ne sont pas d'ailleurs ignorés de ces populations dont le caractère et les mœurs ont, à plusieurs reprises, passé au travers du crible des organisations sociales ; loin de dégénérer et de s'étioler, elles se fortifient par une existence qui serre la nature de près et ne fuit pas la lutte contre les éléments.

Quand on poursuit cette promenade sur les hauteurs jusqu'au fortin moderne construit à la crête des rochers au Sud-Ouest de Tlemcen, on a une vue d'ensemble sur la ville et les ruines de ses anciennes murailles. Le croquis annexé à ce chapitre représente, vues de là haut, les vieilles fortifications dont le tracé est complété par une ligne pointillée. Au centre du dessin se trouvent les contours de l'enceinte moderne avec le nom des sept portes de la ville.

CHAPITRE XIII

LE RAMADAN ET LE COURBAM BAÏRAM

Le Ramadan est le carême des Musulmans. Sa différence avec le carême de la religion catholique est essentielle car il n'a nullement pour objet l'espèce ou la qualité des aliments qu'il est permis de manger ou dont il faut s'abstenir ; pendant le jeûne islamique, il n'est interdit d'absorber aucun des aliments dont, en tout temps, un fidèle observateur des préceptes du Coran peut se nourrir ; l'abstinence porte non sur l'espèce de la nourriture mais sur le moment de l'intussusception, tout repas étant défendu entre le lever et le coucher du soleil. C'est donc avec une impatience facile à comprendre que, pendant le mois que dure leur carême, les Musulmans attendent l'heure du coucher du soleil pour boire, manger, fumer, pour mettre un terme à toutes les privations qu'ils s'imposent durant la journée.

Ramadan est l'un des douze mois de l'année musulmane. S'il ne correspond pas à l'un des mois du calendrier grégorien c'est parce que l'année musulmane ne comprend que douze révolutions lunaires, chaque mois correspondant strictement au temps que la lune met à tourner autour de la terre, tandis que l'année grégorienne est aussi longue que la révolution de la terre autour du soleil. Des 365 jours que dure l'année moyenne du calendrier grégorien, l'année musulmane ne comprend que douze lunes qui sont ses mois rigoureusement astronomiques par rapport au satellite de la terre, comme l'année grégorienne est aussi strictement astronomique que possible par rapport à la durée d'une révolution terrestre autour du soleil. L'année grégorienne est solaire et son inconvénient est d'être divisée arbitrairement en douze mois qui ne correspondent pas aux révolutions de la lune ; l'année islamique, par contre, est arbitrairement composée de douze révolutions lunaires et son défaut est d'être moins longue qu'une révolution de la terre autour du soleil. Petit à petit, ses douze mois lunaires glissent d'une saison dans l'autre, parce que l'année islamique, plus courte que l'année solaire, répète

LA MOSQUÉE DE BOU-MÉDINE.

ses mêmes mois antérieurement au retour des mêmes saisons et le mois de Ramadan, qui est celui du jeûne, revenant chaque année plus tôt, tombe successivement en hiver, en automne, en été et au printemps.

De même qu'il a le croissant pour emblème, l'Islamisme a pris la lune pour base de la supputation du temps ; c'est à la lune que, dans son calendrier, il donne la prépondérance sur le soleil. A la précision des calculs astronomiques, il persiste à préférer des signes extérieurs, visibles et compréhensibles pour tous les fidèles. Le lever, le coucher et les phases de la lune sont des phénomènes célestes dont la constatation et l'intelligence sont à la portée de tous tandis que le calcul exact du temps que la terre met à accomplir sa révolution autour du soleil est du domaine de la science. Impuissant à sortir de ses ornières vulgaires, l'Islamisme continue à prendre pour base de son calendrier annuel une approximation lunaire erronée.

Insoutenable scientifiquement, cette erreur a des excuses. Nulle part, sur la terre, la lune ne brille d'un éclat pareil à celui dont elle éclaire les nuits des pays musulmans. Dans le Nord de l'Afrique, la clarté de certaines nuits égale presque la lumière du jour ; sous les froids rayons de la lune, aussi bienfaisants que les flèches ardentes du soleil sont nuisibles, on peut marcher, travailler, voir au loin, lire un livre ou un journal. On conçoit aisément que le Musulman soit enclin à donner la préférence à l'astre des nuits sur celui du jour. Dans les pays islamiques d'ailleurs, le soleil ne marque pas les saisons d'une manière aussi tranchée que dans les climats tempérés de l'Europe ; les pluies revenant périodiquement une ou deux fois par an, la crue annuelle d'un fleuve comme le Nil qui inonde toute une contrée tracent, entre les longues périodes de temps, des lignes de démarcation plus tranchées que les solstices et les équinoxes. La durée du jour elle-même varie moins entre les deux extrêmes de l'été et de l'hiver. L'influence solaire qui semble beaucoup plus uniforme ne fait pas aussi facilement naître l'idée d'une division du temps basée sur la répétition de ses mêmes résultats. C'est pourquoi toute l'attention des Musulmans se porte encore vers la lune et vers la lune seule qui les induit en erreur.

Le lever de la lune de Ramadan a été annoncé, à Tlemcen, par des crieurs qui ont parcouru les rues en poussant des acclamations destinées à rappeler à la population musulmane que l'heure du commencement du jeûne avait sonné. De l'intérieur des habitations leur répondaient les cris et les invocations prolongées des Mahométans; tels, dans les villes allemandes, les cris, les interpellations et les félicitations publiques dont le renouvellement de l'année fournit l'occasion dans la nuit du 31 Décembre au 1ᵉʳ Janvier.

Depuis le commencement du jeûne, un coup de canon annonce chaque soir que le soleil est couché. Aussitôt retentissent de nouvelles acclamations qui se répondent d'un quartier à l'autre, pareilles à des cris de joie et de délivrance. Désormais, jusqu'au lendemain matin, à l'aube, il est permis de boire, de manger, de fumer. La privation de boire pendant les longues journées de l'été est, sans contredit, la plus pénible et, quand le Ramadan tombe au mois d'Août, son observation rigoureuse est une sorte de supplice quotidien, accrue d'une tentation provenant de ceux qui, appartenant à une autre religion, ne sont pas soumis aux prescriptions du Coran et étanchent par conséquent, leur soif en présence des Musulmans altérés. Cette liberté prise publiquement par les Européens est généralement vue d'un mauvais œil par les indigènes. Qu'un cavalier, par exemple, s'arrête à une buvette pour s'y rafraîchir d'un verre de *raki* ou d'un sorbet, et il ne manquera pas de surprendre des regards courroucés tournés dans sa direction, des paroles rauques et malveillantes, étouffées dans des gorges qu'étreint une colère contenue. Le mot de Ramadan ne manquera pas d'être prononcé comme une allusion à des susceptibilités qu'il faut se garder de blesser. Et, cependant, partout où ils sont engagés en vue de cette besogne, les musulmans continuent, pendant le Ramadan, à servir à boire et à manger aux Européens qui prennent leurs repas durant la journée ; ils se soumettent de bonne grâce à cette corvée qui semble augmenter le mérite des privations qu'ils s'imposent.

Ni boire, ni manger ; voilà en quoi consiste la principale abstinence. On y a ajouté celle du tabac qui paraît être une conséquence de l'interdiction de boire. Qu'il s'agisse, en effet de boire ou de fumer, c'est le même verbe qui, dans la langue arabe, s'emploie dans les deux cas ; l'Arabe ne dit pas je fume, mais je bois une cigarette. De même que dans la terminologie, il y a, en ce qui concerne l'abstinence, une parfaite assimilation.

Au coucher du soleil, le strict observateur du jeûne s'empresse de calmer l'ardeur de sa soif en se régalant de quelques gorgées d'eau, puis il allume sa cigarette en attendant le repas du soir. Les veillées, les chants, accompagnés des grondements du tarabouc et du bourdonnement des guitares, se prolongent le plus tard possible et rapprochent la fin de ces interminables repas du lendemain matin, où le lever du soleil doit donner de nouveau le signal de l'abstinence. Pendant le jour, les affaires entravées par le carême, languissent ; toutefois, au bazar, qui est loin d'être aussi animé et aussi fréquenté que d'ordinaire, aucune boutique n'est fermée ; les étalages, tout aussi soignés et aussi complets que d'habitude, offrent à des acheteurs absents la même variété de marchandises. Une espèce de lassitude accable la population musulmane, conséquence des privations de la journée, des veilles et des plaisirs de la nuit, car le Ramadan concilie, dans la pratique, l'excès des jouissances avec les privations. Le soir, les mosquées s'illuminent, sinon pendant toute la durée du jeûne, au moins lorsqu'il touche à son terme et la décoration nocturne des minarets sanctionne une interprétation de prescriptions rigoureuses que de rares puritains observent sans les dénaturer.

Le Ramadan, ce mois du jeûne qui, de même que le carême catholique devient une série de fêtes par les bals masqués du carnaval, se transforme lui aussi en réjouissances, est, pour les Musulmans, une période pendant laquelle le fanatisme religieux se ravive. Dans les pays orientaux, il est le signal d'un ralentissement dans la marche des affaires publiques ; on l'invoque, dans les Ministères, comme un prétexte plausible pour écarter des réclamations auxquelles on n'oserait pas opposer d'autre fin de non-recevoir. C'est un dieu, maigre et hargneux, devant lequel tout le monde est obligé de s'incliner. A côté de ceux pour lesquels il signifie renversement dans l'ordre naturel des choses et substitution de la nuit au jour, il en est d'autres, plus fanatiques, qui voudraient l'interpréter comme un arrêt complet de la vie humaine dans la prière et la contemplation divine. De même qu'il existe un Orient musulman, aimable et souriant pour ceux qui le flattent et un autre monde islamique plus rébarbatif qui regimbe, il y a aussi un Ramadan gai, amusant, resplendissant de lumières, godailleur, qui se goberge en ripailles nocturnes et un Ramadan ascétique qui cherche noise et dont la mauvaise humeur ne demande qu'une occasion pour éclater. Le plus tolérable des deux est encore le bon vivant qui profite du jeûne pour s'amuser ; mais quelle pitié que les hommes ne sachent point régler eux-mêmes leur hygiène et qu'ils s'attachent à des religions qui leur imposent une abstinence absurde, aussi nuisible à la santé qu'inutile, une abstinence que, par une dérision ridicule, ils transforment en réjouissances d'un genre bâtard !

Il existe à Tlemcen plusieurs bains maures et ces établissements sont, proportionnellement à la population de la ville, plus nombreux que ceux d'Alger. Les principaux bains maures de Tlemcen, tenus par un patron maltais, sont situés à peu près en face de la mosquée de Sidi-Brahim, dans une rue droite qui longe le quartier indigène de la porte des Carrières.

Ce ne sont pas les vastes établissements du Caire et d'Alexandrie ; on n'y retrouve pas cette succession de chambres dont la température s'élève progressivement, ces bassins dans lesquels on se plonge et d'où l'on sort pour passer dans un bassin dont l'eau est chauffée davantage jusqu'à ce qu'après trois stations successives dans un milieu aquatique qui s'échauffe de plus en plus, on tombe enfin, sans éprouver une sensation de cuisson trop pénible, dans un dernier réservoir dont le contenu atteint un degré de calorique voisin du point d'ébullition.

A part ces différences essentielles, les thermes artificiels de l'Algérie ressemblent, par plusieurs côtés, à ceux de l'Egypte. Les procédés employés pour le massage et pour le lavage sont les mêmes sauf qu'au Caire on se sert, pour savonner, d'un paquet de fibres de dattier tandis qu'à Tlemcen, c'est une botte de fils de chanvre, liés ensemble par le milieu, qui tient lieu d'éponge. Dans les deux pays, les garçons de bain sont des indigènes à la peau brune ; toutefois, à Tlemcen, ils se limitent plus strictement à leurs fonctions de baigneurs, tandisque, dans les villes égyptiennes, les membres du personnel attaché aux Hammams offrent aussi leurs services en qualité de barbiers ou de pédicures.

Les bains maures sont fréquentés indistinctement par des clients, baigneurs de toute religion et de toute nationalité, de toute race et de toute couleur ; une fois qu'ils sont déshabillés et qu'ils ont enlevé, qui son turban, qui sa redingote, qui son burnous, qui son veston, il n'existe plus entre eux d'autre différence que la couleur de leur peau, indice presque toujours vrai mais parfois aussi trompeur d'une différence de race et consécutivement, de nationalité et de religion. Parmi les Musulmans qui prédominent par le nombre, les blancs Européens sont en minorité.

Généralement, dans les pays islamiques, la moitié de la journée du vendredi est réservée aux femmes. A Tlemcen, les bains maures annoncent, par une inscription de leur façade, qu'ils sont ouverts de sept heures du soir à midi pour les hommes et de midi à sept heures du soir pour les femmes. Toutefois, ils ne fonctionnent que jusqu'à onze heures de la nuit, soit durant seize heures quotidiennement, dont neuf pour les hommes et sept pour les femmes.

Pendant le mois de Ramadan, les bains maures sont plus fréquentés qu'en temps ordinaire et ce à cause des prescriptions de la religion musulmane qui ordonne aux croyants de se baigner souvent pendant le jeûne. Mais les Musulmans évitent, durant cette période, de se laver la tête au bain pendant la journée pour ne pas absorber l'eau qui s'infiltrerait entre les lèvres ; les salles de bain, en outre, sont un peu moins chauffées pour que la température n'augmente pas la soif qui doit être supportée patiemment jusqu'au coucher du soleil.

L'architecture des bains maures de Tlemcen est appropriée à leur destination : un corridor en zigzag, orné de carreaux de faïence émaillée et colorée, d'ogives dessinées dans la muraille, conduit à la salle de repos qui est celle où l'on se déshabille. Ce couloir descend en pente vers l'intérieur du bain et il forme crochet en revenant sur lui-même afin que l'air et la température de l'extérieur communiquent aussi peu que possible avec l'atmosphère de l'étuve et du vestiaire. L'entrée extérieure, donnant sur la rue, est toujours ouverte pendant le jour et celle de la salle de repos l'est également.

Cette salle qui est vaste, est carrée et ses voûtes s'appuyent sur quatre colonnes qui tracent au milieu un carré plus petit autour duquel sont étendus les matelas, au nombre d'une vingtaine, sur lesquels les baigneurs se reposent après être sortis de l'étuve. Autour de cette salle carrée règne un vestiaire où chacun accroche ses habits. Sur les matelas, des hommes sont couchés, la tête enveloppée de linges et des couvertures jetées sur leurs jambes étendues. Leur teint est animé par la chaleur de l'étuve d'où ils sortent et ils attendent, immobiles, que leur peau sèche sous les étoffes qui y sont appliquées, que leur corps surchauffé reprenne sa température normale. C'est l'heure de la rêverie vague et indécise, puis des conversations à bâtons rompus, enfin du narghilé qui termine souvent cette sieste après le bain.

Au fond, à gauche, un escalier mène au premier étage où une chambre plus petite est affectée au même usage que la grande salle d'en bas.

L'étuve est à côté de cette dernière, séparée seulement par une lourde porte de bois qui suinte la vapeur et l'eau chaude.

Quand le baigneur s'est dépouillé de son dernier vêtement, le garçon de bain lui serre autour de la taille un large morceau de toile multicolore puis il lui présente une paire de sandales de bois que l'on chausse pour se rendre dans la salle de bains. Le sol est glissant ; le bois de hêtre des sandales l'est aussi ; il faut marcher avec précaution, de crainte de se donner une entorse ou d'un accident plus grave. Arrivé à l'entrée de l'étuve, le garçon de bain tire la porte de bois et dès qu'elle s'est refermée, il remplace, autour de la taille du baigneur, la toile sèche par un linge imbibé d'eau chaude. Il en étend un autre sur les dalles de marbre et c'est sur ce drap mouillé que l'on est prié de s'asseoir.

On s'habitue peu à peu à la température de l'étuve qui est étouffante ; la salle qui ruisselle d'eau chaude est remplie de vapeur ; les dalles brûlantes dégagent un calorique qui pénètre les membres par le contact ; à travers la buée qui coupe la respiration on aperçoit, couchés ou assis, d'autres baigneurs. Au-dessus, s'arque une voûte d'où la vapeur condensée retombe goutte à goutte. Tout autour de l'étuve, s'ouvrent, dans la muraille, des niches où de l'eau coule dans des bassins. On y puise, à volonté, de l'eau bouillante et de l'eau froide.

Après quelques instants pendant lesquels on s'est imprégné de la chaleur ambiante et après qu'au travers du linge humide sur lequel on est assis ou étendu, les effluves ignées se sont disséminées dans les organes, le garçon de bain qui, dans l'entre-temps, s'est occupé à rassembler tout ce qui lui est nécessaire pour commencer ses délicates opérations, revient avec une petite cuve de bois remplie d'eau chaude qu'il pose à côté du baigneur en même temps qu'un morceau de savon, un paquet d'étoupe et une poche d'étoffe carrée, de couleur bleue, dans laquelle on peut passer la main. Ce feutre solide et rude est destiné à râper la peau humide et à activer la circulation du sang.

Le garçon de bain prie le baigneur de s'étendre sur le dos et place sous sa tête un bourrelet d'étoffe; il jette sur lui un peu d'eau chaude puis il promène, sur ses membres rendus gluants par la transpiration, ses mains nues qu'il glisse, en exerçant une légère pression, pour assouplir la peau et les muscles, sur les jambes, les bras étendus et la poitrine. Il s'interrompt souvent pour frapper sur le corps, à l'aide de la paume de la main, de petits coups sonores.

Il répète la même manœuvre après avoir prié le baigneur de se coucher sur le ventre. Finalement, il lui dit de nouveau de s'étendre sur le dos puis, l'enserrant de ses deux bras, il fait craquer les articulations des épaules.

Ensuite le baigneur est prié de se tenir dans la position assise.

Le garçon de bain qui, depuis le commencement du massage, est resté assis ou agenouillé, passe sa main dans la poche d'étoffe bleue, la trempe dans l'eau chaude qui est à côté de lui et la glisse de nouveau sur le dos, les bras, les jambes et la poitrine, de manière à racler les pellicules de la peau qui se sont coagulées sous l'influence de la chaleur et de l'humidité. Après chacun de ces frottements, il détache un petit cylindre de peau morte, allongé par les deux bouts, qui s'est roulé sous la pression de sa main garnie d'étoffe ; puis il trempe sa main dans l'eau chaude pour la glisser encore sur la peau, d'où elle détache chaque fois un fuseau de matière blanche et grasse.

Après le massage par lequel il a commencé et cette seconde opération qui a lissé la peau dont le tissu a rougi sous ces frictions répétées, il lui reste à savonner son client des pieds à la tête.

La sensation plus douce de l'étoupe ruisselante d'eau et de mousse de savon se promène sur le cou, les épaules, le dos, les bras et les jambes. Puis, des torrents d'eau chaude se déversent encore une fois sur la tête pour nettoyer le corps du savon écumant qui y a adhéré. Les cheveux, un moment blanchis par cette neige grasse, reprennent leur couleur et, sur les membres gonflés par l'afflux du sang et des chairs, la peau brille d'un éclat inaccoutumé.

C'est le moment où l'on va sortir de l'étuve pour rentrer dans la salle de repos. On enveloppe de nouveau sa taille d'un linge sec, on en jette un autre sur ses épaules et un troisième sur sa tête ; on chausse, comme pour venir, les sandales de bois puis on repasse la porte de l'étuve, accompagné du garçon de bain qui, aussitôt qu'on est dehors, entoure le baigneur d'une épaisse couverture. On regagne avec précaution la place où l'on a accroché ses habits et l'on s'y étend chaudement enveloppé sur un matelas où, imitant les Arabes, on s'abandonne à la rêverie jusqu'à ce que, suffisamment sec et reposé, on se décide à se rhabiller.

Il est à remarquer que, dans les Hammams égyptiens, l'opération du massage a lieu plutôt à ce moment où, sorti de l'étuve, on s'est étendu sur le lit de la salle de repos mais on y prépare aussi le baigneur en lui étirant les membres dans les premières salles où il séjourne pour s'habituer à l'atmosphère plus chaude du bain.

Le phénomène céleste qui signale le commencement du Ramadan est aussi celui qui, par son retour, y met un terme. L'apparition de la nouvelle lune, aperçue le soir au coucher du soleil, annonce aux Musulmans que le jeûne a pris fin et que le lendemain est le jour de la grande fête qui termine le carême ; elle se nomme le Courbam Baïram. En Egypte, le Baïram tombe à jour fixe et coïncide avec celui de la nouvelle lune, selon les indications du calendrier. En Algérie, il faut, au contraire, que le commencement de la nouvelle révolution lunaire ait pu être matériellement constaté à l'œil nu, fait qui dépend de l'état de l'atmosphère. Cette condition étant remplie, une salve de coups de canons, tirée le matin par l'artillerie de la place de Tlemcen, a inauguré la solennité du Courbam Baïram.

Dès la soirée de la veille de cette fête, la ville arabe avait une animation qui en était comme le prélude. Au bazar illuminé la circulation était active ; aux minarets des mosquées le mouezzin chantait ; l'extérieur des cafés arabes de l'esplanade du Méchouar était orné de guirlandes de lanternes vénitiennes ; des consommateurs en burnous blancs, assis sur de hautes banquettes y prenaient le café dans des poses nonchalantes, satisfaits d'être arrivés au terme d'une période de rude abstinence. Dans d'autres cafés du quartier indigène, les grelots du tambourin s'agitaient joyeusement.

Pour les Musulmans de Tlemcen, le Baïram est une fête qui ressemble un peu à celle du renouvellement de l'année chez les Occidentaux. Le matin, dans les rues, les hommes et les jeunes gens se congratulent et s'embrassent sur les deux joues. C'est de plus le signal de l'exhibition de tout ce que les garde-robes renferment de plus recherché : les jolis costumes de soie rose et bleue ; les blancs burnous transparents, tissés de soie, de coton et de laine fine ; les voiles de mousseline attachés sur la tête par une cordelière brune qui en fait trente-six fois le tour. Les fillettes coiffées de leur plus beau bonnet de velours pointu brodé d'or se parent de leur plus splendide collier. Les marchands de friandises réinstallent dans les rues et sur les places leurs boutiques ; d'autres colportent des beignets frits dans la graisse et des morceaux de nougat aux amandes et aux pistaches.

Fête civile et religieuse dans les pays de domination musulmane, le Baïram a surtout conservé le second de ces deux caractères en Algérie. A Constantinople comme en Egypte il est accompagné de réceptions à la Cour qui sont les plus importantes de l'année. Au Caire ou à Alexandrie, dans le palais de marbre blanc de Raz-el-Tîn, le Khédive reçoit à cette occasion les félicitations des Ministres, des dignitaires de l'Etat, des ulémas et des Consuls des Puissances étrangères. Tour à tour, les checs en longue robe et les fonctionnaires chamarrés s'inclinent devant le Vice-Roi et s'asseyent sur les larges divans de soie pour y boire le café du Baïram et y fumer la chibouque d'honneur, au bout d'ambre richement incrusté de pierreries, au tuyau démesurément allongé, que servent les noirs eunuques.

Sur le Bosphore, c'est au palais de Dolma-Bagtché que le Sultan voit s'incliner devant lui les fonctionnaires civils et militaires de la Turquie, les Ministres et le Grand-Vizir, les officiers et les ulémas, admis les uns à baiser le drap d'or, les autres le genou du Commandeur des Croyants, tous prosternés dans un sentiment de vénération servile et de crainte religieuse aux pieds du Souverain des Osmanlis.

Si le Baïram a cessé, en Algérie, d'être une fête de l'Etat, il est resté, pour la population musulmane, une solennité religieuse. Les Musulmans de Tlemcen le célèbrent par un pèlerinage à la mosquée de la ville voisine de Bou-Médine. Le premier jour du Baïram, vers deux heures de l'après-midi, la troupe de ces pèlerins, tous porteurs de burnous blancs qui flottent sur leurs épaules, regagne Tlemcen en passant aux abords de la gare. Parmi eux, il n'y a ni femmes, ni enfants. Comme de vrais pèlerins, ils ont ceint leur tête d'un voile blanc, serré par un ruban d'étoffe ; mais, pour une si courte promenade, ils ne se sont point armés du bâton de voyage. Leur visite terminée, ils reviennent à Tlemcen en procession compacte, d'un pas régulier, gravement, causant à peine, au nombre de cinq cents, d'un millier peut-être. C'est un bataillon de fidèles sectateurs du prophète ; s'ils sont graves et sérieux, c'est qu'ils pensent au dieu de Mahomet auquel ils viennent de rendre des actions de grâce et à l'année nouvelle qui commence.

Les fêtes du Baïram durent ordinairement trois jours, pendant lesquels les Musulmans de Tlemcen se rassemblent pour parcourir les rues derrière leurs bannières sacrées que portent des gonfaloniers indigènes. Ces étendards d'étoffe légère flottent au vent et leurs plis verts, rouges ou jaunes retombent, en les caressant, sur ceux qui en tiennent la hampe et sur leurs voisins les plus rapprochés. En haut, la hampe se termine par une sphère de cuivre surmontée d'un croissant;

d'autres drapeaux ont leur bout orné d'une pyramide quadrangulaire du même métal. Derrière ces emblèmes que l'on porte trois par trois, les Musulmans psalmodient leur refrain monotone : il n'y a pas d'autre dieu qu'Allah ; et ils suivent ainsi processionnellement, en s'arrêtant fréquemment et en chantonnant toujours, leurs étendards qu'ils promènent de mosquée en mosquée à la plus grande gloire de Mahomet, fondateur de l'Islamisme.

Sur leur passage ils sont salués par des cris stridents, poussés par des gorges juvéniles, qui fendent l'air comme une nuée de traits discordants. Pareilles, sauf la force plus grande que leur donnent les gosiers humains, aux cris perçants des hirondelles qui tournoient au zénith, ces acclamations prolongées remplacent le *zagarit* plus harmonieux des femmes égyptiennes, ce gargarisme vocal qui lance une succession rapide de notes aigües, mais adoucies dans la gorge par un roucoulement plus conforme à l'expression des sentiments d'allégresse. Sur la terre africaine, la joie et le bonheur éclatent de différentes façons ; tantôt ils se manifestent par les roulades du zagarit, semblables aux cascades sonores dont l'air retentit sous l'impulsion puissante du gosier des rossignols, tantôt c'est par ces cris perçants qui ondulent dans l'atmosphère comme la surface d'une eau calme, troublée par la chute d'un corps pesant.

CHAPITRE XIV

MASCARA. SAÏDA. LE SUD ORANAIS. RETOUR EN FRANCE.

Après Tlemcen, les villes les plus importantes du département d'Oran sont Mascara, Sidi-bel-Abbès et Saïda.

Comme Tlemcen, Mascara est une ancienne ville arabe. Elle fut fondée au moyen-âge. Sous la domination turque, elle servit de résidence à quelques-uns des Bey de l'Ouest, entre autres à Mohammed-el-Kébir qui s'empara d'Oran lorsque les Espagnols l'évacuèrent en 1792.

Les Français s'en emparèrent en 1835. C'était dans cette ville qu'Abd-el-Kader avait organisé la résistance et il l'abandonna après avoir été vaincu par le maréchal Clauzel sur les bords de l'Habra. Avant de la quitter, il la livra au pillage de ses troupes et l'armée française, qui alors ne l'occupa que temporairement, acheva de la détruire ; ses fortifications furent renversées.

Abd-el-Kader avait vainement essayé de s'établir à Tlemcen. Cette ville était occupée militairement par la France depuis plusieurs années lorsqu'en 1837 le traité conclu entre Abd-el-Kader et le maréchal Bugeaud la céda à l'Emir. Elle fut dès lors la place la plus importante de ses Etats et l'Emir y prêcha la guerre sainte lorsqu'en 1839 il recommença les hostilités. Peu après, battu, il fut contraint d'évacuer Tlemcen qui fut reprise par les Français.

De Tlemcen, ancienne capitale du royaume Zeyanite, à Mascara ancienne capitale du Beylic de l'Ouest sous la Régence d'Alger, qui toutes deux firent partie des Etats d'Abd-el-Kader, ce chef arabe qui, à côté de la colonie française, tenta de reconstituer en Algérie une puissance musulmane, on se rend actuellement en chemin de fer en passant par Sidi-bel-Abbès.

Cette ville, desservie par la voie ferrée d'Oran à Raz-el-Ma est, de même qu'Oran, Tlemcen et Mascara, entourée d'une muraille de pierre percée de portes ; c'est par conséquent une ville forte, essentiellement militaire et française ; aucun souvenir antérieur à la conquête ne s'y rattache ; elle est le siège du 1er Régiment de la Légion étrangère, dans laquelle on incorpore les étrangers qui désirent servir la France et verser pour elle leur sang ; des escadrons de cavalerie française et indigène, entre autres des spahis, y sont également casernés. Les cafés maures que fréquentent les spahis arabes y sont installés dans des maisons construites à l'européenne mais c'est à ses rues plantées d'arbres tels que les ormes et les mûriers, à ses boulevards et à son parc que Sidi-bel-Abbès doit son plus bel ornement.

On va de Sidi-bel-Abbès à Mascara en diligence ou par chemin de fer ; la diligence met douze heures et elle part le soir ; c'est pourquoi, si l'on veut profiter du voyage, on choisit la voie ferrée qui, comme d'habitude, décrit de nombreux détours. Premièrement, on rebrousse vers le Nord jusqu'à Sainte Barbe-du-Tlélat ; puis on suit un certain temps la ligne d'Alger jusqu'à Perrégaux et là on s'engage sur la ligne d'Arzeu à Aïn-Séfra, dont un embranchement mène à Mascara.

Il y a foule dans toutes les stations. Des femmes arabes portent des colliers composés de branches de corail, de morceaux de verroterie bleue, de boules d'agate et de découpures de chêne liège ; ces ornements rassemblent des produits de la mer et de la montagne ; ils doivent le corail à la Méditerranée et le chêne liège taillé en plaques carrées aux forêts de l'intérieur.

En montant vers Mascara, le paysage devient tout différent de ceux que l'on a vus en descendant de Tlemcen. De fauve qu'elle était, la terre a pris une couleur plus jaune et plus grise ; elle est partout répandue à profusion et s'élève en collines arrondies mais de plus en plus dépourvues de végétation à mesure que l'on s'éloigne de Perrégaux. Ces monceaux immenses de terre arable qui reposent inutiles et improductifs font songer, par comparaison, aux rochers dénudés qui restent arides faute d'une couche d'humus. Pour fertiliser les collines de terre, il faut les irriguer et diminuer leur escarpement ; pour fertiliser les rochers nus, il faut les revêtir d'une couche de terre en lui assurant l'humidité nécessaire. Quelles inépuisables ressources fourniraient ces alluvions si une main était assez puissante pour les niveler et pour transporter les quantités superflues sur les rochers où il manque de la terre !

Au fond de la vallée qui se creuse entre ces montagnes d'une teinte jaunâtre coule la rivière de l'Habra dont la voie ferrée suit les sinuosités. Les eaux de ce torrent qui descend vers la côte sont retenues en amont de Perrégaux par un barrage qui transforme en lac la vallée où coule la rivière. Sur ses bords la verdure des coteaux boisés atteste de la fertilité de ces collines qui deviennent de plus en plus arides à mesure que l'on s'élève vers la cime de la chaîne de montagnes. La terre abonde mais la végétation y est extrêmement rare. C'est l'humidité qui manque pour que ces coteaux acquièrent de la fertilité.

Quoiqu'arabe de nom et d'origine, Mascara a conservé, en tant que cité, bien peu de caractère arabe. C'est un exemple frappant de ce que peut la conquête pour effacer les traces d'une ancienne ville et lui substituer une agglomération d'un genre entièrement nouveau. Les quartiers indigènes y sont réduits à leur plus simple expression et les rares vestiges qui en subsistent contrastent par leur aspect mesquin avec les belles rues bordées de maisons construites à l'européenne.

La population indigène, cependant, n'a pas abandonné ses dieux lares et ses pénates. A côté de la ville française, elle a fondé, hors des murs, le faubourg de Bab-Ali, d'où résulte une forme spéciale de la réunion dans un même centre des deux éléments indigène et européen. Au lieu du mélange et de l'enchevêtrement qui sont le mode de cohabitation le plus souvent adopté, c'est le dualisme qui résout pour Mascara le problème de la coexistence des deux races. A l'intérieur de la ville, les huttes d'un village nègre occupent un espace laissé libre au Sud-Est, non loin du mur d'enceinte ; ces masures informes qui abritent de noirs Africains témoignent du peu d'effroi que leur inspire le contact de la civilisation. La vie commune avec les Européens aurait-elle davantage effarouché les Arabes qui, dans la population indigène, formaient une sorte d'aristocratie et organisèrent la résistance contre l'invasion ? Peut-être ; peut-être aussi, dans cette ancienne place forte du Jugurtha moderne, des souvenirs effacés ailleurs ne sont-ils pas entièrement oubliés.

Aux souvenirs, de vieilles coutumes et d'anciens usages servent parfois de pendant. Des femmes indigènes portent leurs enfants en bas âge assis à califourchon sur le dos. Quand le bébé est tout petit, elles l'enveloppent dans un drap de toile qu'elles lient autour des reins. Beaucoup ont l'habitude de porter de cette façon des fardeaux en les attachant autour de la taille et conservent ainsi les bras libres ; la rotondité du bas de leurs reins, auxquels la marche imprime un singulier trémoussement, s'exagère dans des proportions inconnues à la Vénus callipyge mais imitées, peut-être, s'il faut en croire le récit des explorateurs de l'Afrique méridionale, des charmes rebondis des beautés hottentotes.

Le harnachement du cheval sellé à l'ancienne mode du pays ne manque pas non plus d'originalité. Par devant, la selle est garnie d'un pommeau d'un pied et demi de haut, en forme de pain de sucre et par derrière s'élève un dossier arrondi comme celui d'un fauteuil. Les étriers plats offrent assez de surface pour y poser la plante du pied tout entière. La bride arabe, qui complète ce harnachement, est une bride sans mors ; le cavalier indigène guide sa monture à l'aide du filet seulement.

Le paysage qui environne Mascara n'est pas aussi grandiose que celui qui entoure Tlemcen. Les montagnes n'ont pas la même élévation ; mais de tous côtés la plaine est ouverte et, si elle s'élève vers le Nord, elle n'est pas bornée au Sud comme elle l'est à Tlemcen par une chaîne de rochers qui limite l'horizon. Dans toutes les directions la campagne de Mascara s'étend ondulée de collines dont les coteaux sont plantés de vignes. Cette région est en effet celle qui l'emporte sur toutes les autres en Algérie par ses richesses vinicoles. La hauteur des ceps est d'un pied, d'un demi mètre au plus. Entre les versants où les plants de vigne alignés croissent sans échalas, les terrains plus bas et plus unis sont livrés à la culture des céréales.

Près de Mascara, hors de la porte d'Oran, des tirailleurs algériens, vêtus, au mois de Mai, du costume d'été de toile grise et coiffés du fez rouge, font l'exercice. Le caporal instructeur prononce ses commandements en français mais il emploie, pour donner ses explications et pour rectifier les fautes commises, la langue du pays. Pendant que leurs frères sont occupés aux travaux de la récolte déjà avancée en cette saison, ces soldats apprennent tout ce qui doit les rendre aptes à devenir de vaillants défenseurs de l'ordre et de la sécurité indispensables aux cultivateurs. D'un côté sont les ouvriers pacifiques, de l'autre les militaires, garants du travail des premiers. Sans la force publique et le bon ordre qu'elle assure, les peines des agriculteurs seraient perdues et, dans un pays aussi ouvert que l'Algérie aux incursions des nomades mal intentionnés, les récoltes seraient ravagées ou pillées par des maraudeurs. Mais hélas ! le bien lui-même n'est pas exempt d'inconvénients ; et tandis que la défiance réciproque des nations entretient des armées prêtes à fondre les unes sur les autres, le soleil mûrit en quelques heures des champs de blé entiers, dont les épis s'égrènent sous ses rayons ardents. Partout on réclame l'assistance de tous les hommes valides et qui pourrait prétendre qu'à cette époque où l'agriculture a besoin du travail de tous les bras disponibles, le soldat ne prêterait pas à la société un concours plus efficace en échangeant momentanément son fusil contre les outils du moissonneur? Si des moissons périssent ou se gâtent sur pied alors qu'aucun danger ne les menace du côté du désert, refuge des pillards, la réponse n'est pas douteuse car il existe par conséquent un manque de proportion entre le nombre des ouvriers employés à la récolte et la somme de travail à fournir.

De Mascara à Saïda il y a près de cinq heures de chemin de fer. Pendant la première heure la voie ferrée traverse la grande plaine qui s'étend au midi de Mascara. Vers le Nord des collines la limitent, à l'inverse de la campagne de Tlemcen qui est coupée au Sud par une chaîne de rochers.

Des moissonneurs coiffés d'énormes chapeaux de paille se reposent assis en plein soleil. Ces couvre-chef donnent à ces indigènes, à ces Maures et à ces nègres occupés aux travaux agricoles, l'aspect de gigantesques champignons.

Plus loin, on traverse des campagnes ondulées dont les coteaux sont plantés de tuyas, de cyprès et de tamarisques. Les champs de blé et d'avoine sont plus maigres dans ces régions plus sauvages mais, avant d'atteindre Saïda, on longe de nouvelles campagnes plus fertiles où des champs de froment jaunissent à côté des blés barbus.

Saïda est une ville ouverte. Seule la cité militaire où sont les casernes est entourée d'une muraille de pierre semblable à celles de Mascara et de Sidi-bel-Abbès.

C'est le siège du 2me régiment de la Légion étrangère dont le 1er régiment est en garnison à Bel-Abbès. Saïda est une ville moins importante que Sidi-bel-Abbès mais son site, au milieu des montagnes, est plus joli que celui de Bel-Abbès qui occupe le centre d'une plaine. Comme dans beaucoup d'endroits de la province d'Oran, il existe dans les environs de Saïda des gisements de plomb argentifère. Le marché, qui se tient le lundi, est très-fréquenté par les Arabes de la contrée qui vont y vendre des chevaux et des produits agricoles.

Saïda et Sidi-bel-Abbès sont deux villes entièrement neuves, presqu'aussi importantes que Mascara et Tlemcen, ces deux anciennes cités arabes de la province d'Oran. A côté de Mascara et de Tlemcen, la première entièrement transformée, la seconde conservée dans son originalité, se sont élevées depuis la conquête, ces deux nouvelles villes, rivales des deux autres, où la colonisation a suivi l'occupation militaire. C'est, en effet, un phénomène constaté presque partout en Algérie que l'établissement des postes stratégiques précède le peuplement par les colons ; et ce mode d'extension de la population européenne a laissé des traces plus que partout ailleurs visibles dans des villes comme Saïda et Sidi-bel-Abbès qui sont des conquêtes à un double point de vue puisque non seulement elles ont été créées dans des pays qui appartenaient autrefois aux Musulmans mais qu'elles sont aussi des conquêtes sur le désert.

Au Sud de Saïda finit bientôt la région montagneuse qui s'étend depuis les plaines de la côte jusqu'aux plateaux de l'intérieur. La montée continue assez raide jusqu'à Bou-Rached ; après quoi, à la sortie des montagnes, s'ouvre une large steppe couverte d'alfa dans laquelle la voie ferrée s'engage pendant un trajet qui dure trois heures jusqu'à la station d'el Kreider. Les stations s'échelonnent dans cette plaine déserte où paissent seulement les troupeaux de chameaux, de bœufs, de moutons et de chèvres ; du sol s'élèvent dans le lointain des vapeurs mouvantes qui enveloppent de brouillard les hommes et les chameaux et suspendent en l'air des portions de la steppe séparées des autres par des inégalités de niveau, par des plis de terrain obstrués par la brume. Les touffes d'alfa ne sont pas contigües ; entre elles il existe des espaces que la végétation ne recouvre pas. La terre sèche qui remplit ces espaces vides tourbillonne au gré du vent et au loin, dans la plaine, on aperçoit de hautes colonnes de poussière soulevées par des trombes ou des typhons.

Dans la grande savane d'alfa, les cultures de céréales disparaissent entièrement et, à partir de Kralfallah qui est la dernière colonie, les stations du chemin de fer sont isolées. Plus loin, à Modzbah, les gares, situées au milieu du désert, commencent à être fortifiées comme toutes celles qui se succèdent plus au Sud jusqu'à Aïn-Séfra.

El Kreider est remarquable par la tour de son poste optique d'où l'on communique par des signaux avec des postes fort éloignés. A l'aide des rayons solaires reverbérés par des miroirs et des réflecteurs on a organisé un système de télégraphe optique qui fonctionne. Pendant la nuit les signaux se font au moyen de lampes dont la lumière est projetée à des distances énormes.

Après el Kreider la ligne du chemin de fer traverse sur un isthme étroit le Chott-el-Chergui, lac dont le limon scintille; au delà la steppe recommence, parsemée de touffes d'alfa que paissent les moutons et les chameaux. Cependant, à el Biod, on recommence à apercevoir de hautes montagnes qui rétrécissent progressivement la plaine jusqu'à Aïn-Séfra.

C'est la seconde chaîne de montagnes notée par les géographes, la première chaîne finissant à quelque distance au Sud de Saïda. Ces hauteurs moins considérables que celles de la première chaîne, sont plus éparpillées et la voie ferrée les évite successivement pour se maintenir dans la steppe jusqu'à son extrémité, c'est-à-dire jusqu'à Aïn-Séfra. A la fin des lits de torrents assez larges qui s'écoulent vers le Sud sont franchis sur des ponts en fer.

Des grillons noirs sautillent entre les touffes d'alfa.

A Aïn-Séfra commence la région des dattiers dont il y a quelques spécimens qui produisent de bons fruits. Cette localité comprend trois centres distincts : la ville militaire, entourée d'une enceinte, où sont les casernes, le bureau arabe et le télégraphe ; la ville neuve, au Nord de la première dont elle est séparée par le courant de l'Oued Séfra ; et l'ancien village arabe dont les vieilles fortifications existent encore. Celui-ci est situé à l'Occident des deux autres centres et en retraite vers le Sud. Il s'adosse comme le quartier militaire à des dunes de sable appuyées elles-mêmes à un chaînon de montagnes.

Près du village arabe, des hommes, des femmes et des enfants secouent sur une aire sèche les gerbes récemment récoltées et battent les épis de blé avec des gaules. Autour d'eux les produits de la moisson ont été rassemblés sur le sable où les tiges de blé inclinées l'une sur l'autre dessinent des carrés pareils, dans des proportions réduites, à ceux des champs dans lesquels elles étaient espacées avant la récolte.

*
* *

La ligne de chemin de fer qui pénètre au Sud jusqu'à Aïn-Séfra est la plus avancée vers le Grand Désert, qui sépare l'Algérie du Soudan.

Au delà du désert de quatre à cinq cents lieues qui s'étend entre l'Algérie d'une part et le Soudan d'autre part, deux buts différents sont l'objectif des explorateurs et des caravanes qui s'adonnent au trafic des produits de l'Afrique tropicale : ce sont le lac Tchad, à l'Est, au Sud de la Tunisie et le Niger moyen, avec la ville de Tomboctou, à l'Ouest, au Sud de l'Algérie.

De la Tunisie et particulièrement du golfe de Gabès, les voies qui mènent au lac Tchad en traversant le Sahara passent par les oasis de Rdamès, du Ghat et d'Aïr ou Asben. Ce sont les trois étapes de la route qui conduit de la Tunisie vers le Soudan ; elle mène plus directement au lac Tchad mais aussi au Niger en infléchissant vers l'Ouest.

De l'Algérie, les routes qui partent de Tougourt, à quatre journées de Biskra, dans la province de Constantine, de Laghouat, au Sud d'Alger, ou de la province d'Oran, convergent vers l'oasis du Touat qui occupe le centre du grand désert. De là, les caravanes continuent, à volonté, leur voyage vers le lac Tchad par l'Aïr ou Asben ou bien directement au Sud-Sud-Ouest vers Tomboctou.

Quoique, dans l'opinion d'hommes compétents le commerce du Soudan ne doive pas se diriger vers le Nord à travers le désert mais qu'il soit plus avantageux de le conduire vers l'Océan par le Sénégal ou par le bas Niger, il n'est pas inutile de mentionner quels sont les produits du Soudan qui peuvent être l'objet d'un trafic puisque cette contrée éloignée est cependant l'objectif du développement de l'influence française vers le Sud.

Au rapport des voyageurs, ces productions sont : l'or et l'ivoire, les plumes d'autruche, la gomme, l'encens, l'huile de palmes, le couka, fruit du baobab, le miel, la cire, les peaux de bœufs, le bois de talc avec lequel on fait des coupes et des tasses, le cuir rouge, l'indigo, le lin noir, l'alun, le séné, le natron, le poivre noir, le coton et les graines oléagineuses.

En ce qui concerne l'Algérie, c'est l'oasis du Touat qui, par sa position intermédiaire, scinde en deux parties la traversée du désert qui dure approximativement deux mois. On compte en effet 30 jours de Tougourt à Aïn-Saleh qui est au Touat et 32 jours environ d'Aïn-Saleh à Tomboctou.

D'après un voyageur arabe qui porte le nom de Cid-el-Hadj-Abd-el-Kader-Ben-Abou-Bekr-et-Touaty, soit pour plus de simplicité, Abd-el-Kader, pèlerin de la Mecque, fils d'Abou-Bekr, le Touaty, l'oasis du Touat renferme quatre cents villages. Elle est habitée par des Nègres, des Touaregs, des Zénètes et des Arabes. Ses villes principales sont Timmimoun au Nord, Timmi à l'Ouest et Tidikelt à l'Est ; en outre Aïn-Saleh, à l'Ouest de Tidikelt et Tementit.

D'Aïn-Saleh à Tougourt la distance est exactement de 30 jours de marche ; on compte, en effet, douze jours d'Aïn-Saleh à El Goléa, onze jours d'El Goléa à Ouargla et sept journées de marche de Ouargla à Tougourt.

Par la limite méridionale de la province d'Oran, la distance à franchir pour atteindre le Touat est moins longue ; en prenant pour point de départ l'extrémité méridionale de la voie ferrée, le trajet serait raccourci d'une semaine à peu près.

Dans la seconde partie du voyage vers le Soudan, les premières localités que l'on rencontre sur la route d'Aïn-Saleh à Tomboctou portent les noms d'Aïn-Ghyr, Tyt, Aoulef, Aglabi, el Ghraba, Ouellen et Tanezrouft. Ce sont les premières étapes, dont quelques-unes, jusqu'à Aglabi inclusivement, font partie de l'oasis.

De Tanezrouft, on continue à se diriger vers le Sud-Sud-Ouest jusqu'à el Mabrouk qui en est éloigné de quinze journées de marche pendant lesquelles on rencontre deux puits : Byr Emghanan à 7 journées de Tanezrouft et Byr Tantynah à 4 jours de Byr Emghanan.

A cinq journées de marche d'el Mabrouk, on arrive à Abou-Adjebéah qui est séparé par trois étapes d'un jour d'une localité nommée el Ghraba, d'où il reste une distance de trois jours de marche jusqu'à Tomboctou.

Après ce rapide coup d'œil jeté du poste avancé d'Aïn-Séfra sur le grand désert, sur ses voies de communication et sur la distance qui sépare les possessions de la France dans l'Afrique septentrionale de ses établissements au Sénégal et au Niger, l'intérêt du voyage se reporte vers le Nord, dont on reprend la direction en traversant en sens inverse la grande plaine barrée par le Chott-el-Chergui.

* * *

Au retour, dans la steppe bordée à droite et à gauche par des chaînes de montagnes, les stations se succèdent, échelonnées à de grandes distances. Ce sont des postes établis sur la voie ferrée dans des endroits inhabités ; seuls des nomades font paître leurs troupeaux dans la plaine. Chaque jour le train dépose dans ces stations le pain et les provisions nécessaires.

A Naama, on aperçoit à l'Est du point d'arrêt la nappe bleue d'un lac.

Méchéria est la seule colonie qui existe entre Aïn-Séfra et le Kreider sur un parcours que le train met sept heures à franchir. Autour de Méchéria, la steppe a été défrichée et les touffes d'alfa ont été remplacées par des champs de céréales. A l'Ouest de la voie ferrée le poste militaire et les casernes sont entourés d'une muraille ; à l'Est le village des colons et des Arabes occupe une superficie à peu près égale.

La grande prairie d'alfa se rétrécit après Méchéria car, à droite comme à gauche, deux bras du lac nommé Chott-el-Chergui l'enserrent.

Une ancienne route de caravanes qui se dirigeait du Sud au Nord à travers la steppe a laissé des traces en plusieurs endroits, notamment à el Biod où l'on voit à l'Ouest de la voie ferrée des ruines qui doivent être celles d'un caravansérail.

Le remblai coupe en deux un bras du lac puis la voie ferrée s'avance dans une région de dunes jusqu'au Kreider. Le sable brille et l'on dirait qu'il contient des morceaux de vitre cassée. Dans le lit desséché du lac où l'eau revient en certaines saisons, des plaques blanches et opaques, pareilles à de la glace, tapissent le fond des mares d'où l'eau s'est évaporée. La chaleur produit des effets identiques en apparence à ceux du froid. Ailleurs des lamelles blanches cristallisées complètent cette illusion et l'on serait tenté, par la bizarrerie de ce phénomène, de croire qu'il gèle sous un soleil ardent.

Le Kreider est une colonie principalement militaire ; le sol aride y est mélangé d'argile et de sable ; la sécheresse y est extrême ; des dunes où poussent cependant des touffes d'alfa enserrent cette localité du côté méridional. Malgré ces conditions défavorables, on y a créé à l'Ouest de la voie ferrée, un parc verdoyant où poussent avec vigueur les peupliers d'Italie, les trembles, les schinus et les tamarisques. Il est aussi merveilleux qu'agréable de trouver, au milieu de cette bordure sablonneuse du lac salé, de l'ombrage et de la fraîcheur.

La colonie est de l'autre côté du chemin de fer. La gare fait corps avec une redoute. Sur un mamelon, à l'Est de la station, s'élève la tour du poste optique et, entre ce mamelon et la gare, sont situées les casernes. Le village des colons et des indigènes est plus au Nord.

Sur cet îlot de sable, au pied de cette forteresse perchée sur la lisière du Chott-el-Chergui, les rayons du soleil sont si ardents dans le ciel bleu qu'à distance tous les objets tremblotent. Au centre de la grande plaine verte, ce poste tout différent des autres colonies possède une originalité remarquable et un cachet pittoresque qu'il tient autant de sa situation que du contraste.

Du Kreider à Saïda, la voie ferrée continue à traverser la steppe; on s'arrête de nouveau à Modzbah qui est le point de raccordement d'un embranchement industriel aboutissant à Marhoum. Arrivé à Bou-Rached, le chemin de fer descend une pente rapide jusqu'à Saïda en passant par Aïn-el-Hagar.

De Saïda à Mascara la région montagneuse est une des plus pittoresques de la province d'Oran. On la traverse, à cheval, par une bonne route, en dix heures. Les colonies qu'on rencontre successivement portent les noms de Nazereg, Franchetti Charrier, Taria et Froha. L'ancienne route qui remontait du sud vers Saïda se continuait vers le nord. A Franchetti, on voit, sur le versant opposé de la vallée, un caravansérail qui a été transformé en ferme.

On peut scinder ce voyage en deux et s'arrêter pour coucher à Taria où l'on trouve une écurie pour les montures et un hôtel où on loge. A Saïda ou à Mascara, il n'est pas difficile de se procurer des chevaux du pays qui ne sont pas de forte taille mais valent mieux que leurs selles arabes, dont la dureté est connue de tous ceux qui en ont essayé.

Une excursion de ce genre donne du pays une idée plus exacte que les voyages en chemins de fer qui, dans ces montagnes, décrivent de nombreux circuits. De la grand'route qui est plus directe on découvre des horizons plus étendus ; en même temps on est plus près de tout ce qui, dans la campagne ou sur le flanc des collines, attire les regards et l'attention.

En résumé, dans la province d'Oran, la configuration du territoire algérien est la suivante :

Le long de la mer s'ouvre une plaine soit immédiatement, soit derrière des collines peu élevées comme le morne de Santa-Cruz et la montagne des lions.

Plus loin vers le Sud, commence la grande région montagneuse ; ses chaînons entrecoupés de vastes plaines s'élèvent progressivement dans la direction du sud. Les villes les plus considérables de la province, Sidi-bel-Abbès, Tlemcen et Mascara, sont situées sur la lisière ou au centre de ces plaines, au cœur même de la région montagneuse d'où descendent vers la mer deux cours d'eau principaux qui, sans être des fleuves navigables, sont cependant deux des plus importantes rivières de l'Algérie : la Tafna qui descend des montagnes de Tlemcen et se jette dans la mer à l'Ouest d'Oran ; la Macta, formée du Sig et de l'Habra, qui a son embouchure à l'Est du chef-lieu du département.

A l'extrême Sud, Saïda fait encore partie de cette région dont les plaines sont cultivées et les montagnes couvertes de broussailles qui servent de pâturages aux troupeaux de chèvres, de moutons et de bœufs.

Au delà de Saïda commence la grande savane dont l'horizon est sans bornes. Elle est coupée en deux par le Chott-el-Chergui et par la région de dunes du Kreider. Par moments la savane est unie comme la surface d'une mer et c'est à peine si l'on peut apercevoir sur la ligne de l'horizon la lisière bleuâtre des collines qui la bornent. Au sud du lac les montagnes reprennent de l'élévation mais leur massif n'est plus aussi dense que dans la première région montagneuse située plus au nord. Leurs chaînons espacés, leurs sommets plus isolés leur donnent l'air de montagnes en débandade par comparaison avec la première chaîne dont les sommets se pressent en rangs serrés.

*
* *

De Perrégaux à Alger la voie ferrée occupe presque continuellement le milieu de deux grandes plaines : la vallée du Chélif d'abord, sur les confins des deux départements d'Alger et d'Oran, la plaine de la Mitidja ensuite, près d'Alger. Entre ces deux plaines voisines du littoral s'étend une région montagneuse qui les sépare et qu'on traverse entre les stations de Miliana et d'el Affroun. Les paysages de cette contrée très pittoresque où les montagnes boisées sont entremêlées de cultures offrent assez de ressemblance avec la forêt noire. Les talus y sont droits, les sommets arrondis et les broussailles aussi épaisses que les jeunes bois de sapins.

Quelques tunnels entre Miliana et el Affroun ont été nécessaires pour faire passer la voie ferrée de la vallée du Chélif dans la plaine de la Mitidja.

Quant à la vallée du Chélif, fleuve qui, après avoir traversé de l'est à l'ouest une partie de la province d'Alger, se jette dans la mer non loin de Mostaganem, elle est comme la Mitidja voisine du littoral dont elle est séparée par une chaîne de montagnes. A Orléansville, à mi-chemin entre Perrégaux et Miliana, cette vallée est limitée au Nord et au Sud par deux chaînes à peu près égales en élévation : telles les montagnes du Liban et de l'Anti-Liban entre lesquelles se creuse la longue vallée de la Célésyrie. Comme c'est fréquemment le cas ailleurs en Algérie, beaucoup de champs n'y sont qu'à moitié défrichés et l'on y récolte le blé et l'avoine entre des touffes de broussailles formées par les palmiers nains qui se sont maintenus par places entre des labours aux sinuosités capricieuses.

Dans la bonne saison, le retour vers les côtes de France s'effectue sans encombre : un grain, peut-être, en quittant Alger, puis c'est tout ; la mer reste calme jusqu'à Marseille. Le navire laisse à droite l'une des îles Baléares ; à gauche s'étendent les côtes de l'archipel, de ce siège maritime de la puissance des Rania qui greffèrent leur ambition sur la souche épuisée de la dynastie almoravide. On distingue, à droite, le phare blanc, les maisonnettes blanches isolées sur la côte plate et une église ; à gauche le rivage est plus élevé et, dans le lointain, des montagnes se dessinent.

En vue des côtes de France, une brume matinale très-épaisse cache l'entrée du port de Marseille.

Ce n'est qu'une barrière à franchir au delà de laquelle le soleil luit, dévoilant cette magnifique rade, ce site imposant et sauvage, ces rochers gris et dentelés qui masquent l'entrée de la baie vers le Sud comme une armée de géants massifs et sourcilleux, alignés pour en défendre l'accès. Solennels et maussades, arides et abrupts, ne connaissant que la caresse des flots agités par les plus furieuses tempêtes, ils gardent l'entrée de ce golfe splendide ; quelques-unes de ces masses pesantes ont, dans leur découpure bizarre, un air de bonhomie bienveillante qui salue, d'une cime inclinée jovialement comme la pointe d'un bonnet qui retombe, l'heureux navigateur dont l'expérience en connaît le danger.

Le navire, porté comme il arrive fréquemment un peu trop à l'Est, s'approche par la côte Sud et il glisse devant les lignes redoutables de ces colosses de pierre. Il laisse à gauche le phare, puis les îles rejointes ensemble par une jetée, les batteries de canons qui les hérissent et l'îlot du château d'If. A droite défilent les plus jolis faubourgs de Marseille que cachent encore la colline de la Garde et la pointe des Catalans : le Prado, la Corniche, puis le palais du Pharo et l'entrée du vieux port. La forêt de mâts du port de la Joliette et des nouveaux bassins apparaît aussi et derrière elle une autre forêt presque aussi épaisse, celle des cheminées des fabriques innombrables des quartiers septentrionaux de la ville.

C'est Marseille ! Assez souvent elle a été chantée et admirée pour la beauté de sa situation, son industrie, son commerce, l'activité de son port, le va-et-vient de ses nombreux navires, ses promenades ombragées, ses rochers au profil bizarrement arrondi, ses collines accidentées, ses riches pêcheries, ses bains de mer, pour tous ses dons naturels comme pour tous les avantages qu'elle procure au négoce ; dans le public comme parmi les littérateurs et les poètes elle compte de nombreux admirateurs et cependant il s'y attache une réputation qui la place à un rang de beaucoup inférieur à celui auquel elle a le droit de prétendre. Bien loin de justifier les reproches que d'aucuns lui adressent, Marseille se distingue par la propreté des rues, la largeur immense de ses grandes artères telles que la Canebière et la rue de Noailles, par l'ombre épaisse des platanes de ses allées et de ses boulevards. Toute différente de sa blanche rivale de l'autre côté de la Méditerranée, d'Alger, ce cygne africain endormi sur son nid de verdure, elle joint à une majesté plus imposante, encadrée dans les rochers inébranlables de sa rive inhospitalière, une activité à la fois plus mesurée et plus constante. Elle s'est agrandie dans tous les sens, poussée vers le Nord par les nécessités de son commerce qui requérait la plus grande vicinité des industries et des usines, étendue vers le Sud pour cause d'embellissement. La terre y tremble sous le poids des longues charrettes que traînent des chevaux de taille colossale et les flots y gémissent, fendus sans cesse par la proue des navires rapides. Le port vieux que les voiliers sont désormais presque seuls à fréquenter, dans la Joliette les immenses vaisseaux qui vont aux Indes déversent sur ses quais des marchandises de l'Extrême Orient, de l'Afrique et de l'Amérique ; et l'animation tourbillonnante de ces quartiers commerçants contraste avec la tranquillité et la solitude de ses promenades d'agrément telles que le Prado et la Corniche.

En France, Lyon, Bordeaux, Marseille se disputent le second rang parmi les grandes villes ;

chacune d'elles compte des partisans et des admirateurs disposés à lui décerner la palme mais cette question de préséance n'est pas encore définitivement tranchée. A l'avenir, peut-être, il appartiendra de la résoudre.

FIN

TABLE DES MATIÈRES

	Pages
Chapitre Ier. D'Europe en Afrique..................	1
Chapitre II. Alger...............................	25
Chapitre III. Alger et ses environs.................	45
Chapitre IV. Architecture.........................	75
Chapitre V. La population et le gouvernement de l'Algérie...	95
Chapitre VI. De la nationalité des indigènes.........	113
Chapitre VII. Agriculture.........................	137
Chapitre VIII. De la propriété.....................	159
Chapitre IX. Oran et ses environs..................	203
Chapitre X. Tlemcen..............................	249
Chapitre XI. Du Couscous au Caïmac. — Les cafés maures...	279
Chapitre XII. Environs de Tlemcen. — Mansourah.....	303
Croquis des anciennes fortifications de Tlemcen au moyen-âge.......................................	313
Chapitre XIII. Le Ramadan et le Courbain Baïram....	339
Chapitre XIV. Mascara. — Saïda. — Le sud Oranais. — Retour en France.............................	361
Liste d'ouvrages traitant de l'Algérie................	391

OUVRAGES CONSULTÉS

Liste d'ouvrages qui traitent de l'Algérie, que l'auteur a consultés ou qui pourraient être utiles à tous ceux qui s'intéressent aux questions et aux pays qui ont été étudiés dans ce volume :

1. *La conquête pacifique de l'intérieur africain,* par le général Philebert.
2. *La Flore de l'Algérie,* par Battandier et Trabut.
3. *Histoire de l'Afrique septentrionale depuis les temps les plus reculés jusqu'à la conquête française,* par Ernest Mercier.
4. *Recueil de textes pour l'étude de l'arabe parlé,* par G. Delphin.
5. *Guide pratique pour la constitution de l'état civil des indigènes,* par E. Cornu.
6. *Traité élémentaire de droit musulman algérien,* par Zeys.
7. *L'Algérie, histoire, conquête et colonisation,* par Paul Gaffarel.
8. *Histoire d'Oran,* par Fey.
9. *Histoire des Berbères d'Ibn-Khaldoun.* Traduction du Baron de Slane.

10. *Histoire des Beni-Ziane*, par l'abbé Bargès.

11. *Les tombeaux des Beni-Zian*, par Brosselard.

12. Ménerville. *Recueil de législation algérienne.*

13. *Législation de l'Algérie* (suite du précédent), par Sautayra.

14. *L'avenir du Sahara et du Soudan*, par le général Faidherbe.

15. *Le Sahara et le Soudan. Documents historiques et géographiques* traduits de l'arabe par l'abbé Bargès.

16. *L'Algérie, impressions de voyage*, par J.-J. Clamageran.

17. *Souvenirs de la vie militaire en Afrique*, par le Comte P. de Castellane.

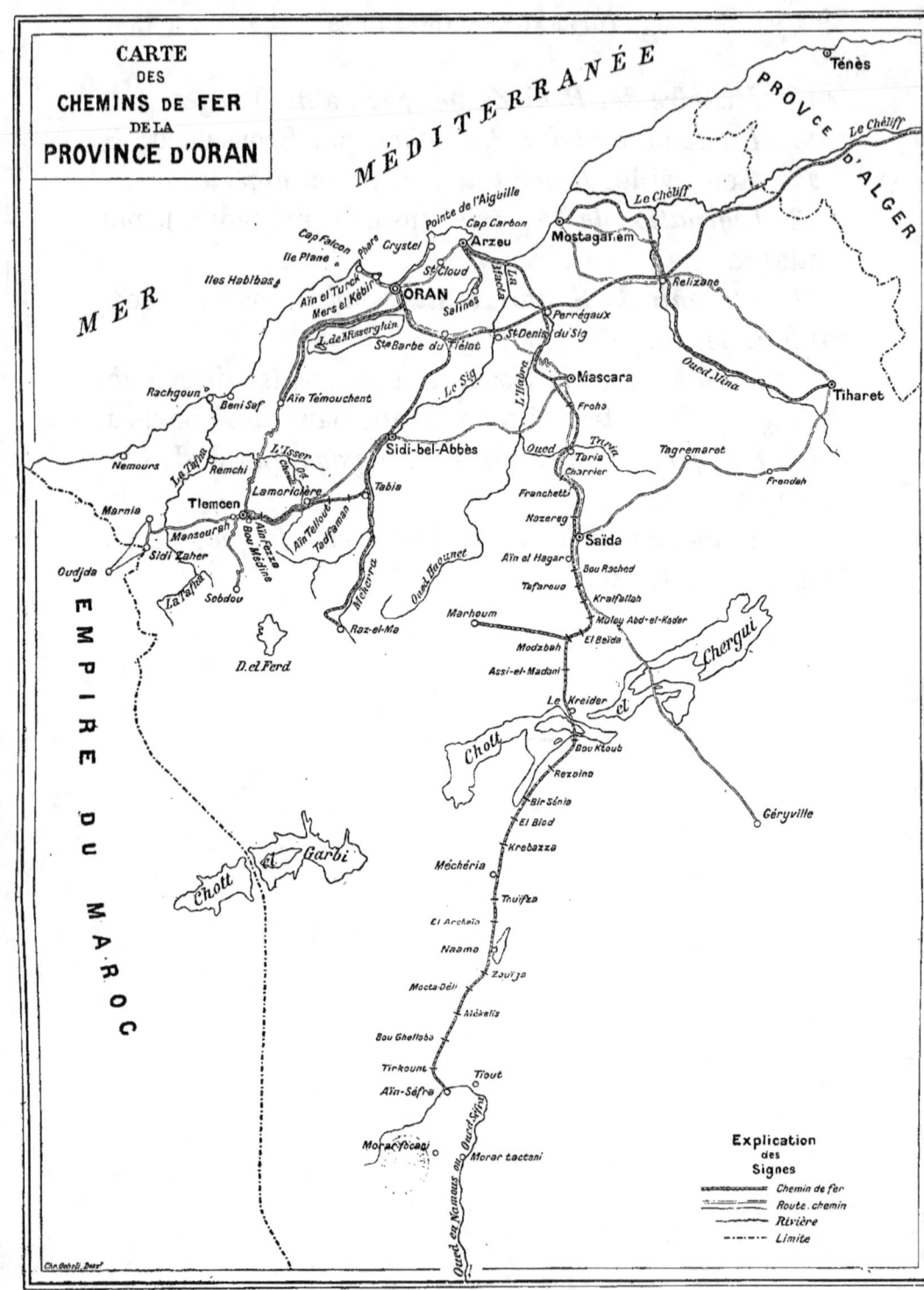

www.ingramcontent.com/pod-product-compliance
Lightning Source LLC
Chambersburg PA
CBHW052118230426
43671CB00009B/1036